信息化视角下的高校档案管理建设与创新

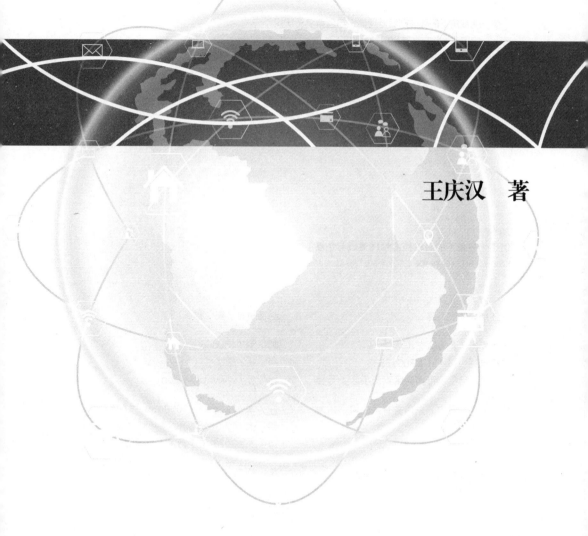

王庆汉　著

北方文艺出版社

哈尔滨

图书在版编目（CIP）数据

信息化视角下的高校档案管理建设与创新 / 王庆汉
著 . -- 哈尔滨：北方文艺出版社，2022.7
　ISBN 978-7-5317-5661-3

　Ⅰ . ①信 ... Ⅱ . ①王 ... Ⅲ . ①高等学校 - 档案管理 -
研究 Ⅳ . ① G647.24

中国版本图书馆 CIP 数据核字 (2022) 第 113277 号

信息化视角下的高校档案管理建设与创新

XINXIHUA SHIJIAO XIA DE GAOXIAO DANGAN GUANLI JIANSHE YU CHUANGXIN

作　者 / 王庆汉
责任编辑 / 张　璐　　　　　　　　　　封面设计 / 安　吉

出版发行 / 北方文艺出版社　　　　　　邮　编 / 150008
发行电话 /（0451）86825533　　　　　经　销 / 新华书店
地　址 / 哈尔滨市南岗区宣庆小区 1 号楼　网　址 / www.bfwy.com

印　刷 / 三河市元兴印务有限公司　　　开　本 / 710mm×1000mm　1/ 16
字　数 / 257 千　　　　　　　　　　　印　张 / 17.5
版　次 / 2022 年 7 月第 1 版　　　　　 印　次 / 2023 年 1 月第 2 次印刷

书　号 / ISBN 978-7-5317-5661-3　　　定　价 / 58.00 元

前　言

　　档案产生于人类发展过程中人与人之间日益频繁的交流及社会实践活动。现代意义上的档案是指国家机关、社会组织、社会个体在政治、军事、经济、科学、文化、教育等活动中形成的有保存价值的文字、图表、声像等载体形式的原始记录。高等学校档案是指高等学校在从事招生、教学、科研、管理等活动时直接形成的对学生、学校和社会而言有保存价值的各种文字、图表、声像等不同形式、载体的历史记录，是国家档案的重要组成部分。高等学校档案管理是指对高等学校在教育、教学、科研过程中产生的档案有目的、有计划、有组织地进行收集、整理、鉴定、保管、统计、检索、利用及传承等实践活动。

　　信息技术的迅速发展给档案管理工作带来了新的发展契机。如何在信息化条件下创新高校档案的管理工作，已经成为档案工作者必须研究的课题。本书共设五章内容：第一章为高校档案管理概述；第二章对档案管理的变迁与发展进行了较为系统的梳理；第三章对高校档案管理工作的内容进行了重点介绍；第四章对当今高校档案管理的信息化建设情况进行了研究；最后一章分析了信息时代下高校档案管理的创新对策。

作　者

2021 年 11 月

目　　录

第一章　高校档案管理概述

　　档案是指国家机关、社会组织、社会个体在政治、军事、经济、科学、文化、教育等活动中形成的有保存价值的文字、图表、声像等载体形式的原始记录。高等学校档案是指高等学校在从事招生、教学、科研、管理等活动时直接形成的对学生、学校和社会有保存价值的各种文字、图表、声像等不同形式、载体的历史记录。高等学校档案管理是指对高等学校在教育、教学、科研过程中产生的档案有目的、有计划、有组织地进行收集、整理、鉴定、保管、统计、检索、利用及传承等实践活动。

第一节　档案与高校档案

　　档案产生的最初原因是辅助人的记忆，通过档案的记录来使人的记忆延长。它主要来自个人、社会组织及国家机关的社会活动。档案所涉及的内容十分广泛，涵盖人类社会生活的各个领域，一般的档案主要包括科、教、文、卫、政、军及经济领域。

一、档案

　　档案产生于人类社会发展过程中人与人之间日益频繁的交流。伴随人类语言交流的发展，人与人之间的交流日益频繁，仅仅依靠即时的语言交流越来越不能满足人类发展的需求，人类在社会生活及劳动中急需一个新的载体来弥补记忆的缺陷，把人的记忆扩展到人的大脑之外，以便于重要事件的记录、保存与传递。

（一）档案的起源

　　"档案"一词见诸文字材料始于明末清初，杨宾在《柳边纪略》卷三中记述："边外文字多书于木，往来传递者曰牌子，以削木若牌故也。存贮年久者曰档案，曰档子，以积累多、贯皮条挂壁若档故也。然今文字之书于纸者，亦呼为牌子、档子矣。"

最早的记事载体是印第安人使用的"结绳"。他们通过对绳子的打结来记数、记事和传递信息。类似这种的交流方式一直流传至今。例如，中华人民共和国成立初期，云南省的哈尼族在买卖田地时，使用单股麻绳打结，买卖双方各执一根为凭证。《易传·系辞下》说："上古结绳而治，后世圣人易之以书契，百官以治，万民以察，盖取诸夬。"《周易注》中也说："结绳为约，事大，大结其绳；事小，小结其绳。"

除"结绳"记录法外，另一种原始的记事方法是"刻契"。随着人类手和脑的不断进化，人们表达社会生活中得来的认识、情感和思想的需求越发强烈，出现了在树木、竹片、器皿等器物上刻画各种符号、标志来记录事件的方法。"刻契"法与"结绳"法相比，更加直观，如壁画、雕刻都属于"刻契"。我国江苏发现的将军崖摩崖石刻画刻有人体、兽面、农作物及多种符号，这些符号反映、记录和表达了人们的生活、情感乃至信仰，直接反映了4 000多年前我国东部沿海地区的经济和文化发展面貌。后来出现的文字和绘画也是从这些原始壁画、雕刻中演变而来的。虽然"结绳"与"刻契"这些原始的记录方法从性质来看与现代意义上的档案不能等同，但是它们的产生为以后档案的出现提供了可能，它们也与档案拥有相同的最基本的保存记录与延伸记忆的功能。从这方面来说，它们具备档案的部分功能，可以看作原始档案的萌芽。

（二）档案的演进

记录人类在社会生产、生活中所形成的具有保存价值的各种文字、图像、声音等的不同形式的载体，称为档案。在远古时期，文字还没形成，人类主要通过语言交流。语言的即时性使它无法随着空间地点的改变而转移。随着社会的发展，人与人之间的交流越来越频繁，这就促使了档案的产生。档案是人类历史发展到一定阶段的产物，自文字出现以来，随着社会生产力的发展，人们在日常生活中除了使用文字，还利用各种方法来记录文字。在我国，夏朝出现的"图籍"，商代的"册"，周代的"中"，秦汉的"典籍"，汉魏的"文书""文案"，唐末后的"案卷""案牍"都可以称为档案。

"档案"一词与现代相同意义的用法，据现有资料，始见于清代，康熙十九年（1680年）的《起居注册》（汉文正本）有"部中无档案"之语。清《康熙字典》中"档"字释义为"横木框档"，通常来说是木架框格的意思。《说文解字》把"案"解释为"几属"，就是像小桌子一类的东西。"档"与"案"连用，就是入档架的案卷。几百年来，人们沿用"档案"一词，并已成为固有名词。随着科学技术的进步和发展，档案已经成为一门独立的学科。

我国的档案工作历史悠久，很早以前就有文字记录形式的档案和管理文字档案的工作。孔子是历史上第一个私人利用档案的。唐代建立了专门的档案交接制度，对收集的档案进行鉴定。"档房"成为当时专门的档案管理机构，系统的档案管理体系已经形成。在我国档案管理历史发展中，档案具有多种形式，主要可以从三个方面来划分：载体、制作手段、表现方式。从载体来看，有甲骨、金石、竹木、纸张、胶片、磁带等；从记录档案的方法、手段来看，有刀刻、笔写、印刷、复制、摄影、录音、摄像等；从表现方式来看，有文字、图表、声像等。除此之外，在人类生产力和科学技术水平不断发展的基础上，形成了各种类型的档案，还有党政档案、科技档案、声像档案及各种专门档案。

近百年来，随着科学技术的进步，作为人类社会实践活动原始记录的各种类型的档案材料，也相应地得到了产生和发展。比如，伴随着现代电子信息技术的发展而产生的声像档案，就以其特有的形式突破了文字或语言的限制，可以生动直观地记录人们在社会实践中的真实面貌，现已成为档案门类中的一个重要组成部分。纵观档案的发展历史，我们不难看出，档案来源于人们的社会实践活动，它是国家机构、社会组织及个人在从事政治、军事、经济、科学、文化等社会实践活动时直接形成的，按照一定的要求经过收集、整理、立卷而保存起来的可供参考和利用的各种文字材料、图表、画册和录音、录像带等。虽然各个历史时期档案的载体各不相同，但是都起到了保存、流传的作用。

（三）档案的发展

档案的发展应该用档案载体的发展来体现。档案的载体是档案信息借以记录与存在的物体。档案载体的演变正是档案的发展史。档案载体的发展经历了以下的演变。

1. 档案的多载体

从人类开始将某种文字符号记录在某一物体上，以记忆与保存行为发生的那个时候开始，档案就已经产生了。夏商时代，人们将档案信息记录在甲骨、金石上面。商代后期，青铜冶炼技术提高，出现了在青铜器上刻字的方法，即后来所称的"金文档案"。秦朝，人们使用竹简、石刻记事。两汉时期，简牍和缣帛是普遍而又重要的书写材料，其与甲骨、青铜器、坚石等相比已有了很大的进步。

2. 档案的纸张载体

汉魏时期，纸张的发明使档案进入一个飞跃的发展时期。纸张具有记录简捷、传递方便、价格低廉等优点，因此很快取代了竹简、丝帛，成为主要的书写材料。纸张档案的出现给档案信息传播与保存创造了优越的条件。

3. 档案的磁盘和胶片载体

从人类发明电影胶片和音乐唱片开始，磁盘和胶片载体的档案就产生了。磁盘和胶片可以记录声音、图像等多种媒体，这比纸张所记录的单一图文信息进步多了。磁盘和胶片所反映的人类社会活动，更加生动逼真，可以比纸张更方便地复制、缩微、交流、传递，实现多版异地归档保存，增加档案的安全性。其主要形式有照片、录音带、录影带。

4. 档案的电子载体

人们通过敲击键盘或光电扫描、录音、视频涂写能将纸质档案转换成电子档案。电子档案的记录形式由计算机"0"或"1"的数字转换来完成。因此，人们常常把电子档案与计算机等同为一个时代的产物。记录在计算机并在计算机网络中运行的电子档案，其载体是目前为止人类所发明的最现代化的档案载体。

5. 档案的生物载体

将档案信息以脑细胞为载体记录在人类大脑中，可以称其为生物载体档案。生物档案是唯一可以沟通人类整个文明史的档案。不管是远古时代人类所发明的最为原始的符号，还是以后会出现的更为先进的档案载体，其本源都是人类的大脑，然后才转换成其他载体档案。生物载体档案既是最为原始的，又是最为现代的，一直伴随人类脑细胞这一记录档案信息的载体。

6. 档案的其他载体

泥板档案、纸草档案、蜡板档案、羊皮纸档案均为欧洲国家古代档案。人们用黏土制成一定尺寸和厚度的泥板，然后用木棒、骨棒把文字刻在上面，在太阳下烤干，这样就形成了泥板档案。

在古埃及沼泽地带有一种特殊的植物叫纸草。将这种材料制成书写材料，然后将两张甚至多张连接起来，形成纸草卷，用芦管笔蘸墨水在上面写字，再将写好文件的纸草卷放在圆筒盒内，标上标签以备查用，这就形成了纸草档案。

古罗马人在木板上涂一层蜡，用尖笔在上面写字。尖笔是用石头、骨头、象牙或金属制成的。需长期保存的文件，便用尖笔写在蜡板上，这就形成了蜡板档案。

羊皮纸是兽皮制作技术逐步改进的结果，纸草档案只能一面写字，羊皮纸可两面写字，是书本形的，而不是像纸草一样呈卷形，更易于存放。羊皮纸在1世纪时已成为罗马人的通用书写材料，这时用羽管笔，书写材料也由没食子酸铁墨水代替了炭墨水。

缩微档案即通过缩微摄影技术拍摄在缩微胶卷、缩微平片、缩微卡片上的档案。

综上所述，档案载体由简到繁、由低级到高级不同阶段的变革，都标志着档案工作从低级到高级的进步，它的发展自始至终都贯穿于人类历史的发展中。

（四）档案的特性

人类在社会生产生活中所形成的具有保存价值的各种文字、图像、声音等不同形式的记录载体称为档案。它是国家机关、社会组织和个人等社会主体在实践活动中直接形成的历史记录。

档案出现的最初意义就是记录，以便将所记录之物随时间、空间的转移而传递下去。档案的形式和内容往往保留了一些原始的标记，如形成日期、签名、印信及档案本身的物质载体形式等，这些原始的印记充分体现了档案的原始记录性。原始记录性是档案的本质属性，它使档案与图书、资料等文献区别开来，并决定了档案和档案工作拥有独特的社会地位和社会功能。档案自身的特点、性质，以及与其他事物之间的联系就是档案的属性。档案中所记载的内容能反映特定时期人类社会活动的特点，具有较强的记录性。

档案的原始记录性使档案具有重要的凭证作用和参考作用。①档案的内容反映了事物、事件的历史真相和事实，这使档案成为解决政治争端、经济纠纷和个人事务的最权威、最可信的凭证。②档案记录了社会制度的变迁，历史、文化的发展，机构的沿革和家族的渊源。这对于科学研究（尤其是历史研究）、政治决策和经济建设具有重要的参考作用。③档案的原始记录性决定了其对于文明传承、文化传播和家族寻根的重要纽带作用。

档案与一般的资料不同，它所记录的是对未来有查考价值的资料，而一般的资料则随着时间的流逝逐渐失去社会价值而被丢弃和淘汰。档案是原始材料的历史记录，不是事后编写的材料，这就决定了它的历史性。档案以其记录性和原始性集于一体的特点区别于一般的历史遗物。

档案是社会生活中各行各业在特定的社会时期参与社会活动积累而成的文件。它的产生与存在基于其专门的形成单位，并由此构成档案之间内在的联系，这体现了它的组合性。档案体系是在历史积累的基础上形成的，它具有纵向历史积累和横向内容拓展的特点，要求尊重档案来源和内容等方面固有的联系，维护档案文件体系的历史面貌，以有效地发挥档案信息系统特有的作用。

作为对历史的原始记录，档案具有可靠性。在对历史事件进行考证时，档案通常是我们能够查找到的可靠资料。通过对特定时期档案的研究，我们能够最大限度地还原当时的事态。因此，档案成为历史研究中不可或缺的史料。除此之外，档案一般都是孤本，这也是其有别于其他资料的地方。由于档案的唯一性，在查找、利用档案时也有较高的要求，一般人不能轻易取得档案资料。

档案的种类繁多、形式多样，所涉及的范围广阔，具有多样性。我们通常所说的档案主要指纸质文件资料，除此之外历史文物也属于档案。一些档案由于历史久远，性质或载体比较特殊，往往存放在图书馆、档案馆和博物馆中。国家对此有法律规定，如《中华人民共和国档案法》规定："博物馆、图书馆、纪念馆等单位保存的文物、文献信息同时是档案的，依照有关法律、行政法规的规定，可以由上述单位自行管理。档案馆与前款所列单位应当在档案的利用方面互相协作，可以相互交换重复件、复制件或者目录，联合举办展览，共同研究、编辑出版有关史料。"

档案与图书、资料等其他类型的文献之间在形成规律、内容特征、编订出版、保密性、版本等方面存在明显的差异：档案是特定的社会组织或个人基于一定的社会活动而客观形成的，不是人为构思、编写而成的；档案在内容上是原始的记录，是信息和知识的源头，而图书在总体上是人类知识和智慧的结晶，具有逻辑性；档案一旦形成，一般不能对其随意修改，而对图书则可以进行改编、修订等演绎活动；档案文件自形成之日到对外开放有相当长的一段封闭期，在封闭期内档案信息是保密的，而图书资料则强调文献信息的及时传播和交流；档案一般是孤本，而同一本图书则有若干印本，内容相同的图书还可以由不同的出版社出版，版本各异。档案产生的领域非常广泛，反映了人类在政治、军事、经济、科学、技术、文化及宗教等各项社会领域中的活动。这不仅使档案具有纷繁的内容，而且使其具有多样的种类，如文书档案、科技档案、人事档案、诉讼档案、财会档案，以及宗教、艺术档案等。此外，档案的载体形式也是多种多样的，除了常见的纸质档案以外，还有古代的甲骨档案、泥板档案、金石档案、简牍档案，近现代以来的缩微档案、电子档案等。

（五）档案的功能

档案的价值与其自身概念的界定是分不开的，档案具有凭证价值和情报价值，它是由作为办事工具的现行文件转化而来的历史陈迹。档案载体又保留有真切的原始标记，如当事人的手稿或签署，机关或个人的印信，有的则为原来形象和声音的照录。它客观地记录了当事人的思想或行为，以及既往的各种情况，是参考、争辩和处理事务的真凭实据。同时，档案又记载了历史活动的事实和过程，以及经济、政治和科学文化活动等方面的成果和经验教训。它作为信息的一种原始贮存形式，给人们提供大量的情报和知识。对于档案的价值，有学者提出"档案双元价值"论，传统的"档案双元价值"主要是指："一是它作为一种行为方式，人类的初衷在于借助它的结构形式所赋予的功能，称为'工具价值'；一是作为记录或者文献归属的实体（或结构对象实体），其内容负载的价值称为'信息价值'。前者是一种普遍意义的价值，后者是一种个性价值；前者由档案的自然属性赋予，后者由档案的社会属性赋予。"

档案的作用是极其广泛的，主要表现为其文化存储功能，以及作为查考凭证的功能。它是政治工作的必要依据，也是生产建设和科学研究、文化教育的依据。

1. 文化存储的载体

如果没有档案历史文化的存储，现代文化也就成了无源之水、无本之木。档案是人类存储文化最有效的载体，是人类文化的储藏器。如果没有档案，人类也就失去了连续的、全面的记录和积累文化的载体。因此，"档案作为文化的积淀，又是衡量文明的标准，现代国家把档案保存的多少、档案馆事业的发展作为衡量这个国家文明发展的尺度，不是没有道理的"。从档案的流程和归宿看，凡是具有长久保存价值的档案，都要集中保存在档案馆。国家档案财富需要永久保存，档案的储存时间越长，它的文化价值就越大。

2. 业务查考的凭据

档案内容主要是对过去机关工作活动的客观记录，机关部门在开展工作时，可以将档案作为有效的凭据和资料。除此之外，机关领导及工作人员可以通过档案了解部门工作，为工作的开展和有关计划、决策制定有效方案。通常在处理一些问题时，需要从档案查询开始，档案的存在为机关发展提供了可靠的信息基础，是机关工作顺利开展必不可少的材料。

3. 政治工作的工具

在社会历史阶段的各个时期，档案中记载了政治、经济、法律等各方面的状况。统治阶级在进行阶级统治和政治斗争时都需要从这些原始材料中获取有用的信息，以便在斗争中掌握有力的工具。

4. 生产建设的参考

档案对生产生活的各个方面都有记载，因此档案中的生产成果及经验的记录可以为以后的社会生产生活提供可靠的经验资料。科学技术档案的增多极大地促进了工农业生产，它可以多方面地反映社会经济发展状况，为社会主义现代化经济建设提供可靠依据。人们根据档案信息可以更有效地制订经济计划，对生产建设情况做出总结，以及更好地推广先进技术和经验。农业生产中的病虫害防范也离不开档案，通过档案研究，人们可以有效制定防灾减灾方案，提高应对灾害的能力，最大限度地保障人民财产安全。在生产生活中对档案信息的合理有效的利用能够促进社会经济的发展。

5. 科学研究的依据

在科学研究领域，无论开展何种研究，都需要掌握大量翔实可靠的资料，才能进行深入的研究。现存的档案可以从两个方面为科学研究提供丰富的历史资料：一是专门进行科学研究的原始记录，可供现实的研究工作直接借鉴。二是从记录的广泛事实和经验中，为各项研究活动提供大量的实验、观察和理论概括的基础材料。所以，档案是科学研究的必要条件，是从事科学研究工作不可缺少的"食粮"，自古以来，编史修志更离不开档案。历来的实践证明，历史研究不能只靠一些间接的材料，必须以可靠的资料，特别是以档案为依据，才能准确地阐明历史事件，科学地总结历史发展规律。

6. 文化教育的素材

档案以其历史性、直观性和原始性等特点见长，翔实地记录了人们创造历史的曲折历程和奋战足迹。它既记录了人们同大自然和社会邪恶势力搏斗而取得的胜利，又记载了国家和民族、党和人民的危难遭遇。利用档案撰写回忆录、著书立说、演讲报告、文艺创作、举办各种展览等宣传教育活动，都富有强烈的说服力和感染力。多年来，档案在歌颂祖国的悠久文明和优秀传统，宣传党的光荣历史和英雄人物事迹，宣传社会主义和进行爱国主义教育等方面，发挥了显著作用。

（六）档案的分类

档案的意义与档案自身的价值是不可分割的，正因为档案是对社会活动中有价值的声音、图标、文字的原始记录，才显现出自身的独特性和珍贵性。因为许多档案是唯一的，所以档案的存在有可能是我们了解一个时期社会生活的重要凭证。从时间来看，档案具有现实的意义和历史的意义。

档案能够客观记录社会生活中各行各业、众多领域所发生的有价值的事件，将当前的社会生活记录下来，为以后的社会发展提供参考依据。现在，档案的主要意义是记录和保存。档案除了记录的意义，最重要的还是为社会的发展提供参考依据。只有合理利用档案，才能发掘档案资料的价值。档案是中国历史学研究重要的可靠参考资料，档案在其形成的那一刻起，就已经成为历史，成为供后人参考研究的重要依据。

档案是人们社会实践活动的原始记录。社会的复杂性决定了档案的复杂性及其种类的多样性。档案的内容包括人类社会活动科、教、文、卫、党、政、军的各个方面。档案的复杂性决定了从不同的角度对档案进行分类，采用不同的划分标准，就会得出不同的档案种类。一般情况下，可以从年代、属性、载体这三个方面来划分档案。

1. 不同年代的划分

档案在我国有着悠久的历史，自夏朝实物档案"图籍"的产生，到今天的电子档案，它已有 4 000 多年的历史。随着历史的变迁，档案种类越来越丰富。根据产生时间的先后，我国档案可划分为古代历史档案，明朝档案，清朝档案，中华民国（南京临时政府、北洋政府、国民政府）时期档案和中国共产党领导的新民主主义革命时期的革命历史档案，即旧政权档案和革命历史档案（又称革命政权档案），以及中华人民共和国成立后的中国共产党领导的社会主义现代化中国的档案。

2. 不同属性的划分

不同类型的档案其自身的特点也有不同，除根据档案产生的时间划分外，还可以根据档案自身特点来划分，共可分为三类：文书档案、科技档案和专门档案。

（1）文书档案

文书档案主要包括古代、近代和现代的文书，以及法规文件和行政文件。文书主要指各类文件和书籍；法规文件则是国家权力机关或领导机关制定和颁发的、具有法律性和强制性的文件，如章程、条例、规定、通则和办法等；行政文件是国家机关在日常政务活动中为贯彻执行法规而形成的文件。

（2）科技档案

科技档案是指在科学技术活动中形成的有价值的文字、图表、照片、音像等科学技术文件材料。它主要涉及各类自然科学研究、社会科学研究、生产技术研究及基本建设等科学技术。

（3）专门档案

专门档案的种类繁多，它的分类原则是档案的专业性，是社会生活中不同领域中产生的有价值的档案，最具代表性的有以下几种类型。

①诉讼档案

诉讼档案是诉讼案件审理过程中最主要的依据，司法机关在受理诉讼案件时会形成有价值的历史记录，这就是诉讼档案。诉讼档案可分为民事诉讼档案、刑事诉讼档案和行政诉讼档案三类。民事诉讼档案是在审理民事诉讼案件的过程中形成的，主要涉及产权、财产继承、损害赔偿、婚姻、合同等民事纠纷；刑事诉讼档案是在审理刑事诉讼案件的过程中形成的；行政诉讼档案是在审理公民起诉政府案件的过程中形成的。在诉讼案件中形成的控告、检举或自首的材料都属于诉讼档案。除此之外，诉讼档案还包括原告的起诉状或口诉笔录，被告的答辩状，检察机关关于起诉、免予起诉或不起诉的决定，调查笔录和调查取证材料，调解笔录和其他调解材料，审判庭审判笔录，合议庭评议笔录，案情报告，审判委员会决议或记录，判决书或裁定书、调解书、宣判笔录，当事人向上一级法院上诉的材料，上一级法院的判决书或裁定书，有关立案、起诉、开庭的通知、公告、传票等。

诉讼档案是审判工作的凭证和依据，是研究法学、社会学、政治学、经济学、民俗学等的第一手材料。诉讼档案是严格按照国家法定的诉讼程序形成的，多系手书孤本，必须系统完整，妥善保管。诉讼档案实行按年度、审级、一案一号单独立卷，一个案件从收案到结案，所有的诉讼文书都使用收案时统一编定的案号，以便查找利用。由于执行法院的判决和裁定，以及当事人申诉或案件复审不受时间限制，诉讼档案的保管期限一般应从长。

②地名档案

地名档案是在地名活动中直接形成的有价值的历史记录，主要包括两部分：一是反映地名管理工作活动情况的文件，如各级政府及有关部门颁发的关于地名工作的指示、决定、规定、条例、办法、会议记录、工作计划、总结、报告、来往文书等。二是反映地名实体内容的材料，包括地名调查的原始记录、地名照片和调查中收集的有关考证材料，经过加工整理的地名表、地名卡片、地名图例、地名概况的文字说明材料，编辑出版的地名录、地名志、地名词典、各种地名图表资料的审定稿和样本，地名统计材料，等等。这部分材料记述各类地名的标准书写形式和读音，反映地名的来历、历史沿革和含义，表述地名实体（包括人口、面积、自然条件、政治历史、经济发展、文化教育等）的概况，是地名档案的主体。地名档案是国家从事各项工作不可缺少的基础资料。地名档案工作是地名工作的一项重要内容。地名的更替，特别是地名所指区域的政治、经济、文化、居民成分等社会情况的变化是频繁的，所以必须随时注意收集和掌握各种反映地名有关情况的信息，及时积累材料，确保地名档案能够及时、准确地反映地名的真实面貌。有关一个地名的材料，如卡片、文字概况、考证材料、故事传说、命名更名材料等，应该集中存在一起，以便利用。

③艺术档案

艺术档案是反映各类艺术单位和艺术工作者的艺术实践活动和艺术成就的历史记录。艺术档案的种类：艺术生产档案，如剧目档案、曲目档案、节目档案、影目档案、书画作品档案、工艺美术品档案、城市雕塑作品档案；群众艺术档案，如业余文艺会演、业余文艺作品展览等阵地活动中形成的艺术档案，业余文艺训练班、业余文艺骨干活动、业余文艺团队等文艺辅导活动中形成的艺术档案，民间民族艺术遗产、群众文化活动等调查研究工作中形成的艺术档案，民间民族艺术集成群众文艺刊物编辑出版工作中形成的艺术档案；艺术教学档案；艺术研究档案；专业表演艺术会演档案；个人艺术档案；等等。

艺术档案具有形象性、成套性、艺术性及多样性的特点。艺术档案反映社会生活，反映艺术工作的精神劳动及其艺术创造成果，都是最终通过作为艺术档案项目的艺术作品本身的艺术形象这一特殊手段体现出来的。一项艺术业务活动形成的艺术档案的全部项目是个统一的整体，反映了综合艺术的各种艺术要素的不可分割性，反映了各类艺术业务人员共同进行的、集体的、和谐的艺术思维活动的全过程及其成果，反映了各种形式的档案材料之间内在的历史联系。艺术档案用多种不同的记录手段，在不同的信息载体上，以不同的方式共同反映一项艺术活动的全过程及成果，形成了档案类型的多样性，且不同信息载体的材料具有不同的物质特性和不同的保管条件要求。除上述主要特点外，艺术档案在原始记录材料无法收集到的情况下，为了保证完整，或为了便于利用并保护珍贵的原始记录材料，或为了建立个人艺术档案的需要，也可以或甚至必须归档原始材料的原制品。

艺术档案管理的基本方法：艺术档案室是国家积累和保存艺术档案的基层组织，要保证本单位每项艺术活动成套艺术文件材料的收集完整；组卷要体现出艺术档案的成套性，以每项艺术活动的成套艺术文件材料作为一个不可分割的整体，案卷名称即艺术活动项目名称；一项艺术活动中不同信息载体的材料分别保管，以同一个案卷名称和案卷号把它们联系在一起；按艺术活动项目的时间先后顺序编案卷号，一项活动一号；每项艺术活动的整套档案材料视其数量多少，再分若干保管单位（盒、册），在案卷号之后编保管单位顺序号；全部案卷按照案卷号顺序排列；以保管单位为单位编写卷内目录，并复制一份，汇总按年编案卷目录；每年进行案卷统计，统计本年案卷数、各类保管单位（盒、册）数、各类文件材料件数及本年的各卷累计总数。

④专利档案

专利档案是受理和审查发明创造专利申请，授予和保护专利权过程中直接形成的有价值的历史记录。

⑤商标档案

商标档案是在商标注册、管理活动中直接形成的有价值的历史记录，包括商标的图样和在商标注册、管理工作中形成的文字材料。商标的图样一般由文字、图形或两者组合构成，是商标档案的主体，也是确立和保护注册商标专用权的凭证和依据。

有关商标方面的文字材料，主要有商标注册的申请材料和商标公告、商标注册证，注册商标变更、转让、续展、补证、注销和撤销的文件，注册商标使用许可合同，注册商标争议的裁定，查处商标违法案件，监督商品质量，查验商标注册证及其他有关商标管理方面的文件。商标档案是具有法律意义的专门档案，是维护社会经济秩序、促进社会商品经济发展的有力工具。商标档案应当完整、准确，由国家专门机构统一管理、分类保管。

⑥立法档案

立法档案是国家立法机关在制定法律的过程中直接形成的有价值的历史记录。主要包括下列文件：有关部门提请审议的各类法律草案及说明，关于法律草案的历次修改稿，法制机构对各类法律草案审议结果的报告及修改情况的说明，国家权力机关对各类法案的审议意见及最后通过、公布的各类法律及决定，有关部门、名家对法律草案的修改意见，征求对法律草案修改意见的重要座谈会的出席人员名单、会议记录、录音带、照片，等等。立法档案反映了法制建设的历史和水平，具有重要的保存价值。立法档案应该以法为单位进行整理，将有关某一法律的文件集中在一起，按文件形成的过程和文件之间的联系组成案卷。

在我国，由全国人民代表大会行使制定和修改刑事、民事、国家机构的和其他的基本法律的职权，由全国人民代表大会常务委员会行使解释宪法和法律，制定和修改除应由全国人民代表大会制定的法律以外的其他法律的职权，因此立法档案主要形成于上述国家权力机关。国家行政机关制定的行政法规，属于法律规范性质的文件。

⑦人口普查档案

人口普查档案是在国家人口普查工作中直接形成的有价值的历史记录，主要包括两部分：普查工作中形成的调查统计材料、表册，如人口普查登记、计算机编制的各种数据表、各种手工汇总表等；在领导组织人口普查的工作过程中形成的文书，如关于人口普查工作的指示、决定、通知、规定、办法、实施细则、会议记录、工作计划、总结、报告、来往函电等。人口普查登记表是直接向居民调查的原始记录，是人口普查的第一手材料，是汇总、整理人口普查资料的依据。

人口普查档案全面记述和反映了国家人口和人口构成的具体情况，是一个大规模的国情信息库。人口普查档案是制订国民经济社会发展计划，合理地分配和有效地利用劳动力资源，安排人民的物质和文化生活，制定人口、劳动、文化教育、社会福利、婚姻、家庭、民族等政策和规划的重要依据，也是研究人口学、社会学、经济学、医学、未来学不可缺少的资料。中国是世界上人口最多的国家，其人口普查成果也是研究和发展世界人口学的重要依据。

⑧机读档案

机读档案是以代码形式和特定结构记录在计算机存储载体上的、计算机能够识别处理的档案信息。一是在实现了办公室自动化和无纸办公系统的部门形成的机读文件，归档的部分即是机读档案；二是将传统类型档案信息输入计算机转换而成的机读档案。

机读档案具有如下特点：第一，必须使用特定的计算机硬件和软件才能被读出和处理。在具备上述条件时，机读档案是最便于处理和使用的档案，其检索速度快，查准率高。第二，有严谨的格式结构。其在文件记录内划分区、字段和子字段，规定各自的构成内容与关系，规定各自的长度与识别方法。第三，记录内设置若干区的规定，可变长字段识别方式的规定，逻辑记录与物理记录关系的规定，扩充与修改的方式等。第四，有统一的标记符号。其用标记符号来识别和标明记录项目。用于标记字段的有字段标识符和子字段代码，用于标记结束的有字段终止符、区终止符、记录终止符和文件终止符。有的还规定描述字段内容的指标符号，还有为排版、打印、编索引等规定的特殊标记符号。

机读档案的存储介质一般有磁带、磁盘等。机读档案必须存放在符合一定技术条件的专用库房中，对库内温湿度进行严格控制，并配置除尘、防火、防磁场和电场的设施。

⑨缩微品档案

缩微品档案是利用缩微摄影方法将档案原件上的图文信息缩小拍摄在感光胶片上，经冲洗、拷贝等过程制成的缩微品，也可以利用专门设备将计算机磁盘或光盘的输出信号转换为图文信息记录在胶片上制成缩微品。缩微品分为卷式和片式两种形式。卷式缩微品按胶片宽度的不同又可分 16 mm、35 mm、70 mm 和 105 mm 四种，片式缩微品包括条片、封套片、缩微平片和开窗缩微卡片等不同形式。

缩微品档案是档案原件的副本。其特点和功能：信息存储容量大，节省存储空间；记录准确，可真实地再现原件的原貌；保存寿命长（银 - 明胶型胶片制成的缩微品具有永久保存的性质，经测定，其保存寿命不低于纸张）；规格统一，便于实现自动快速检索和档案管理现代化。利用缩微复制品可有效地保护档案原件，抢救濒临破损的档案。其经拷贝制成多份拷贝片，既便于分地保管、广为利用，又能避免意外事故造成的损失。利用缩微摄影的方法，对已散落、流失的档案进行有效的收集和补充，有助于开展国内外档案部门的信息交流与合作。缩微摄影技术已成为档案管理的重要技术手段。

缩微品的制作、使用和保管应符合国际标准和国家标准的有关规定。对缩微品影像的密度、清晰度、胶片内硫酸盐残留量及缩微品外观质量等技术指标应进行严格控制与检查，以确保缩微品的质量。此外，要严格控制胶片库房的环境条件，建立健全各种管理制度，以延长缩微品的保存寿命。按照标准规定的制作程序和技术指标制成的缩微品档案具有与档案原件同等的效力。

3. 不同载体的划分

根据信息载体的形式，档案可分为甲骨档案、全文档案、简牍档案、缣帛档案、石刻档案、泥板档案、纸草档案、蜡板档案、棕榈叶档案、桦树皮档案、羊皮纸档案、胶片档案、磁质档案等。与此种划分密切相关的是按照记录信息的方式划分，可分为文字档案、图示档案、音像档案，音像档案又可分为照片、录音、录像、影片档案。

①甲骨档案

甲骨档案是中国古代以龟甲或兽骨为载体而形成的史书、记事文字材料。因其多产生于占卜活动中，故又称"甲骨卜辞"。甲骨档案盛行于殷商时期，内容涉及当时的阶级与国家、社会生产、思想文化、宗教占卜等多方面。除卜辞外，殷商甲骨档案中还有记事刻辞，是当时社会史实的重要记录材料。甲骨档案集中保存在王朝宫室（宗庙）旁的坑宫中，并由史或巫负责管理。清光绪年间，在河南安阳小屯村一带的殷墟遗址中即有甲骨档案出土。光绪年间，清国子监祭祀王韶荣等人确认其为殷商时期遗物，此后引起时人重视，并开始收藏、研究、刊布。其后90多年，累计出土殷商甲骨档案15万片以上，其中一部分散失国外。1977年，在陕西岐山周原遗址发现一批西周早期形成的甲骨档案，其内容与殷商甲骨档案相似。

②简牍档案

简牍档案是中国古代以竹木为载体形成的史书和记事文字材料。简，一般指窄长形的竹片，称木简，或称札。牍，指较宽的木片，也称木简。若干简编缀在一起则称"册"。在纸张普遍应用于书写之前，竹木简是中国古代主要的书写材料，最早可能始于殷商时期，《尚书·多士》所谓"惟殷先人有册有典"或即指此。东晋末年明令以纸代简后，简牍档案始渐消失。在此期间，皇帝的诏书、檄书、律令，官府的文告、簿籍，以及个人的账簿、书信等书写于简。其长度也有不同的规定，如"子尺律令""三尺法""尺牍"等。20世纪以来，简牍档案大量出土，主要是战国至西晋时的遗物，尤以两汉时期为多。其中有居延汉简、秦墓竹简等，是研究我国古代史，特别是秦汉史的重要档案材料。

③缣帛档案

缣帛档案是中国古代以丝织品为载体而形成的史书与记事材料，盛行于春秋战国至秦汉时期。缣帛质地坚韧轻柔，便于收卷，其篇幅可任意剪裁，故多用来绘制舆图或抄写经典。《墨子·明鬼》曰："故书之竹帛，传遗后世子孙。"20世纪以来，在长沙子弹库楚墓、长沙马王堆汉墓及武威汉墓曾多有帛画、帛书、帛地图等出土。自魏晋南北朝起，纸张广泛应用于书写，缣帛的使用大为减少，但封建王朝的某些重要文书，仍用丝织品书写。例如：唐朝规定，尚书省的赦书（免罪的文书）皆用绢；宋朝规定，尚书省官告院颁发的告身（委任官职的文书）用缣帛；明、清时期，朝廷颁授的文武官员诰命等封赠文书也都用缣帛。

④石刻档案

石刻档案是以石材为载体而形成的史书和记事材料，曾广泛应用于古代东方各奴隶制国家。大凡纪功颂德、颁布宪令、会盟废约、外文征伐等重大事件，都要刻石述事，流传久远。《汉穆拉比法典》是古巴比伦法律的著名石刻档案。中国石刻档案盛行于秦汉及以后，近代、现代仍然沿用，故数量极多，内容丰富。《石鼓文》《泰山刻石》《史晨碑》《大秦景教流行中国碑》《唐蕃会盟碑》《平江图》等是我国古代历朝石刻档案中的珍品。大量墓志中，有不少是我国古代重要的人事石刻档案。1958年竣工的位于北京天安门广场的人民英雄纪念碑，则是为纪念、表彰1840年至1949年间为中国革命而英勇牺牲的人民英雄而镌刻的，由毛泽东、周恩来题写的重要石刻档案。如今，除了西安、桂林、曲阜、泉州等地有多处碑林、碑群集中收存，以及各大图书馆收藏石碑文拓片，全国各地仍有较多的石刻档案，内容广涉政治、经济、军事、文化、科技和个人记事等多方面，都具有重要的史料价值。

⑤泥板档案

泥板档案是古代刻写在黏土板上的文字记录。约公元前 3000 年，两河流域的苏美尔人以土制作各种形状和不同大小的泥板、泥片，用骨棒、木棒，将象形文字刻写在上面，晒干或烘干后即成为坚硬的可保存的泥板文件。其使用范围也扩展到赫梯、波斯、亚述及古希腊的克里特岛等广大地区，是古代各国各种活动的历史记录。泥板档案所记内容极广，包括经典、诏书、律令、外文条约、商贸契据、名籍、账簿等。自 1845 年英国人在古代亚述帝国首都尼尼微发掘出大批泥板档案以来，截至 1985 年共出土 100 多万块。此外，由于楔形文字已被译解成功，泥板档案如今是研究古代两河流域和西亚等地历史的重要原始材料。

⑥纸草档案

纸草档案是书写在纸草纸上的一种古代档案。纸草为莎草科植物，盛产于尼罗河三角洲。公元前 3000 年至公元前 2000 年，古埃及人把其茎部削成薄片，压平后用作书写材料。十片粘成长幅，卷在木杆上，形成卷轴者，称为"纸草卷"。公元前 1000 年以后，纸草档案经腓尼基传到地中海沿岸各国，在欧洲一直使用到 11 世纪。已发现的最古老的纸草档案在公元前 2500 年左右，大部分纸草档案则属于公元前 4 世纪至公元 6 世纪的希腊和罗马时代。纸草档案 1752 年最早发现于意大利，1877 年大量发现于埃及的法尤姆，包括法典、律令、报告、房地产契据、合同书、财产清单、信件等。据 20 世纪 80 年代统计，埃及、英国、德国、法国、荷兰、意大利、美国等许多国家的档案馆和博物馆收藏纸草档案达 10 万余件。大量的发现，引起了各国学者的重视。19 世纪下半叶产生了专门研究文献的纸草学，1947 年在比利时布鲁塞尔成立国际纸草学学会。此外，意大利等还设专人研究其保护和修复技术。

⑦蜡板档案

蜡板档案是古罗马的一种档案，以涂蜡木板（一般为长方形）为材料，用石、骨或金属尖笔刻写。为防止字迹被磨损，木板四边高于中间。一份文件往往由三块边缘带有小孔的木板用绳子或金属丝连接而成，三块木板叠在一起形成六个页面，上为封面，下为封底，第二和第三页写正文，第四页用来签字，第五页书写文件摘要。封面页、封底页和签字页均不涂蜡。需要长期保存的重要文件，还要转抄到羊皮纸上。19世纪70年代，从曾被火山灰埋没的古罗马庞贝遗址发掘出127块蜡板档案。

⑧棕榈叶档案

棕榈叶档案是书写在棕榈树叶子上的一种古代档案。在古代，印度人、缅甸人、斯里兰卡人等将棕榈树的叶片煮沸、弄平，涂上芝麻油，用铁笔或其他金属笔在叶片上刻写文字。经过加工用于书写的叶片，一般长40 cm，宽7.5 cm，打有洞孔。凡留下存查的叶片，都用细绳串联在一起用两片木板夹好，并用布捆包起来存放。古代的佛经也用这种棕榈树叶子做书写材料，在文中称这种叶子为pattra（音译贝多），因而在我国又称"贝叶"。用它做书写材料的佛经，称贝叶经；用它做书写材料的档案，称贝叶档案。我国西藏、云南至今还保存有贝叶经。

⑨桦树皮档案

桦树皮档案是写在白桦树皮上的一种古代档案。古代印度人、尼泊尔人把从白桦树上砍下的皮表面打结实、上油、打磨，使之成为表面光滑的薄片以供书写之用。桦树皮含有桦树油，不怕虫害。现存最早的桦树皮档案是产生于公元450年的婆罗门手稿，于1889年在我国新疆库车发现。俄罗斯收藏有11世纪至15世纪的数百卷桦树皮档案，它们是研究古代俄罗斯语言、社会、经济的珍贵史料。

⑩羊皮纸档案

羊皮纸档案是书写在羊皮纸上的一种古代档案。羊皮纸是用羊皮或牛犊皮加工而成的一种书写材料，其中呈卷轴形者，称"羊皮纸卷"。约公元前200年，古代的拍加马王国因特产羊皮纸而闻名，行销国外，时称"拍加马纸"。公元前3世纪羊皮纸成为欧洲各国的主要书写材料，直至14世纪中国造纸技术传入后，才逐渐被纸张所取代。但仍有些国家用它书写重要法典文件，以示庄重。比如美国以之书写《独立宣言》和第一部宪法。英国把重要文件以全本或节本的形式抄录在羊皮纸上，妥为保管。今法国和俄罗斯藏有7世纪的羊皮纸文件，南斯拉夫藏有 1022 年的羊皮纸文件，意大利、俄罗斯等国还设机构或人员专门研究这种档案的保护和修复技术。

⑪音像档案

音像档案是以声音和图像等方式记录信息的特殊材料档案，亦称声像档案、视听档案，包括照片、影片、唱片、录音、录像档案。音像档案大量产生在通讯社、报社、画报社、广播电台、电视台、录影厂、唱片厂、文化馆等单位，国家机关、科研机构、企业和其他事业单位也产生一部分。音像档案具有真实记录性、选材典型性、视听形象性、艺术美感性、交流通用性等特点，在宣传教育、传播知识、科学研究、艺术欣赏和历史凭证等方面具有重要作用。

中国设有照片档案馆、中国电影资料馆等用于收藏有关音像档案。国际上有国际档案理事会音像档案委员会、国际音像档案协会，组织有关音像档案的学术研究与交流。音像档案的管理，先将相同类型的材料分开，再按不同的版次分别整理编目。

音像文件的归档范围包括以下内容。照片档案：原底片（母片）、翻底片（复制片）、中间正片、照片、照片内容的说明。影片档案：画面原底片，音响、对白的声带原底片、翻正片、标准拷贝，创作及审批性文书。唱片档案：金属模片、唱片及唱片内容的文字材料。磁带录音、录像档案：原版带、复制带、合成带，以及有关内容的文字材料。

音像档案的利用要借助各种不同设备，以便播放、再现和复制。另外，还可采用文种、所有权、保管期限、档案形成者所属社会和活动领域等多种标准对档案进行分类，以划分出不同的种类。此外，档案的载体由于其自身的物理属性的限制，都有自己的保存年限。

二、高校档案

高等学校档案与高校档案管理是两个既有联系又有不同含义的概念。高校档案是高校档案管理的主要对象，而高校档案管理则是高校档案赖以生存和发挥作用、服务于学校各项工作和社会的重要依托。为了做好高校档案的管理工作，使高校档案管理沿着标准化、规范化和科学化的轨道向前发展，首先必须对高校档案和档案管理有一个大致的了解。

（一）高校档案的含义

档案这一件事源远流长，它是随着文字的产生而出现的。有关史料记载，在埃及曾发现公元前3000年就存在的纸草档案，叙利亚北部曾出土公元前2400年前的大量刻有楔形文字的泥板档案。我国在公元前21世纪的夏代就形成了以文字形式出现的记录材料。从考古发掘的情况看，公元前16世纪至公元前11世纪的商代后期形成的甲骨档案，是我国目前能见到的最古老的历史档案。在我国，"档案"一词始于清初。清以前，商称"典册"，周称"中"，秦汉称"典籍"，汉魏以后称"文书""文案""案牍""案卷""簿书"等。中华人民共和国成立后，沿用"档案"一词。

《中华人民共和国档案法》第二条对"档案"一词的表述是："本法所称档案，是指过去和现在的机关、团体、企业事业单位和其他组织以及个人从事经济、政治、文化、社会、生态文明、军事、外事、科技等方面活动直接形成的对国家和社会具有保存价值的各种文字、图表、声像等不同形式的历史记录。"高校档案是整个国家档案的组成部分，除形成的范围有所界定外，其主要内涵也是《中华人民共和国档案法》所指明的。教育部和国家档案局2008年8月20日公布、2008年9月1日起施行的《高等学校档案管理办法》第二条对高校档案所下的定义是：高校档案"是指高等学校从事招生、教学、科研、管理等活动直接形成的对学生、学校和社会有保存价值的各种文字、图表、声像等不同形式、载体的历史记录"。高校档案的含义包括形成范围、形成方式、形态特征等三个方面。

第一，形成范围。高校档案主要是指高校在从事招生、教学、科研、管理等活动中形成的档案。值得注意的是，这里所指的档案，与一般文件材料的概念不同，一般的文件不一定都能称为档案，只有按规定由高校所属各部门（或单位）将属于高校归档范围和对学生、学校、社会具有保存价值的文件材料，经过立卷归档后才能称为档案。高校档案是由高校文件材料转化而来的，因此高校文件材料是高校档案的来源和基础，但文件材料并不等同于档案。

第二，形成方式。"直接形成的"历史记录是档案的特性，也是高校档案的特性，是高校档案这一事物区别于其他事物的主要标志。只有高校在从事招生、教学、科研、管理等活动中直接形成的或具有原始性的历史记录（文件材料）才能称为档案，非直接形成的或不属原始记录性的文件材料、参考资料可以称为文献或资料，但不能称为档案。具体地说，高校在从事招生、教学、科研、管理等活动过程中，为了与学校各部门和其他学校乃至其他国家进行交流与联系，一般都要收集或收到不属于本校直接形成也不反映本校活动工作的文件材料，这类文件材料不属于本校归档范围，也就不能转化为本校档案。

第三，形态特征。"文字、图表、声像"等不同载体是档案的形态特征，也是高校档案的形态特征。高校档案也同其他档案一样，具有纸质和非纸质的各种不同载体形态，如纸质载体和照片、影片、录像带、光盘、电脑储存等。经过立卷、归档、整理程序以后，高校档案又具有了卷、册、袋、盒等形态。

高校从事招生、教学、科研、管理等活动形成的文件材料转化为档案的具体条件：①办理完毕的文件材料才能转化为档案。所谓办理完毕，是指完成文书处理程序，即招生、教学、科研、基建、生产技术、财会等文件材料形成或处理时间告一段落（或年度）后才能转化为档案。②对学生、学校和社会具有保存价值的文件材料才能转化为档案，凡不属本校归档范围和没有保存价值的文件材料不能转化为档案。③经过立卷、整理的文件材料才称为档案，即按照国家主管部门制定的有关规定，遵循一定的原则和方法，将零散的文件材料分类组成卷、册、袋、盒等形式的保管单位，才具备档案特征。

（二）高校档案的特点

高校档案具有综合性、专业性、交叉性、原始性、信息性、延伸性、机要性等特点。

1. 综合性

各个高等院校尽管规模大小有别，文理专业设置不一，但是就机构设置和形成档案的情况而言，都具有综合性的特点。因此，按约定俗成的方式划分，各高校文书档案、科技档案和专门档案样样俱全。

2. 专业性

高校的主要任务是教书育人（培养高层次人才）和开展科学研究活动。为了培养人才和开展科研活动，必须创造各种条件，这就必然会在师资队伍建设和教学设施、校园建设、教学、科研及人事与财会管理等方面形成各种专业档案。《高等学校档案管理办法》增设"学生类"档案类目，进一步体现了高校档案的专业性特点。因为高校的主要工作对象是学生，围绕学生形成的档案应当作为高校档案的重要组成部分。将学生类档案与其他各类档案并列，在体现高校档案专业性的同时，也体现了它自身的专业性特点。

3. 交叉性

高校档案不论是按内设机构分类，还是按职能性质分类，有关管理性文书的档案和专门性或专业性档案，如学生、教育、科研、基建、仪器设备、产品生产、外事、出版物、财会等各类档案及各种不同载体的档案，都存在一种交叉的关系。为了便于保管和提供利用，在分类整理时必须充分考虑这种交叉性的特点，注意相互保管和提供利用，在分类整理时必须充分考虑这种重复性的特点，注意相互衔接和尽可能避免重复归类。

4. 原始性

高校档案是在招生、教学、科研、管理等活动中直接形成的原始记录，具有原始性特点。原始性特点是档案区别于图书和一般资料的分界线。从广义上说，尽管档案也属于资料的范畴，但一般图书、资料不具备原始性或原始记录性特点。高校从各项工作参考需要出发，所收集起来的一切公开或内部交流的书报、期刊、简报、汇编、图纸、图表、照片、影片、唱片、录音带等资料，除本校的出版物档案外，一般都属第二次或第三次文献，不具备原始记录的特点，不能起凭证作用，因而也不属档案的范畴，只能做资料处理。

5. 信息性

高校档案具有信息属性，是社会信息系统中的一个组成部分。高校档案信息的特点是用文字、图表、声像等特定的信息符号和一定的方式将各种信息记录在一定的载体上，使高校进行招生、教学、科研、管理等活动的历史面貌得以保留、得以再现。随着高等教育事业的不断发展，高校档案信息量与日俱增，档案信息资源越来越丰富。因此，创造各种条件，充分开展和利用高校档案信息资源就成为高校档案机构的一项重要任务。

6. 延伸性

随着高校招生、教学、科研和管理工作的不断发展，高校档案的数量也年复一年地不断增加、不断延伸。根据高校档案的延伸性特点，高校档案机构必须按照有关规定，通过严格区分档案的保管价值，及时组织鉴定和销毁超过保管期限的档案，重点保护好需要永久和长期保管的档案。

7. 机要性

高校部分档案内容，在一定的历史期限内具有机要性。需要利用涉密档案时，必须经学校保密部门批准。

（三）高校档案的作用

根据《高等学校档案管理办法》第十五条所规定的文件材料归档范围，高校档案的基本内容包括党群类档案、行政类档案、学生类档案、教学类档案、科研类档案、基本建设类档案、仪器设备类档案、产品生产类档案、出版物类档案、外事类档案、财会类档案等。《高等学校档案管理办法》所界定的档案内容，是以全国整个高校系统即包括文、理、工、艺、农、商、军等各类学校所形成的档案情况为依据的，具体到每所高校，不一定都有这些类别的档案。比如，有的纯文科院校不一定有产品生产类档案，有的规模较小的专业学院不一定有出版物类和外事类档案。党群、行政、学生、教学、科研、基本建设、仪器建设、财会等类档案则每个高校都有，只是数量不同而已。因此《高等学校档案管理办法》第十五条规定："高等学校可以根据学校实际情况确定归档范围。"高校档案在高校招生、教学、科研、管理、编史修志及为社会提供利用等各个方面都起着重要作用。

1. 在高校招生和向社会输送人才方面的作用

在进行招生工作时，除必须查阅本校历年招生工作档案以用作参考依据外，还需要通过对招收对象即学生个人档案的查阅，全面了解学生情况，以决定取舍。新生入学后，则必须以学生的高中档案为基础建立学生高校阶段的档案。由于档案全面系统地记录了学生在校期间表现，在学生就业时，可以为用人单位录用人才提供依据。

2. 在教学工作中的作用

高校教学质量是决定人才培养质量的关键。高校教学质量的保证和提高，离不开教学实践、教学研究和教学管理。教学实践、教学研究和教学管理等工作都离不开对档案的利用，一般都要通过对以往教学档案的利用，不断总结提高，才能为保证教学质量创造条件。同时，教学档案也是学校和教育系统进行教学评估的重要依据。

3. 在科研工作中的作用

从立项审批到科研课题结题，一般都要充分利用相关的档案作为依据或参考，在以往科研中形成的相关课题档案更是新课题利用的重点。同时，从科学技术交流的角度看，高校科研档案不仅能供本校师生享用，已公布的档案也供社会各界科研人员利用。也就是说，高校科研档案是开展新课题研究的依据，不仅在校内科研中发挥作用，也对校际乃至国际科学技术领域的开拓创新发挥作用。

4. 在学校基本建设中的作用

高校各项建筑工程的兴建、扩建和改建及工程维护管理，如果没有基础档案做依据，一切都无从谈起，如果不参考反映建筑物原貌的基建档案而盲目施工，可能造成重大损失。有了完整、准确、系统的基建档案，才能保证高校内各种建筑物兴建、扩建、改建及工程维护管理的顺利进行。

5. 在维护仪器设备和产品生产中的作用

高校购进的价值在 10 万元以上的精密、贵重、稀缺仪器设备在使用和维护的过程中必须利用设备档案。在进行产学研（生产、教学、科研）结合的过程中，一般都要利用产品样品或样品照片和录像等档案材料，否则产学研就难以进行。

6. 在学校管理工作中的作用

高校在党群、行政、学生、教学、科研、基本建设、设备设施、产品生产、外事、出版、财会等各项管理工作中，不论是制定和执行哪方面的规章制度，还是印证和处理何种历史问题或显示问题，都必须承前启后、继往开来，都必须以史为鉴，以历史记录为凭。因此，利用学校各类档案就成了不可或缺的要求。学校档案，尤其是管理方面的档案，在学校各项管理工作中起着举足轻重的作用。即有则成，缺则失。

7. 在编史修志工作中的作用

定期、适时开展编写大事记、组织沿革、人物传记和校史校志等编史修志工作，是高校的一项重要任务。为了保证编史修志工作的顺利进行，必须充分利用和依据高校各类档案及相关参考资料。

8. 在为社会提供便利时所发挥的作用

概括地说，在向社会开放时，高校档案的作用主要体现在两个方面：一是凭证作用；二是参考作用。①凭证作用，或叫证据作用，是档案的第一价值。从法律的角度看，档案被视为一种重要证据，具有法律效用。高校教职人员在履行职责的过程中，为了借鉴历史，总结经验，辨别是非曲直，分析判断和解决某些疑难问题，常常利用相关档案作为依据，以发挥档案的凭证作用。档案的凭证作用是由档案的形成特性决定的。档案真实地记录和反映了事物的本来面目，真实地记录和反映了档案形成者的思想行为，同时留下了档案形成者的手迹、声像，能反映历史的真相，因此档案在对内、对外的各种工作活动中都能起着真凭实据的作用。②参考作用，是指档案的情报性价值，也称第二价值。高校教职人员在从事招生、教学、科研和管理等活动时，常常需要利用档案中记载的某些内容做参考，也就是发挥档案信息的参考作用。

高校档案的凭证作用与参考作用既有区别又有联系。其区别在于，同样的档案内容，利用的目的和要求不同，所起的作用也就不同；其联系在于，不论用于什么目的和要求，档案都能作为说明问题和印证历史的依据。因此有的学者认为："许多档案既有凭证作用又有参考作用。利用人员不同，需要处理的问题不同，档案所起的作用也会不同，而且各种档案的凭证作用和参考作用的大小也是有区别的，并且还会随着岁月的推移而改变。"

第二节　高校档案管理

《高等学校档案管理办法》指出，高校档案工作由校长直接领导，分管副校长协助。校长的主要职责：一是作为高校法定代表人，校长要贯彻执行有关档案管理的法律法规和方针政策，切实维护档案法律法规的权威性；二是校长对学校各项工作要统筹兼顾，促进档案工作又快又好发展；三是校长要为档案工作持续发展提供物质条件和保障，这些条件和保障只能加强，不能削弱；四是授予校长领导档案工作的举措和权力，这些职责一经纳入高等学校校长的管理职责，就成为高等学校校长应尽的义务，并应承担相应的法律责任。

一、高校档案管理组织

高校档案工作由校长直接领导后，高校档案机构长期以来不被重视、档案工作困难重重、难以推进的现象有望得以解决，高校档案工作在管理上进入一个新的阶段。

（一）高校档案工作机构的特性

1. 综合性

档案部门相对于学校内部的其他部门而言，其工作涉及学校的各个层面。档案内容既包含领导指令，也有后勤服务，更多的是学校教育教学各项工作中产生的文件材料，是学校文化、办学成果、科学技术的最综合的反映。

2. 服务性

学校档案作为国家档案的一部分，直接为学校的教育教学各项工作服务。档案部门在学校的行政管理工作中，不仅为领导和管理工作服务，也为教学和科研服务，既面向教师，也面向学生，不仅要做好档案的管理工作，还要提供查问和各方面的信息咨询等服务。所以，服务性是学校档案工作的本质特征。

3. 管理性

档案工作是以科学的手段和方法对具有查考利用价值的文件资料及其他载体的物质有序利用的过程，是学校管理工作的重要内容之一。

4. 机要性

一方面档案本身是具有机密的内容，甚至涉及国家安全；另一方面，档案是办学过程中长期积累的文化产物，其重要性涉及学校的历史和发展。

（二）高校档案机构设置的原则

学校档案机构建立在所有制基础上。从以往的办学情况来看，一般学校都是以职能科层划分的原则来设置机构，以学校内部的主要职能分工或"权力结构"来确定管理体制的。高校内或以学术权力为主，或以行政权力为重，档案工作要接受来自行政和专业两方面的制约。因此，学校内部组织机构的管理权限确定了档案机构职能的划分。

1. 档案机构

档案工作机构是由组织保证的。总体来看，学校档案机构的确定在一定程度上取决于学校档案工作状况：一是对档案管理工作的要求如何；二是库藏数量多少；三是领导重视程度。为了保证档案工作的正常开展，学校档案部门的设置应与学校的规模、档案工作的任务相适应。《中华人民共和国档案法》规定："档案工作实行统一领导、分级管理的原则，维护档案完整与安全，便于社会各方面的利用。"学校档案部门或相关的档案工作人员"负责管理本单位的档案，并对所属单位的档案工作实行监督和指导"。"监督和指导"就是要检验和督促党和国家，以及学校有关档案管理的方针政策的执行情况，落实各项规定和要求的效果。按照"统一领导，分级管理"原则，国家机关档案部门、教育行政主管部门和学校分别对加强学校档案管理负有责任。《高等学校档案管理办法》则规定"综合规划学校档案工作"。这里的"综合规划"是指站在全校的高度合理安排和部署学校档案工作，将分散在所属各单位、部门的档案联结成有机的整体。

2. 档案机构设置原则

①坚持统一管理。实行档案综合管理，主要包括三方面的内容：一是集中统一管理全校各种门类的档案；二是实行档案工作统一领导；三是人、财、物资源的统一计划和使用。

②适应工作需要。学校的机构设置是为教学行政管理服务的，管理就要追求最佳效益。学校档案工作既要讲求社会效益，也要争取经济效益。要不断优化馆藏档案结构，实现精简效能的目标。

③队伍专兼结合。学校档案涉及面广，档案数量多，要做好相关的管理工作，必须通过管理机构，重要的是建立学校档案管理网络，便于形成灵活有效的学校档案收集、归档、管理机制，为实现档案的归档率和完整率打下基础。

④提高服务能力。对于学校而言，学校档案工作机构既是综合性管理部门，也是提供服务的办事机构，不仅为领导和管理工作服务，也面向全体师生、社会服务。学校档案工作机构必须有很强的服务意识，通过主动做好工作，为教学提供优质满意的服务。

⑤维护档案安全。学校档案部门履行综合管理的职能，它的核心是集中统一保管学校的全部档案，维护档案资料的安全，最终是为了达到更好地提供服务的目的。

（三）高校档案工作机构

管理档案的活动是随着学校的发展开展起来的。成立相应的档案管理机构是做好学校档案管理工作的保障。档案机构的任务是把在学校各项工作中产生的具有利用价值的档案保存好，用于学校的建设和发展。过去，由于人们对档案工作认识不足，学校一般没有专门的档案机构。档案工作只是某些部门的附属工作，甚至现在很多学校也是这样。但是，对高校全部档案实行综合管理，是发展高校档案工作的重要原则，也是高校教育体制改革的需要，大中专院校一般都应设置专门的档案工作机构。学校的类型多种多样，规模有大有小。由于办学层次、人才培养目标上的差异，学校档案的内容、数量多少也不同，档案机构的设置也应根据实际情况确定。对于一些办学规模较小的学校或者中等以下层次的学校，可根据学校的实际，设置相应的档案工作岗位。

学校档案工作机构是根据学校规模和实际需要确定的。我国的学校档案工作部门根据其承担的任务和所处的领导层次不同，分别称为档案馆或档案室等。高校目前一般多设置以下几种档案工作机构。

1. 档案馆

档案馆是独立设置的学校档案工作机构，行使档案综合管理职权，按系（处）设置和建立，由直属院（校）长领导。作为学校档案管理的最高级形式，档案馆既是学校档案工作的职能管理部门，又是永久保存和提供利用本校档案的科学文化事业机构。档案馆一般设置在办学历史长、档案工作基础条件好的高等学校。档案保管量大的高等学校，有的可成立分馆、分室。

2. 综合档案室

《高等学校档案管理办法》要求："未设立档案馆的高等学校应当设立综合档案室。"综合档案室是机关建立的综合性档案管理机构，它统一管理本机关形成的各种普通档案、专门档案和特殊载体档案。学校综合档案室是集中管理学校档案的机构。综合档案室隶属于学校院（校）长办公室或党政办公室，通常为科级建制，由学校办公室主任兼任综合档案室主任或独立聘任综合档案室主任（兼办公室副主任）。综合档案室对学校在办学活动中形成的各种档案实行统一管理。事实上，由于人事制度历史的原因，绝大多数学校并没有将人事档案纳入统一管理的范畴。今后，随着学校档案集中管理原则的不断完善，学校综合档案室将在人、财、物投入与信息开发利用上进一步发挥作用。

3. 信息管理中心

信息管理中心是将学校各部、处、系、直属单位的档案、统计、情报资料管理工作一体化管理的部门。因为档案、统计、情报这三项工作是互相联系的关系，把这三项工作的人员统筹起来，实现一体化管理，可以实现减少编制、设备共享、互相利用、互相补充、互相促进、便于利用的作用，有助于大大增强学校信息管理系统功能，提高档案的社会效益、经济效益，从而提高档案工作的地位。对学生规模在3000人以下的学校，可以在信息中心内设档案室，主要利用现代信息技术和科学的管理方法，对教育信息和与教育相关的信息进行采集、处理、储存和传播，成为学校的数据库、信息库和领导管理的参谋部。

4. 档案室

档案室是各机关（包括团体、学校、工厂、企业、事业单位等）统一保存和管理本机关档案的内部机构，是整个机关的组成部分，是具有机关管理和研究咨询性质的专业机构。从全国档案工作来说，档案室是国家档案工作组织体系中最普遍、最大量、最基层的业务机构。以上几种类型的档案机构均属于学校的内部组织机构。各学校为适应档案管理的自身需要建立的一种专业组织，从事本单位内档案工作的组织管理及档案的保管与提供利用工作。从这一点上看，档案室具有对本机关的依附性。

过去，学校一般是在校长办公室下设档案室，主要管理文书档案。随着学校档案工作领导体制的转变，高等学校档案室开始向综合性的方向发展，各校纷纷将文书档案室、人事档案室、科技档案室合并，以综合档案室的形式对学校档案实行统一管理。也有规模不大、档案库存数量少或受编制限制的学校，根据学校工作需要，大多没有设立档案工作机构，只配档案工作人员，隶属于院办公室或其他职能部门，隶属于学校办公室的档案机构。有的是统由办公室主任兼综合档案主任，或由办公室副主任负责，有的暂在隶属校（院）办的档案科、室设专职工作，达到精简高效的目的。不管各学校采取哪种机构建制，其档案工作职能都是学校工作的组成部分，是为适应学校工作的需要服务的。

（四）高校档案管理组织机制

学校档案管理按照组织形式可分为集中式和分散式两种管理模式。

第一，集中式管理。各级档案工作机构的设置是二至三层，有的是以档案室命名的基层档案部门，统辖于处、系（部）、科或室之下，只负责本部门的资料、档案等工作。集中式管理是将分散在不同组织、机构的档案工作统一起来进行管理。集中式管理是我国档案机构的一种组织原则，它是由我国的国家结构形式决定的按行业划分的管理机构体系，像教育系统是从国务院教育行政部门到省、自治区、直辖市人民政府教育行政部门，形成了垂直的管理结构。按照集中统一的原则建设全国高校档案机构将有利于制定统一的发展规划和规章条例，使用统一规格的设备，在业务标准上统一规范管理。集中式的学校综合档案室下面不再分设档案部门，综合档案室归口学校办公室或秘书科管理。这适合于学校规模及档案工作量都不太大的学校，大多数普通中等专业学校、一般高等专科学校都采用集中式。

第二，分散式管理。分散式管理是指对本部门范围档案负责的档案工作形式。在分散管理的情况下，往往是以相关专业档案产生的工作部门来确定管理关系，分别实施管理责任，如学生工作处或教务处所属的学生档案室等。由于高校工作有着自身的特殊性，《高等学校档案管理办法》中对分室保管问题明确指出："需要特殊条件保管或者利用频繁且具有一定独立性的档案，可以根据实际需要设立分室单独保管。分室是高校档案机构的分支机构。"学校的分校区、二级学院或学校所属的其他独立单位都是高校内部的一个单位，这些单位在各项实践活动中也会形成许多具有保存价值的材料，可视需要采取将业务性强、隶属单位常用的档案分室保管的形式，但其在业务管理上仍隶属于学校档案机构。分室保管的全部档案与学校的档案是一个全宗。

目前，我国中等以上学校普遍设有档案室，一些办学规模较小的学校还没有档案机构，只设档案工作岗位。对大多数学校而言，档案工作隶属于学校的综合档案室，而综合档案室归属在学校党政办公室等机构内，也有一些大学的档案馆是独立存在的。但不论以何种形式存在，档案工作要接受来自行政和专业两方面的制约。因此，学校内部组织机构的管理权限确定了档案机构职能的划分，规模大的院校能实现校、学院或校、系两级管理。

一般来说，高校设置的档案机构包括档案馆和综合档案室两类，具备以下条件之一的高等学校应当设立档案馆：一是建校历史在 50 年以上；二是全日制在校生规模在 1 万人以上；三是已集中保管的档案、资料在 3 万卷（长度 300 延长米）以上。高校档案馆内部机构可设综合办公室、档案收集整理科、档案信息资源开发科、校史编写科、专门档案管理科、业务指导科等。未设档案馆的高等学校应当设立综合档案室，综合档案室内部机构可设综合办公室、档案收集整理室、档案信息资源开发室等。有条件的高校档案机构，可以申请创设爱国主义教育基地。

（五）高校档案机构的管理职责

根据《高等学校档案管理办法》，高校档案机构的管理职责共九条：一是贯彻执行国家机关档案工作的法律法规和方针政策，综合规划学校档案工作；二是拟订学校档案工作规章制度，并负责贯彻落实；三是负责接收（征集）、整理、鉴定、统计、保管学校的各类档案及有关资料；四是编制检索工具，编研、出版档案史料，开发档案信息资源；五是组织实施档案信息化建设和电子文件归档工作；六是开展档案的开放和利用工作；七是开展学校档案工作人员的业务培训工作；八是利用档案开展多种形式的宣传教育活动，充分发挥档案的文化教育功能；九是开展国内外档案学术研究和交流活动。

二、高校档案管理人员

高校档案管理人员的基本条件：一是遵纪守法，爱岗敬业，忠于职守；二是具备档案业务知识和相应的科学文化知识；三是热爱档案工作，又有较强的事业心、责任感和服务意识，能够全身心地投入档案管理工作；四是坚持原则，依法办事，公道正派，身体健康；五是具有履行岗位职责所需要的管理工作能力，掌握计算机和办公自动化软件基本操作。

由于高校是为国家培养栋梁、为社会培养人才的地方，高校档案工作除具有一般档案工作的特性外，还具有自己的一些特别要求，树立良好的职业道德，是高校档案工作人员适应新时代科技、教育、经济发展需要的必然选择。高校档案工作人员职业道德的内涵如下。

第一，认真履职。高校档案工作人员要充分认识档案工作这一职业在学校教学、科研工作乃至对整个社会发展中的地位、作用及重要意义，本着对学校负责、对学生负责、对社会负责的精神，热爱档案工作，具有严谨的工作作风、高度的责任感和敬业精神，忠实地履行自己的职责及义务。

第二，保护历史资料。现代社会充满诱惑，一些个人或集团出于利益考量，有时会做出不合事实的陈述，而还原其本来面目的最省力的资料就是档案。档案工作人员必须担当起保护历史资料的重任，珍惜档案，尊重历史，求准求实，保持档案资料的完整齐全。

第三，保守秘密。档案工作具有政治性的特征，学校档案工作也同样如此。档案工作人员在档案的利用过程中，必须严格遵守国家有关保密工作的法律法规，确保档案在政治上的安全。在高校档案管理由传统的封闭或半封闭型转向社会开放型的过程中，档案的政治性尤为重要。

第四，提供优质服务。高校档案中的学生档案、科研档案及教学档案在校内和社会上查询需求量都比较大，按照规定提供优质服务，是档案工作作用的最终体现。

因此，要求档案工作人员在档案的利用上狠下功夫，练就一套娴熟的服务技能，以热情的态度、精湛的技术，更快、更好地做好服务工作。如何加强档案工作人员的职业道德？一是加强职业道德教育。要为档案工作者提供学习和培训的机会，在提高其业务水平的同时，加强职业道德教育。二是加强职业道德宣传。要充分利用大众传播工具和媒体，宣传档案工作者中的先进典型，弘扬正气，以形成良好的社会舆论氛围，进一步提高档案工作者的职业道德意识。三是提高职业道德意识与奖惩办法相结合。在档案工作实践中，对坚守职业道德、恪尽职守的先进人物应予以宣传、表彰。同时，对少数玩忽职守者，应进行严肃的批评教育并给予必要的惩戒。

三、高校档案管理制度

档案保管工作是为了解决档案寿命的时限性与人们利用档案的长远性间的矛盾而产生的，高校档案保管工作就是维护档案完整与安全的活动。

（一）高校档案安全防护

高校档案的安全维护内容既丰富又十分重要。其主要工作内容如下。

第一，档案流动过程中的安全防护。档案流动过程中的安全防护是指在档案工作各个环节中对档案进行的保护。该工作需要档案管理人员和利用人员接触档案时轻拿轻放，不要使档案文件与水、火等危及档案安全的因素接近，注意减少档案的机械磨损。

第二，档案保护技术工作。档案保护技术工作是指防止档案受损，延缓档案蜕变和抢救、修复受损档案的活动。这些活动主要有档案储存环境的控制、档案有害生物的防治、档案修复等。

第三，防止档案的损坏。防止档案的损坏的工作主要包括了解和掌握档案损坏的原因和规律，通过经常性的具体工作，采取专门的技术措施，最大限度地防止和减少各种损坏档案的不利因素，把档案的自然损坏率降到最低限度。

第四，延长档案的寿命。档案保管工作不仅仅在于防止档案的自然损坏，而且要从根本上采取积极措施，改善档案的保管条件，提高档案的复制与修复技术，尽可能地延长档案的寿命。

第五，维护档案的安全。维护档案的安全，一方面是指档案作为一种物质，必须最大限度地使其存在下去；另一方面是指档案作为高校的一种重要历史财富，要在管理过程中保证其在内容上的安全，如不能丢失和泄密等。

（二）高校档案保管要求

第一，加强重点，照顾一般。在高校档案保管工作中应加强对永久保存的档案的保管和重要立档单位的档案的保护，确保档案保管、保护的基本条件。

第二，以防为主，防治结合。保护档案的措施比较多，概括起来有两种：一种是预防措施，如防盗、防火、防虫等；另一种是治理措施，如灭火、杀虫、消毒、恢复字迹等。相比较而言，预防的支出要比治理的少得多。因此，在高校档案保管工作中一定要"无病先防""以防为主"，在预防失败的前提下再去治理，否则会事倍功半。

第三，立足长远，保证当前。档案保管工作既要着眼于社会的长远利用，又要保证当前各项工作的现实利用。因此，要将保管与利用有机地结合起来，不能为保管而保管。档案工作的最终目的是利用，通过档案的被利用，使投入得到产出，发挥高校档案的社会效益和经济效益。

（三）库房管理

高校档案库房管理是档案保管工作的主要体现形式，高校档案库房管理不仅指库房空间场所的维护和管理，也包括在库房中进行的一切保管活动。档案库房管理其实就是"维护秩序"和"保护文体"的工作。

1. 高校档案库房管理制度

高校档案库房是保存档案的重要场所，为了档案的安全，必须制定相应的规章制度对库房的安全、档案进出库的登记、库内清洁卫生、档案检查等加以约束。

2. 库房安全的制度

①人员进出库房的规定

库房安全的制度必须对进出库房的人员及其进出的方式、时间、要求等进行必要的限制并做出专门的规定。一般情况下，档案库房只允许库房管理人员进入，非档案工作人员原则上不允许进入档案库房。如工作确实需要非档案工作人员进入库房（如维修库房及设备等），则必须有库房管理人员陪同并始终相伴。档案工作人员进出库房也必须有相应的限制性规定，如非工作时间内不允许进出库房，在库房内不允许从事与库房管理工作无关的其他活动。

②保管与取用库房门钥匙的规定

档案库房门锁的钥匙应由专人保管，不能随便乱放。对非库房管理人员取用钥匙，应做好相应的记录。钥匙使用完后应及时收回，放在安全的场所保管，一定要杜绝钥匙一直插在锁中而不取出的现象。

③保证各种设备、门窗安全的规定

档案库房的各种消防设备、电源电器及房屋门窗应经常检查，以利于随时发现隐患，随时解决。尤其是那些年久失修的库房和设备，更应加强检查，以免造成无法挽回的损失。

④禁放易燃易爆物品的规定

库房内不允许住人或放置生活用品，尤其是易燃易爆物品，库内禁止喝水、吃东西，尤其不允许吸烟。

3. 档案进出库的登记制度

对初次进库的档案，应采取消毒、杀虫措施。档案调出库外或归还入库时，一定要做好记录事项，以利于今后查对和统计，以免影响原来的档案。

4. 档案库内清洁卫生制度

档案库内清洁卫生制度应包括库内日常卫生和库外环境卫生工作等内容。

5. 档案检查的制度

档案检查的制度应包括定期检查的时间、范围、方法，以及定期检查的内容和方式等。

6. 档案库房与装具的编号

①档案库房的编号

档案库房编号的方法有两种：一种是将所有库房编一个流水号；另一种是分别将库房编栋号、层号和间号。第一种方法适用于库房较少的档案馆，尤其对一些只有一间或几间房屋的库房的档案室而言较为方便。第二种方法适用于大型档案馆，在编库房栋号时应根据库房所在地的方位及库房建筑的特征分别编制，在一栋库房中编层号时，应从下往上编制，在一层库房中编号时，应从入口开始面对库房的门从左往右编制。档案室的库房编号如果在办公楼编号时已完成，可以不再单独进行。

②档案装具的排放

在排放装具时，应注意三个方面。一是整齐一致。档案柜架应按其形状、大小、高矮，进行分类排放，使其横竖成行、整齐美观。切忌档案柜、架不分，穿插排列，给人一种凌乱的感觉。二是避光通风。档案库内装具布置应成行地垂直于有窗的墙面，外墙采光窗宜与装具间的通道相对应。否则，会造成阳光直接照射档案或通风不畅的后果。三是空间利用。为了最大限度地利用库房的空间，又有利于档案管理人员对档案的取放，在排列档案装具时，应注意满足如下各部分尺寸的要求：第一，主通道的净宽不小于100 cm；第二，两行装具间净宽不小于80 cm；第三，装具端部与墙之间的走道净宽不小于60 cm；第四，装具背面与墙的间隔不小于8 cm。

③档案装具的编号

档案装具应以库房为单位编号。编号方法有两种：一种是以库内装具的层（格）为单位编制流水的层（格）号；二是分别给装具编制列、节、层（格）号。无论采用哪种方法编号，都应该从库房入口起步，面对装具的门或档案包装材料的脊背从左往右依次编制。层（格）号应以节为单位从下往上编制，节号应以列为单位编制。

④档案的存放

档案在装具中的存放方式有竖放和平放两种。竖放时，档案卷皮或卷盒的脊背朝外，取放档案比较方便，因此适用使用得较多的档案。平放有利于档案的保护，但取放不方便，所以大都用于保管珍贵档案，以及卷皮质软、幅面过大的档案。平放档案时，应注意不要堆叠得太高，以免压坏档案和取放档案不方便。

7. 档案存放位置索引与代理卡

①档案存放位置索引

档案存放位置索引是以图表或卡片的形式将档案在库房及装具中存放秩序情况如实地记录和反映出来，以指引档案工作人员对档案的调取、归还和其他日常管理工作的一种管理工具。档案存放位置索引在大规模的搬迁（如档案馆迁址、档案迁入新库房、战乱时期的转移等）工作中的作用更为突出。档案存放位置索引在档案馆及保存多个全宗的档案室中，一般都是以全宗或以库房为单位编制的。档案存放位置索引，主要有以下两种形式。

一是以全宗为单位编制的档案存放位置索引。该索引旨在说明哪些全宗的档案存放在哪些库房的哪些装具中，便于从全宗号的角度找到所需的档案。

二是以库房及装具为单位编制的档案存放位置索引。该索引旨在说明哪些库房及装具中保管了哪些档案，便于从库房或装具的角度找到所需的档案，还便于统计档案馆中的每个库房的档案数量。

执行《归档文件整理规则》（DA/T 22—2015）后，在对纸质载体的文书档案编制档案存放位置索引时，可以根据实际使用的分类方案将"目录号""目录名称""目录案卷起止号"改换为"保管期限""年度""机构（问题）"等项目。同时，档案保管机构也应根据自己库房的多少、库房的大小及档案装具的编号方法等实际情况对索引中的"栋号""楼层号""列号""节号"进行取舍。此外，档案保管机构还可以建立诸如"全宗存放指引卡""案卷存放指引卡""全宗存放示意图（表）"等保管工具。全宗存放指引卡是一种在卡片上标明全宗号和卷宗名称的档案管理工具，这种卡片一般置于该全宗第一卷存放的柜架上。案卷存放指引卡是一种在卡片上标注案卷的档号的档案管理工具，该种卡片放置于案卷所在的柜架上。由于一个档案柜架将存放数十卷或上百卷档案，柜架的指引卡上只填写十卷的起止卷号。全宗存放示意图（表）是一种在图（表）标明全宗号、高校名称、存放库房号的档案管理工具。此图（表）一般张挂在档案保管处（科）负责人的办公室的墙壁上。

②档案代理卡

出于提供利用或档案馆重新整理、修补、复制、编制检索工具等内部工作的需要，经常要将库房中已上架排列好的档案暂时移出库外。为了便于库房管理人员掌握档案的流动情况和进行安全检查，可以填制一张卡片放在档案原来存放的位置上，以指明档案的暂时存放场所，这张卡片就是档案代理卡。

执行《归档文件整理规则》（DA/T 22—2015）后，对于纸质载体的文书档案，可以根据实际使用的分类方案将该卡中的"目录号""案卷号"改换为"保管期限""年度""机构（问题）"等项目。

（四）鉴定销毁

档案是保存历史记忆的载体，是人类社会承前启后、保持继续发展的自备知识能源。人类社会发展的过程中源源不断地产生着不同内容和载体的记录材料，当政者或当事人往往根据自身需要和取舍标准对其进行选留收藏或者丢弃的处置，这种行为就是档案的鉴定。档案鉴定包括两个方面的内容：一是整理前归档文件的价值鉴定，包括确定是否需要保存，若要保存时，应保存多长时间；二是对保存时间已到期的档案材料确定是继续保存，还是销毁。

1. 归档文件价值鉴定的含义

归档文件价值鉴定是指按照国家关于档案保管期限的规定，判定归档文件的价值，确定有价值文件的保存期限，剔除无价值的应予以销毁的文件的过程。它包括两个阶段。

第一阶段，在机关文件归档时，对文件能否转化为档案进行资格审定，确定其是否属于归档范围，同时剔除没有保存价值的文件材料。归档的过程就是对文件选择的过程，说到底是看该文件是否有保存价值。因此，归档范围的确定实际上是对文件价值的初步判定，是档案鉴定工作的第一关口。

第二阶段，对进入归档范围的文件材料，根据其在日后保存过程中可能产生的不同作用来确定档案的生存期，提出应保存的年限。划分档案的保管期限是对文件价值的进一步判定，是决定档案命运的关键。

2. 归档文件价值鉴定的意义

通过将不同价值的文件区别整理，可以合理使用人力、物力、财力和时间。同时，不同价值的文件经过整理后相对集中，为日后档案室进行保管利用，以及到期移交进馆也提供了方便。将不同保管期限的文件从实体上区分开来，可以为有针对性地开展后续工作打下基础。因此，各高校档案部门应依据文件整理原则，对不同保管期限的文件提出不同的整理要求。

3. 归档文件价值鉴定的原则

根据本校工作和为国家积累历史文化财富的需要，用历史的、辩证的、全面的、发展的及效益的观点，正确分析和鉴别档案的保存价值，准确划分档案的保管期限，这就是档案鉴定工作的原则。

（1）要用历史的观点鉴定归档文件的价值

档案是人类从事实践活动的产物，档案的内容、形式是与其形成的历史条件密切联系的。因此，要分析档案的价值，就必须结合相应的历史条件，具体分析档案的内容和形式，以及档案和文件的相互关系、历史条件、特定的作用，并结合当前和将来的利用需要来考虑其保存价值，不能单纯以上级文件还是下级文件来衡量其价值。历史的观点还应包括历史研究价值，应充分认识到文件在反映地方史、教育史、经济史、文化史、专业史、社会生产史等方面的价值。

（2）要用全面的观点鉴定归档文件的价值

①要全面分析档案各方面的特征，从来源、内容、形成时间、文种、载体形式等方面，综合判定档案的价值。

②要全面地把握被鉴定档案与其他档案的联系，不能孤立地判断单份文件的保存价值，而应将有关文件材料联系起来，以准确地做出判断。

③要全面地预测社会对档案利用的需要。社会对档案的利用是多层次、多角度、多方面的，所以在鉴定归档文件的价值时，既要考虑本校需要，又要考虑社会其他方面的需要，既要考虑当前的需要，又要考虑长远的需要。总之，要全面分析档案的价值，切忌仅从本校、本部门或仅从某点需要出发，轻易地确定档案的价值和保管期限。

（3）要用发展的观点鉴定归档文件的价值

由于档案的价值有时效性和扩展性的特点，现在有用的档案随着时间的推移，将来可能没有用处，现在尚未用上的档案，将来可能有用处。因此，判断档案的价值和作用，要有发展的眼光，既要看到当前的作用，又要看到将来的需要。总之，鉴定档案要运用辩证唯物主义和历史唯物主义的观点和方法，预测档案的长远价值。

（4）要用效益的观点鉴定归档文件的价值

效益的观点是指在分析档案的价值时，要考虑收益与付出之比。只有当档案发挥的作用超过因保存所付出的代价时，才能判定其具有保存价值。在鉴定工作中，应摒弃多多益善、怕担责任而盲目拔高的观点，通过鉴定将那些在政治、经济、军事、科学、文化、教育等方面有较高利用价值的档案保存下来，尽可能为社会带来较大利益。反之，如果花费大量人力、物力，去保存那些价值较小的档案，就会得不偿失。

4. 高等学校归档文件价值鉴定的依据与标准

（1）高校归档文件价值鉴定的依据

根据国家档案局 2006 年 12 月 18 日公布的文件《机关文件材料归档范围和文书档案保管期限规定》，档案分为永久和定期两种，定期一般为 30 年或 10 年。

永久保管的文书档案主要包括：本校制定的法规政策性文件材料；本校召开重要会议、举办重大活动形成的主要文件材料；本校在教学、科研和管理职能活动中形成的重要业务文件材料；本校关于重要问题的请示与上级机关的批复、批示，重要的报告、总结、综合统计报表等；本校机构演变、人事任免等文件材料；本校房屋买卖、土地征购形成的重要的合同协议、资产登记等凭证文件材料；兄弟院校关于重要业务问题的来函等文件材料。

定期保管的文书档案主要包括：本校职能活动中形成的一般性业务文件材料；本校召开会议、举办活动等形成的一般性文件材料；学校人事管理工作形成的一般性文件材料；学校一般性事务管理文件材料；本校关于一般性问题的请示与上级机关的批复、批文，一般性工作报告、总结、统计报表等；上级机关制发的属于本校主管业务的一般性文件材料；上级机关和同级机关制发的非本校主管业务但要贯彻执行的文件材料。

（2）高校归档文件价值鉴定的标准

档案的价值是客观存在的，但人们对客观事物的认识能力是不同的，难免带有主观性和片面性。为使人们的主观认识活动最大限度地符合实际，保证鉴定工作的质量，就必须建立明确的档案价值鉴定标准。判定高校中一份文件该不该归档或保存时间的长短，首先要看它与本校教学、科研和管理工作的联系如何及自身的作用如何。凡是联系密切、在工作中起重要作用的，价值就大。反之，价值就小或根本没有保存价值。

5. 归档文件价值鉴定的标准

（1）职能标准

职能标准是指按归档单位所在教育系统的地位和重要程度来决定其档案的价值。最高级别的单位、首脑机关、核心部门与一般部门、服务后勤部门形成的文件，其价值应有所不同，一般情况下，行政级别越高，其形成的档案越重要。在确定档案的保管期限时，对于各个行政级别的部门，永久档案所占比例会有所不同。同时，高校档案部门会尽可能保存对其职能起凭证、评价作用的文件材料，以及能够证明单位的存在、发展和历史作用的文件材料，也就是反映本校主要职能及基本历史面貌的文件材料。

（2）来源标准

来源标准要求体现档案的形成者，即以"我"为主，文件的价值应体现在产生和发出文件的地方，因此要充分重视形成者的重要地位，本校形成的文件材料应当是保存的重点。在鉴定文件的价值时，重点看它是本校产生的，还是外单位产生的，而不能简单地认为上级的就比本校的重要。

（3）内容标准

内容标准强调内容的重要性和唯一性。在分析文件的内容时，主要是看它的重要程度如何，是方针政策性的、重大事件的还是一般行政事务的，是主要职能的还是非主要职能的，是反映全面和全局工作的还是反映局部工作的，是有针对性的还是普发性的，是有效时间内的还是失去时效的，是典型的还是一般的。同时还要注意基础数据、典型材料、原始数据、专题材料的价值。

（4）形式特征标准

形式特征标准是指文件的名称、文本、外形特征等。

文件的名称不同，作用不同，价值也就不同。"法""令""决定"的特定作用就决定了它的价值高于"规定""批复""函"。

文本是指文件的正本、定稿、修改稿、草稿等。由于作用不同，其保存价值也不同。草稿修改都是未定稿，都不具有法律效力，因此一般情况下都没必要保存,只有个别情况下,有重要领导人直接修改和指示的,才应当保存。

外形特征主要指载体形式,一般针对非正式的文件而言。由于这些材料不具有文件的特征和效力,往往得不到应有的重视,其实它也是在工作活动中产生的,能对文件起辅助说明的作用。特别是一些重要的照片、音像材料、领导人题词、奖旗、证书等实物,都生动地记录了真实的历史事件,是不可多得的档案资料,应得到足够重视。

6. 高校归档文件保管期限的划分

要根据归档文件的保存价值,对高校归档文件进行保管期限的划分,并以保管期限表为根据,确定文件的保管期限。高校档案保管期限表是以国家档案局制定的《文书档案保管期限表》为依据并结合高校实际情况制定的,是学校档案部门划分档案保管期限的依据。制定保管期限表的要求如下。

第一,深入实际,摸清家底。凡本校在职能活动中形成、办理完毕、具有保存价值、能作为档案留存的文件材料都应该整理归档。高校档案部门在起草本项制度前,应首先深入本校各工作部门,了解文件的形成和办理情况,将其工作活动中形成的各类收文、发文、会议文件、内部材料等,就其性质、种类、载体、数量等方面了解清楚,并按部门列出清单,将反映学校教学、科研和管理职能活动的文件都涵盖在此范围内。其次,依据国家的有关规定,对这些文件材料分别提出归档范围和保管期限,再将这些意见反馈给各部门,让各部门进行修改和补充。高等学校档案部门也可以通过同相关人员进行座谈的方式,从文件材料的现实效用和历史查考作用两个角度对其给予正确的判定。

第二,切合实际,操作性强。在制定制度时切忌生搬照抄,不能只将国家或有关高校的规定拿来一抄了事。不同高校制定的制度必须体现出各自的特点,某校制定的制度往往并不能通用于其他高校。此外,鉴于这一制度是开展整理工作的基本依据之一,在起草时,条款宜细不宜粗,每一条款都必须针对某一种文件,而且尽量不要使用"重要的""一般的"等难以把握的限定词。

第三，以"我"为主，突出重点。高校形成的文件，按来源可以分为两部分：一部分是本校制发的文件，包括本校的对外发文和本校的内部文件；另一部分是本校的收文，包括上级来文、兄弟院校的来文。本校的文件是与本校的职责，从事的教学、科研和管理工作活动密切相关的，它们的内容直接、系统、全面地记录了本校的主要活动历史。整理归档后的本校文件又是工作和历史研究的第一手材料，而本校的收文，只是从侧面间接地反映本校的工作活动和工作历史。因此，在确定归档范围和保管期限时，本校形成的文件材料是收集归档的重点。

7. 划分档案保管期限应注意的问题

首先，正确理解保管期限中"重要的"和"一般的"文件材料的含义。在国家档案局制定的《文书档案保管期限表》中出现了许多"重要的"和"一般的"，如何理解它们的含义是划分保管期限时应高度重视的问题。所谓"重要的"是相对而言的，是通过对具体事物比较分析得出的。比如：从职务看，职务高的比职务低的重要，领导的比一般工作人员的重要；从行政级别看，行政级别高的比行政级别低的重要；从来源看，本校形成的比校外的重要；从范围看，针对本校的比普发的重要；从性质看，法规性的比一般业务性的重要；从涉及面看，全局性的比局部的重要；从时效看，长久有效的比短期有效的重要；从作用看，凭证性的比参考性的重要；从影响程度看，历史意义的比一个阶段的重要；从知名度看，知名度高的比知名度低的重要；从文件名称看，通知、函等重要，决定、决议、条例、规定比通报、意见重要；从处理情况看，原始的第一手材料比第二次文献资料重要，一般有处理结果的、有结论的比没有处理结果的重要；从规模看，规模大的比规模小的重要；从职能活动看，反映主要职能的比相关职能的重要；从事物本质看，反映客观规律的比主观意志的重要；从会议名称看，中国共产党全国代表大会、学校教职工代表大会比一般工作会议重要。

其次，正确理解"事务性"和"临时性"文件材料的含义。事务性文件主要指在行政后勤管理层面形成的文件材料，临时性文件主要指在当时的活动中发挥作用，事情办完价值就消失的文件材料。许多事务性文件同时也是临时性文件。比如，召开会议或举办培训班等初报人员名单、报到须知、食宿安排、分组名单、参观安排、就餐名单、晚会安排等。又如，办公用品发放清单、清洁卫生区域分配表、清洁卫生检查表、资料征订单、物品征购单、收集的参考文件材料、一般性身份介绍信等，当事情办理完毕后，这些文件材料的价值就会消失，也就没有保存的必要。

8. 普发性文件的归档要求

普发性文件指在相同的时间内各机关单位均收到的同一份文件。这些文件内容多属于当前的中心工作，或各机关单位必须了解的。此类文件若没有政策规定，除上级发文机关保存外，其余单位均不归档。

9. 高等学校逾期档案的鉴定与销毁

（1）高校逾期档案鉴定与销毁的原则

对高校保管期限已满的档案应遵循"审查从严、留存从宽"的原则。根据《中华人民共和国档案法》《高等学校档案管理办法》等的规定，应对学校保管期限已满的档案进行严格审查鉴定，对失去保存价值的档案按规定进行销毁。

（2）建立学校档案鉴定销毁工作小组

档案馆应建立档案鉴定销毁工作小组，负责学校逾期档案的鉴定与销毁工作。该工作小组应编制逾期的档案目录，与归档部门进行论证，对逾期档案进行鉴定，并对鉴定结果提出销毁或延长保管期限的书面意见。

（3）销毁逾期档案的工作程序

首先，编制销毁逾期档案登记表。销毁目录登记表的项目包括号、责任者、文件题名、销毁时间、销毁原因、备注等。其次，撰写鉴定销毁报告。其内容包括鉴定情况、销毁主要内容（附销毁清册）、销毁方式、销毁地点和鉴定人员等。再次，将鉴定报告和鉴定销毁登记表报送学校保密委员会和主管校领导审批。经校长签字批准后，方可销毁。最后，送指定地点销毁。经批准应销毁的档案，必须送指定地点销毁，不得出售或做其他使用。销毁档案时，由鉴定销毁工作组织人员和两名以内相关业务人员进行现场监销，监销人员须在销毁档案目录上签字，并存档备查。

四、高校档案管理办法

为规范高等学校档案工作，提高档案管理水平，有效保护和利用档案，教育部和国家档案局根据档案法和有关规定制定了《高等学校档案管理办法》，于 2008 年 9 月 1 日起施行。此法中所称的高等学校档案，是指高等学校从事招生、教学、科研、管理等活动直接形成的对学生、学校和社会有保存价值的各种文字、图表、声像等不同形式、载体的历史记录。《高等学校档案管理办法》指出，高校档案工作是高等学校重要基础性工作，学校应对档案工作加强管理，将其纳入学校的整体发展规划中。我国高校档案的最高级别主管部门是国务院教育行政部门，省、自治区、直辖市人民政府教育行政部门主管本行政区域内高校档案工作。国家档案行政部门和省、自治区、直辖市人民政府档案行政部门在职责范围内负责对高校档案工作的业务指导、监督和检查。

（一）高等学校校长领导档案工作

高等学校校长档案工作的主要职责包括：①贯彻执行国家关于档案管理的法律法规和方针政策，批准学校档案工作规章制度；②将档案工作纳入学校整体发展规划，促进档案信息化建设与学校其他工作同步发展；③建立健全与办学规模相适应的高校档案机构，落实人员编制、档案库房，发展档案事业所需设备及经费；④研究决定高校档案工作中的重要奖惩和其他重大问题；⑤分管档案工作的校领导协助校长负责档案工作。

（二）机构设置与人员配备

高校档案机构包括档案馆和综合档案室。具备下列条件之一的高等学校应当设立档案馆：①建校历史在 50 年以上；②全日制在校生规模在 1 万人以上；③已集中保管的档案、资料在 3 万卷（长度 300 延长米）以上。未设立档案馆的高等学校应当设立综合档案室。

高校档案机构是保存和提供利用学校档案的专门机构，应当具备符合要求的档案库房和管理设施。需要特殊条件保管或者利用频繁且具有一定独立性的档案，可以根据实际需要设立分室单独保管。分室是高校档案机构的分支机构。

（三）高校档案机构的管理职责

充分发挥高校档案机构的管理职能是档案工作顺利开展的重要前提。其职责包括：贯彻执行国家有关档案工作的法律法规和方针政策，综合规划学校档案工作；拟订学校档案工作规章制度，并负责贯彻落实；负责接收（征集）、整理、鉴定、统计、保管学校的各类档案及有关资料；编制检索工具，编研、出版档案史料，开发档案信息资源；组织实施档案信息化建设和电子文件归档工作；开展档案的开放和利用工作；开展学校档案工作人员的业务培训；利用档案开展多种形式的宣传教育活动，充分发挥档案的文化教育功能；开展国内外档案学术研究和交流活动。有条件的高校档案机构，可以申请创设爱国主义教育基地。

1. 高校档案管理人员设置

高校档案馆设馆长一名，根据需要可以设副馆长一至两名。综合档案室设主任一名，根据需要可以设副主任一至两名。馆长、副馆长和综合档案室主任，应当具备以下条件：热心档案事业，具有高级以上专业技术职务任职经历；有组织管理能力，具有开拓创新意识和精神；年富力强，身体健康。

高校应当为高校档案机构配备专职档案工作人员。高校专职档案工作人员列入学校事业编制。其编制人数由学校根据本校档案机构的档案数量和工作任务确定。高校档案机构中的专职档案工作人员，实行专业技术职务聘任制或者职员职级制，享受学校教学、科研和管理人员同等待遇。高等学校对长期接触有毒有害物质的档案工作人员，应当按照法律法规的有关规定采取有效的防护措施，防止职业中毒事故的发生，保障其依法享有工伤社会保险待遇及其他有关待遇，并可以按照有关规定予以补助。

2. 高等学校的档案管理

①高校应当建立、健全档案工作的检查、考核与评估制度，定期布置、

检查、总结、验收档案工作，明确岗位职责，强化责任意识，提高学校档案管理水平。

②高校应当对纸质档案材料和电子档案材料同步归档。

③高校实行档案材料形成单位、课题组立卷的归档制度。学校各部门负责档案工作的人员应当按照归档要求，组织本部门的教学、科研和管理等人员及时整理档案和立卷。立卷人应当按照纸质文件材料和电子文件材料的自然形成规律，对文件材料系统整理组卷，编制页号或者件号，制作卷内目录，交本部门负责档案工作的人员检查合格后向高校档案机构移交。

④归档的档案材料应当质地优良，书绘工整，声像清晰，符合有关规范和标准的要求。电子文件的归档要求应按照国家档案局发布的《电子公文归档管理暂行办法》及《电子文件归档与电子档案管理规范》（GB/T 18894—2016）执行。

⑤高校档案材料应当及时归档。

⑥高校档案机构应当对档案进行整理、分类、鉴定和编号。

⑦高校档案机构应当按照国家档案局《机关文件材料归档范围和文书档案保管期限规定》，确定档案材料的保管期限。对保管期限已满、已失去保存价值的档案，经有关部门鉴定并登记造册报校长批准后，予以销毁。未经鉴定和批准，不得销毁任何档案。

⑧高校档案机构应当采用先进的档案保护技术，防止档案的破损、褪色、霉变和散失。对已经破损或者字迹褪色的档案，应当及时修复或者复制。对重要档案和破损、褪色修复的档案应当及时数字化，加工成电子档案保管。

⑨高校档案由高校档案机构保管。在国家需要时，高校应当提供所需的档案原件或者复制件。

⑩高校与其他单位分工协作完成的项目，高校档案机构应当至少保存一整套档案。协作单位除保存与自己承担任务有关的档案正本外，应当将复制件送交高校档案机构保存。

⑪高校中的个人对其从事教学、科研、管理等职务活动所形成的各种载体形式的档案材料，应当按照规定及时归档，任何个人不得据为己有。对于

个人在其非职务活动中形成的重要档案材料，高校档案机构可以通过征集、代管等形式进行管理。高校档案机构对于与学校有关的各种档案史料的征集，应当制定专门的制度和办法。

⑫高校档案机构应当对所存档案和资料的保管情况定期检查，消除安全隐患，遇有特殊情况，应当立即向校长报告，及时处理。档案库房的技术管理工作，应当建立、健全有关规章制度，由专人负责。

⑬高校档案机构应当认真执行档案统计年报制度，并按照国家有关规定报送档案工作基本情况统计报表。

3. 档案的利用与公布

高校档案机构应当按照国家有关规定公布档案。未经高校授权，其他任何组织或者个人无权公布学校档案。

属下列情况之一的，不对外公布：①涉及国家秘密的；②涉及专利或者技术秘密的；③涉及个人隐私的；④档案形成单位规定限制利用的。

凡持有合法证明的单位或者持有合法身份证明的个人，在表明利用档案的目的和范围并履行相关登记手续后，均可以利用已公布的档案。境外组织或者个人利用档案的，按照国家有关规定办理。

查阅、摘录、复制未开放的档案，应当经档案机构负责人批准。涉及未公开的技术问题，应当经档案形成单位或者本人同意，必要时报请校长审查批准。需要利用的档案涉及重大问题或者国家秘密，应当经学校保密工作部门批准。

高校档案机构提供利用的重要、珍贵档案，一般不提供原件。如有特殊需要，应当经档案机构负责人批准。加盖高校档案机构公章的档案复制件，与原件具有同等效力。

高校档案开放应当设立专门的阅览室，并编制必要的检索工具 [著录标准按《档案著录规则》（DA/T 18—1999）执行]，提供开放档案目录、全宗指南、档案馆指南、计算机查询系统等，为社会利用档案创造便利条件。

高校档案机构是学校出具档案证明的唯一机构。高校档案机构应当为社会利用档案创造便利条件，对用于公益目的的，不得收取费用；对用于个人或者商业目的的，可以按照有关规定合理收取费用。社会组织和个人利用其所移交、捐赠的档案，高校档案机构应当无偿和优先提供。

寄存在高校档案机构的档案，归寄存者所有。高校档案机构如果需要向社会提供利用，应当征得寄存者同意。

高校档案机构应当积极开展档案的编研工作。出版档案史料和公布档案，应当经档案形成单位同意，并报请校长批准。

高校档案机构应当采取多种形式（如举办档案展览、陈列、建设档案网站等），积极开展档案宣传工作。有条件的高校，应当在相关专业的高年级开设有关档案管理的选修课。

4. 条件保障

①高等学校应当将高校档案工作所需经费列入学校预算，保证档案工作的需求。

②高等学校应当为档案机构提供专用的、符合档案管理要求的档案库房，对不适应档案事业发展需要或者不符合档案保管要求的馆库，按照《档案馆建设标准》（建标103—2008）的要求及时进行改扩建或者新建。存放涉密档案应当设有专门库房。存放声像、电子等特殊载体档案，应当配置恒温、恒湿、防火、防渍、防有害生物等必要设施。

③高等学校应当设立专项经费，为档案机构配置档案管理现代化、档案信息化所需的设备，加快数字档案馆建设，保障档案信息化建设与学校数字化校园建设同步进行。

5. 奖励与处罚

高等学校应对在档案工作中做出下列贡献的单位或者个人，给予表彰与奖励：①在档案的收集、整理、提供利用工作中做出显著成绩的；②在档案的保护和现代化管理工作中做出显著成绩的；③在档案学研究及档案史料研究工作中做出重要贡献的；④将重要的或者珍贵的档案捐赠给高校档案机构的；⑤同违反档案法律法规的行为做斗争，表现突出的。

有下列行为之一的，高等学校应当对直接负责的主管人员和其他直接责任人员依法给予处分，构成犯罪的，由司法机关依法追究刑事责任。①玩忽职守,造成档案损坏、丢失或者擅自销毁档案的;②违反保密规定,擅自提供、抄录、公布档案的;③涂改、伪造档案的;④擅自出卖、赠送、交换档案的;⑤不按规定归档,拒绝归档或者将档案据为己有的;⑥其他违反档案法律法规的行为。

第二章 档案管理的变迁与发展

历史、现实与未来，总是有着内在的割舍不断的联系，对我国档案管理体制的研究亦是如此。一方面，我们要面对过去，回溯历史，以求得对现实的档案管理体制的更为真切的理解；另一方面，我们要面向未来，展望将来，以探寻今后档案管理体制的更为合理的发展道路，使我国的档案事业蒸蒸日上。

我国档案管理体制作为国家行政管理体制的重要组成部分，是伴随着社会发展的进程、经历了漫长的历史演变而逐渐形成和确定的。在不同的历史时期，档案管理体制的发生、发展和演变呈现出不同的特点。

第一节 档案的形式与名称的演变

自我国进入历史文明以来，档案文献浩瀚瑰丽，陶文甲骨、金石铁券、纸墨文书、声像光盘等，内容日益丰富，档案的形式和名称也在不断发展和变化。

一、我国档案形式的演变与沿革

（一）陶文档案

新石器时代晚期的档案距今 5 000 年左右，从考古发现来看，有河南一带仰韶文化遗址的陶器记事符号，有山东等地龙山文化遗址的陶片文字和文字记录。考古界将后者称为陶文，人们称其为陶文档案。

（二）甲骨档案

商周时期的档案距今 3 000 多年，从出土实物和可靠的记载来看，甲骨档案主要集中于商代。从商代甲骨档案的载体材料和记录方式来看，当时社会已有比较发达的古代文明。

（三）金石档案

1. 金文档案

金文是铸刻在钟鼎彝器上的一种铭文，也称钟鼎文，一般是指冶铸在青铜器上的文字。古人称铜为金，所以又常称钟鼎文为金文。有铭文的青铜器始于商代，但数量少，金文字数也不多。钟鼎彝器中作为记事和凭信的金文，无疑具有古代档案的性质，所以在档案学上称为金文档案。

2. 石刻档案

由于金属工具以实用性为主，在中国古代曾有一段石刻比较流行的时期，其中有些可称为石刻档案。据有关资料记载，殷代有少数刻石，东周以后逐渐增多，秦汉以后石刻碑碣大量出现，而直到明清、民国时期仍有所见。几千年来石刻档案保留下来许多难得的历史资料。

（四）简牍档案

金石档案虽然坚固耐久，但其载体比较笨重，制造铭刻也比较费工，且不便传递，所以自商周直至东晋时期，特别是从周代到汉代的 1 000 余年间，古人多用竹片、木板撰写文书。写在竹片上的称为竹简，写在木板上的称为木牍，统称为简牍档案。简牍编连在一起称为册，所以又称简册档案。

（五）缣帛档案

缣书、帛书几乎与简牍同时产生。据有关专家推测，帛书可能与典册一样，在殷商时期已经有之，但迄今未见实物。现代保存下来的缣帛档案有长沙楚墓中出土的帛书，属于战国时代的古文书。

（六）纸质档案

由于纸的发明和社会生产力的发展，文件的书写材料逐渐为纸张所代替，形成了大量的纸质档案。纸张的广泛利用不仅促进了汉字的演变，而且促进了文化的交流和发展，也对文书、档案工作产生了巨大的影响。我国虽然从汉代就发明了纸张，但比较普遍地以纸书取代简帛文书，却经过一段很长的时间，从汉到晋的数百年间，是简、帛、纸并用的过渡时期，此后纸张逐渐取代了缣帛，成为档案的主要载体。

（七）现代载体档案

随着现代科学技术的发展，档案的形式也发生了一些新的变化。除了传统的纸质档案，还产生了许多以感光介质和磁性介质材料为载体的照片档案、录音录像档案、光盘档案和机读档案等，档案的内容更丰富，形式更多样。

二、我国档案名称的演变与沿革

按现有的资料来说，我国对文书和档案最早的称呼为"册""典"。甲骨文中就有"册"字和"典"字，在周代，又有"中"字的叫法。对许多材料的分析表明，周代所说的"中"近似于对文书和档案的一种概括性的称呼。

自商周简牍档案和缣帛档案产生以来，"简""牍""简策""简牍""简书""帛书""缣书"或"竹帛"等称呼皆指文书、档案和书籍。现已传为成语的"名垂竹帛""罄竹难书"等也反映了当时文书、档案的成分及其称呼。用缣帛书写的文书可以舒卷，所以又称作"卷""卷轴"，又因办理公文多在案几上进行，所以汉唐以后，又称公文和档案为"文案""案牍"，有时也用"文牍""文书""簿书"来表示。

"档案"一词，初见于清代。现存清代档案康熙十九年（1680年）的《起居注册》（汉文正本）中就有"部中无档案"之语。大约成书于康熙四十六年（1707年）的杨宾的《柳边纪略》中说："边外文字多书于木，往来传递者曰牌子，以削木若牌故也。存贮年久者曰档案，曰档子，以积累多、贯皮条挂壁若档故也。然今文字之书于纸者，亦呼为牌子、档子矣。"这也是对档案词源的一种解释。"档"字在《康熙字典》里的解释为"横木框档"，就是木架框格的意思。"案"在《说文解字》释作"几属"，就是小桌子一类的桌几。由此引申，又把处理一桩事件的有关文件叫作"案"，并通称收存的官方文件为"案"或"案卷"等。"档"和"案"连用，就是存入档架的文案和案卷，而且把放置档案的架子称作档架，把一格称为一档。这些叫法有的一直沿用下来，至今人们称档案，依然有形象的和内在的意义，它的科学定义乃是其本义的深化与发展。

第二节　我国古代档案管理制度

文书档案管理是机关管理的重要组成部分之一，也是国家和各级政府进行行政管理的重要工具和手段。在国家和人类社会活动中，相互进行联系是必要且不可缺少的，并有着重要的作用，文书档案则是这种联系的枢纽和"贮水池"。所以，文书自档案产生之后，就成了人类社会实践的必要条件。

文书档案是社会发展到一定阶段的产物，它从诞生那天起，就与政治有着密切的关系，成为统治者治国、兴邦、理民的手段和依据。收藏保管文书档案的目的也在于"藏牒所以定民""定民所以事国"。

一、古代文书档案机关的出现及沿革

我国最早的奴隶制国家夏，就已有了最初的国家机构，其中"准事乇"是掌管政务和司法的官吏，这时还没有专门保管文书档案的官吏。随着文字的使用，国家管理机构的发展，殷商时期设立了文书档案管理的官吏，如巫、吏、祝，他们都是当时的宗教事务官，既是文书的制作者，又是文书的保管者，殷墟安阳小屯出土的"甲骨卜辞"可以充分证明这一点。

西周、战国时期，国家机关已大大发展，行政管理分工明确，公文管理机关从公文的制作与保管的统一体中分割出来。西周在六官之下，设有起草、保管、记录公文的事务机关，其中在掌管礼制的机构中专设大史、内史、外史及其属官，职掌起草文书、策，整理收藏国家文献典籍。其中，御史又称中史、柱下史，是专门保管文书档案的。此外，还有"掌官契以治藏"的"府"吏，官契即官文书，治藏就是保管的意思。春秋战国时期，各诸侯国的文书档案管理机关大多参考周王室的档案管理机关。

从西周开始，史官和档案管理者便合而为一，密不可分。史官既负责记录君王的言行和国家各个方面的活动，又负责保存各种档案，有时还将档案的主要内容加以整理编纂。史官"亲掌国籍"，便于作史，这是十分可取的。《史记》的作者司马迁，其祖先世代为史官，兼管档案。我国第一部纪传体断代史《汉书》的作者班固，也在东汉时的国家档案馆——兰台任令史之职。文书与修史密切结合，可以说是我国自古以来的传统。

秦汉唐宋时期的文书档案管理随着国家行政管理的不断发展和完善而得到加强，同时由于文化和科学的进步，其也在制度、法律和物质上得到保障。秦和西汉的副丞相——御史大夫，因负责机要公文的处理和保管，所以还管理国籍档案、符节玉玺等。历史记载，刘邦进军咸阳，萧何在战火中首先要办的事就是从秦丞相府中抢救接收秦朝的中央档案，为刘邦夺取天下提供了必要的资料。萧何为相后，专门建造了天禄阁、石渠阁等档案库，作为收藏"典籍之所"，妥善保管朝廷的文书档案。

东汉时，设尚书令1人，尚书6人，侍郎36人，文书管理机构日趋完善，同时，皇帝在内庭又设有中书一职，专为皇帝保管文具，掌殿内文书档案图籍。

魏晋南北朝的文书档案管理也进入一个新的时期。两汉以前，还没有独立的档案管理机构，魏晋时，秘书监已由官职变为官署。晋惠帝专置秘书寺，梁朝武帝时改称秘书省，是中央政府的独立机构，相当于现在的国家图书馆及档案馆。秘书省的地位可与尚书、门下、内史相提并论。

如果说秦汉以前是我国古代档案管理的奠基阶段的话，隋、唐、宋则是古代档案管理的发展时期，这个时期的档案管理有了重大变化。

第一，档案管理机构健全并独立工作。自魏晋将秘书省作为中央政府的独立机构以后，隋、唐、宋均沿袭不变，并有所加强。隋代设秘书监1人，正三品，隋炀帝时增少监1人，其他属官有丞、秘书郎、正字、录事等。唐代大体同隋代，只是又增添了百人的档案工作人员和服务人员，如典书、楷书手、掌固、熟纸匠、装潢匠及笔匠等。宋代亦如此。

第二，朝廷十分重视档案的收集工作。收集整理图书是秘书省的一项重要的工作。长期战乱，如南北朝的征战、安史之乱、五代十国的封建割据及金辽入侵，使这一时期的政府藏书和档案库都遭到严重破坏，因此统一全国后的封建皇帝十分重视搜集整理散失的档案。开皇三年，隋文帝向全国发出

"每进书一卷，赏绢一匹"的诏令。589年，秘书省将收集来的图书加以编次、整理与复制，藏于皇宫和秘书省的内外阁，共有30 000余卷。唐代秘书监"掌邦国经籍图书之事"，下设著作、太史二局。安史之乱时，两都覆没，旧籍亡散殆尽，肃宗"屡诏购募"，搜访遗文，日令添写。赵匡胤灭周建宋后，也多次下诏收集先代的旧章遗训。

第三，加强了档案的整理和分类。隋炀帝时，除开展大规模的撰史外，还将长安嘉则殿所藏37 000卷书复制成50种副本，分别藏于长安和东都洛阳。时以甲、乙、丙、丁为目，经、史、子、集为类，并对东都洛阳观文殿的图书进行了整理，殿的东厢藏甲、乙，西厢藏丙、丁，使藏书变得条目化、规范化。

唐代也十分注意档案的校定及分类。在校定方面，唐太宗曾任颜师古为秘书少监，专典利正。颜师古利用秘书省所藏的大量经籍图书，以晋、宋以来古今本为依据，对奇书难字悉心考校，曲尽其源，做了一次大清理。魏征任秘书监时，对经籍艺文做了认真的校勘分类，确定了"经、史、子、集"图书编目的四部体制。在分类上，唐时以甲、乙、丙、丁为部，每部又分正本、副本、贮本，以经、史、子、集分库收藏，谓之"四库"，库内分类为"经库类十，史库类十三，子库类十四，集库类三"。开元时，四库书卷达到125 960卷，可见储量之大。此外，唐代时还创立了一套比较严密的登记、核查管理制度和借阅手续。天宝以前，管理图书有"小印缝"，兵难以后，为加强图书管理，曾铸造一枚"秘书阁图书印"。开成元年以后，又创立簿籍，据阙添写，卷数每月报御史台。秘书省所藏之书，一般官员均可借阅。

宋代的文书档案管理大体沿用唐制，秘书阁（秘书省）设在崇文院，与昭文馆、史馆、集贤院合称四馆，并藏三馆真本书籍及内出古画、真迹。元丰元年（1078年）废崇文院，改为秘书监，专司档案管理、修史、制诏撰诏等事。宋代大学士不少兼任行政领导，参与国政，历届皇帝皆设有殿阁，如龙图阁、天章阁、宝文阁、显漠阁，以及南宋的焕章、华文等阁，收藏历代御书、御集等圣旨、公文，并设有学士、直学士、待制等官职。

明清时期虽有内阁，但无实权，其主要职能仍然是管理文书。内阁是皇帝的秘书机构,协助皇帝处理公文章奏,其职能除草拟诏令、办理章奏外,主要是汇存保管文书档案,即凡办理过的题本、列朝实录、圣训、起居注等都归内阁大库存档。

此外,明清各部院内部还设有文书档案管理机构,如清代六部有专门的文书档案机构库房、本房、司务厅、当月处等。其中吏部设清档房,专掌吏部档案;礼部精缮清吏司下设南库,掌乡试试卷和有关档案、文册;户部设南档房,掌管全国户籍等档案。同时,这些机构还负责收受处理外单位文件,草拟本部文书。各部院设有员外郎、主事等司官为公文管理工作的领导者,之下有大量的书吏担任公文的抄录、保管等文书事务。

二、古代公文档案的种类

公文作为文书档案的重要保存对象,量大而繁杂,因此古代公文的种类对文书档案工作来说是必不可少的研究方向。

(一)皇帝诏令类公文

在封建专制国家中,皇帝通过调令进行行政管理,皇帝的诏令、圣旨便是国家最重要的公文。在等级森严的封建社会里,皇帝的诏令名目繁多,且历代又有所变化。

秦汉时,皇帝的调令称为"制"和"诏"。制书是帝王颁布的重大制度,诏书是政务文告。制书比诏书高一等,典礼与重大国务活动、重要制度用"制"。"诏"多用于对臣僚的训示及章奏的批复。"策"是汉代皇帝用来命封或罢免诸侯王、三公的命令性文书。"戒"又称"敕",是对刺史、太守及三边营官进行教训的文书。

唐代,"制书"用于重大制度、大赦、典礼,"慰劳制书"用于重大的奖励赏赐。"册书"为册立或册封皇后、太子、王、大臣所用。"敕书"指日常政务活动文书,分为四种:"发日敕",指增减官员、废置州县、征发兵马、除免官爵等文书;"敕旨"指奏事请施行者的文书;"论事敕"用于慰谕公卿、诫约臣下;"敕牒"用于随事承旨。例如,中书门下政事堂奉旨决议的事项须呈皇帝御览批准施行的叫"敕牒",而对臣下请示报告草拟的皇帝旨意则称"敕旨"。

宋代又增加了"诰命""敕牓""御札""德音"等皇帝公文。"诏命"用于封赠官员;"敕牓"用于训诫晓谕官员百姓;"御札"又称御笔,是北宋敬宗亲笔拟写的手诏,史称"变乱旧章,出于法令之外";"德音"也是皇帝亲发的指示。

明清皇帝的公文与前代大体相同,诏令有"制书""诏书""诰命""敕命""敕谕""朱谕""上谕""寄信""电寄"等形式。制、诏、诰、敕用于宣布重大的政令和封赏,其他均为日常政务所用。其中,皇帝亲笔写的谕旨称为"朱谕""寄信",亦称字寄、廷寄,为清代独创的诏令类公文,是专给某地某官的机密谕旨。"电寄"是清朝末期电报开通后的谕旨。

(二)臣僚上奏类公文

臣僚上奏类公文是臣僚向皇帝奏报时所用的上行公文,为中央各部院、省、台、三公九卿,以至宰相、地方上的封疆大吏,如州牧、郡守、总督、巡抚、节度使、经略使、将军、镇守等朝廷命官所用。其形式分礼仪性章奏和政务性章奏。

礼仪性章奏形式有"章""奏""表""笺"等。凡节日庆典、圣寿、登基、册封皇后太子、庆功献俘、敬献"祥瑞"(发现所谓有吉兆的珍奇物品和自然景象)等,臣下要上表庆贺。此类章奏四六骈体、典雅华丽,几乎全是为皇帝歌功颂德,表示效忠。清代还有一种"请安折",专用于外省大臣向皇帝请安致敬,如"恭请圣安"之类。

政务性章奏公文在臣僚向皇帝上书言事中多称"奏"。《文心雕龙》中解释道:"陈政事,献典仪,上急变,劾愆谬,总谓之奏。"秦汉时的章奏称为"上书""上疏",文书首称"臣昧死敢言",文末称"臣诚惶诚恐,顿首顿首,死罪死罪"。臣下抒发政见的谏议叫"议"或"驳议",向皇帝上书弹劾大臣的章奏叫作"参"。魏晋时将章称作"启",文的首尾分别称"启闻"和"谨后"。隋唐时上书言事又称作"表"和"状",奏报边务军情用"露布"。宋代大臣上书也称"札子"，这种名称的使用与纸的广泛使用有关。唐宋时，纸成为书写公文的主要材料，公文也从过去的简牍成册、绢帛成卷，改为用纸折叠，成为"折"状，故上书奏言称"折子"。公文折成一本，也就有了"本"的称谓，明代上奏公文为"题本"和"奏本"。凡政务公事称"题本"，一切"私事"，如乞恩、认罪、缴敕、谢恩，以及军、民、人等陈情、建言、申诉等项，俱用"奏本"。清代乾隆年间废"奏本"，一律改为"题本"。此外，康熙年间又兴起一种"奏折"文书，只有皇帝亲信才能用这种文书，机密性较强，传递迅速，均涉及军政要务、政权安危，直接密奏皇帝，由皇帝亲自拆批。

（三）官府行移类公文

此类公文为中央和地方的官府之间的往来文书，有上行、下行、平行三种。

下行公文是上级对下级机关的指示、批复、告诫等文书。秦汉时的下行文书目前所见的有"语书"，即教戒的文告，下级机关必须执行。唐代有"符""贴"，元代有"故牒""指挥"，明代有"照会""札付""下贴"，清代有"札文""牒文""札付""牌票""牌檄"等下行公文。

上行公文是下级机关给上级机关的报告文书，如呈、申、刺、状、牒、详、禀等。历代所用上行公文略有不同，如有牒上、呈状、申状、咨呈等变化。秦简《封珍式》中的"爱书"虽为判案的法律文书，在许多情况下也是上级的公文。清代常用的有禀文，内容较为单一，属于报告、请示类文书。申文、呈文也是向上级的请示报告，多用在申报地方诏安、刑案、钱粮、户籍等方面。详文、详册是使用很广泛的上行公文。单件的汇报详文汇集起来是详册，详文（册）常配合申、呈一起使用，申、呈为正式报告，详文则是附件。

平级机关或不相统属的机关相互往来的公文叫平行公文，有咨、移、关、刺、牒、票、会等。平行公文常用于会商事项，用语较为谦和。咨文在明清时主要用于各省督抚和中央各部院之间，明代还特别注明"平咨"。揭贴是明清题本的副件，但不是独立的文件。关文、移文是将不属于自己职权范围的公务移转给应管辖机关的文书，与平级的或不相统属的机关商办某项公务用关文。知会、知照是清代的平行公文。知会即向平级机关通知某一事项；照会是需要对方照阅的意见，用以请求互相商议。清末，照会又成为一种外交文书。

总之，我国是一个历史悠久的文明古国，档案管理工作在中国古代文明史上留下了闪光的一页，积累了许多宝贵的历史资料和科学经验，对于今天的档案管理工作有不少可供借鉴之处。

三、古代文书档案管理制度

从巩固封建政权统治的需要出发，古代帝王对文书档案的管理制度十分重视，并随着社会科学文化的发展，不断建立、完善有关档案管理制度。

（一）档案的集中保管制度

古代文书档案机构对于君王的言行记录、策命诏文、重大政务公文等，在处理之后，都要集中存放于中央档案库。历代也都有专门保管文书档案的机构，并设有档案库房，分类集中存放。商代的"甲骨卜辞"就集中在安阳殷墟，其他地方未见，说明商代文书档案就开始集中存放。古代文书档案保管分三个层次：一是国家档案机构，多设在丞相府、御史府、秘书监（寺）、内阁、内务府等；二是中央政府各部院自己的档案库房，如明清的六部皆有文书档案机构；三是地方各级政府相应设有的档案库房，尽管有些地方政府档案保管时有缺失，但大多设有专人负责。

（二）档案的编年、标识制度

从殷商起，公文便有年月日的时间记载，档案的保管也按"年秩月次"排放。特别是两汉以后，各代均按档案的形成时间，用编年的方法逐年逐月按顺序排放。

古代档案工作人员在档案入库后，不仅按时序依次排放，而且"标识昭明"，即为所有的卷案和存放卷案的柜架都贴上可供识别的标志，使人一看便明白某个柜架上存放的是某年至某年的档案，某个档案是某年某月的什么案卷，从而便于寻找和使用。

（三）档案的立卷编目及索检制度

古人有"征索有汇"的说法，即将档案立卷的条目分类汇聚，便于存放保管和查找。

我国古代档案管理在西汉中期已形成了初步的档案编目工作，明确实行了文书立卷制度，不少案卷还写有标题。立卷方法有两种：一个案件装订为卷；同类文书按时间顺序装订立卷，标题名称为"某某案"或"某某书案"，如"阳朔二年正月尽十二月吏病及视事书案"。可以说，这是我国将官文书称为"案卷"的较早起源。唐代文书处理及其档案管理工作产生了一套完整而严格的程序，如大量使用的牒式文种，其处理包括长官署名、受付、判案、执行、勾稽、抄目等六个环节。抄目即拟立案卷标题，并使用登记簿，将案卷标题、进库时间、用印等内容写入。

两宋更加明确地采用档案目录制度，如各库档案有"置籍"，即档案登记簿，并立上号数。"以千字文为号，月壹架阁"的以时间为顺序（以月为度）的档案编排法，具有初步的档案分类意义，同时具有检索功能。由于印刷术的发明使用、官制复杂、科举发达、民族关系紧张等因素，档案立卷分类更为详细。两宋还设有"通进、银台司"，专门掌受"所领天下章奏案牍"，"掌受中书、枢密院宣敕"等事务。清代军机处还置有"随手簿"，"凡收发文移、登记档案及奉寄旨并饬封存之件，皆章京亲自料简"。此簿不仅利于档案保管，而且有利于查找复核，可作为检索目录。

（四）档案库房的出入制度

"启闭有节"是古代档案库簿出入制度的概说。有节就是有所控制，不能随便、任意进出，库房门窗的开放、库内空气的通风调节等也都有具体的时间规定。外人不得随便进入的严格规定，可以防止档案文书被人损坏或篡改。清代雍正时期还曾规定管理库房的人员不得离库，其生活由专人供侍，这种严格的保密规定是前所未有的。

（五）档案库房的防火制度

历朝历代对文书档案库房的防火要求也很严格：一是库房建筑附近不得有民房和一般性建筑，不准任何火源接近库房；二是库房前放多口水缸，用于消防，以备不测。

综上，我国古代档案的管理制度是逐步完善和明确的，符合各代当时的历史条件对档案工作的要求。古代帝王很懂得用档案为其行政统治服务，并将档案作为施政和管理活动的工具之一，因此十分重视档案管理制度的制定和实行。

第三节　我国当代档案管理制度

我国当前的档案管理体制是在中华人民共和国成立之后，在党和政府的关心和支持下，通过各级档案行政管理主体的确立而生成的，又经过多次改革调整得以发展。

一、当代档案管理体制的生成过程

从1949年10月到1959年，虽然国家有过要求档案实行"集中统一管理"的规定，但实际上中国共产党领导机关、国家行政机关、军队系统各机关在档案管理体制上是自成系统的，即各自制定规章制度，分别进行业务指导和监督。这一时期被称为"分系统管理阶段"。

中华人民共和国成立后，在中国共产党的重视、支持与领导下，一方面，由中共中央办公厅秘书处材料科继续保存党中央的档案，在各级机关设立临时接收机关，保管旧政权档案。另一方面，中共中央办公厅对党中央各部门、各系统提出建立自己的文书工作和档案工作的要求。1951年3月20日，中共中央办公厅秘书处处长曾三主持召开了中央一级党、政、军、群各机关第一次档案工作座谈会，原则上决定全国党、政、军三大系统的档案实行分工管理，各自建立机关档案室，分别集中统一保管本机关所形成的档案。同年4月，政务院召开全国第一次秘书长会议通过《公文处理暂行办法》，规定：党、政、军档案应分别管理；党的历史档案要集中管理；各机关档案应以集中管理为原则。9月，该办法颁布以后，中央许多主管部门、各大区行政委员会、各省人民政府，陆续建立了档案室（处、科）。可见，当时党的机关和政府机关虽然都要求档案工作在各机关内实行集中管理，但却分属不同的系统。

1954年9月，第一届全国人民代表大会第一次会议召开，会上提出了关于在国务院设立国家档案局的建议，10月31日召开的国务院第二次全体会议通过了向全国人民代表大会常务委员会提请该建议的报告。1954年11月25日，第一届全国人民代表大会常务委员会第二次会议通过了关于国务院直属机构设置议案的决议，批准设立国家档案局，任命曾三为国家档案局第一任局长。

1955年1月17日，中共中央政治局批准了第一次全国档案工作会议中通过的《中国共产党中央和省（市）级机关文书处理工作和档案工作暂行条例》，并在批示中指出："这一《暂行条例》的原则，对国家机关和军事机关也是基本上适用的，国家机关和军事各部门可仿照这些原则来建立和改革自己的文书处理和档案工作。"规定档案工作的基本原则是"集中统一地管理机关档案，维护档案的完整与安全，便利机关工作，反对分散保存"。这样，就把省以上党的机关的文书处理工作和档案工作的基本做法统一了起来。

1956年4月，中共中央办公厅召开党的第二次全国档案工作会议，着重研究加强县级党的机关文书处理工作和档案工作问题。11月27日，经中共中央办公厅讨论修正，发布了《中国共产党县级机关文书处理工作和档案工作暂行办法》和《1956—1962年党（团）的全国档案工作规划》等文件。这样，以党的第一次全国档案工作会议为起点，全国县以上各级党委机关的档案工作机构迅速建立和健全起来。继1951年7月中共中央发布《中共中央关于收集党史资料的通知》后，1955年4月10日，中共中央办公厅又发出《关于收集党的历史档案的通知》，主要在党内各机关开展档案管理工作。

1955年11月19日，国务院常务会议批准的《国家档案局组织简则》（以下简称《简则》）中明确提出了统一管理国家档案工作的原则。《简则》规定国家档案局的任务是：①在统一管理国家档案工作的原则上，建立国家档案制度，指导和监督各级国家机关和人民团体的档案工作；②负责全国国家档案馆网的规划，并筹建和领导国家档案馆；③研究和审交国家档案文件材料的保存价值、保管期限标准，并监督和审查有关国家档案文件材料的销毁问题；④草拟有关档案工作的法规性文件；⑤办理国务院交办的其他有关国家档案事务。《简则》还规定"国家档案局向各级国家机关和人民团体建立档案业务上的联系，并给予指导"。值得注意的是，该《简则》主要针对"各级国家机关和人民团体"档案事务进行规范，并未包括党的档案工作方面，只是说明"在国家档案局成立的同时，中共中央办公厅设立了档案管理处，中央军委办公厅也设立了档案处，分别对党和军事机关的档案工作进行统一领导"。

1955年12月26日，故宫博物院明清档案馆移交国家档案局接管，由此成立了中国第一历史档案馆。1956年4月16日，国务院发布《关于加强国家档案工作的决定》（以下简称《决定》），首次对我国档案管理体制提出明确要求。《决定》指出："档案工作的基本原则是集中统一地管理国家档案，维护档案的完整与安全，便于国家各项工作的利用。全国档案工作，都应该由国家档案管理机关统一地、分层负责地进行指导和监督。各级机关的档案材料（包括机关的收发文电、内部文书、会议记录、电话记录、技术文件、出版物原稿、印模、照片、影片、录音等），应该由机关的档案业务机构——档案室——集中管理，不得由承办单位或个人分散保存；各机关的档案和代管的档案，非依规定的批准手续，不得任意转移、分散或销毁，其中需要永久保存的部分，应当按照统一的规定，分别集中到国家的中央档案馆或地方档案馆保存。"《决定》还指出："加强各级档案工作机构。国务院各部、各委员会和各直属机构应该在办公厅（室）之下设立和加强档案室，负责管理本机关的档案；有的部门为了指导和监督本机关档案室的工作和所属系统的档案工作，可以设立档案管理处（或局）。各省、自治区、直辖市人民委员会应该在办公厅下迅速设立档案管理处，负责指导和监督各厅、局和省、自治区、直辖市以下各级国家机关的档案工作；各厅、局应该设立档案室，负责管理本机关的档案。专、县级机关和各级企业单位、事业单位和人民团体也应该设立档案室或配备专职干部管理档案。国家档案局应该全面规划，逐步地在首都和各省区建立中央的和地方的国家档案馆。各级档案工作机构，都应该按照工作需要和精简原则，由各级编制委员会迅速确定编制，由人事部门配备工作人员；凡是缺少领导骨干的，必须配备或充实骨干力量。"

国务院颁布的《决定》，是中华人民共和国档案事业建设中首次发布的最重要的指导性档案行政法规，具有深远的影响，它确立了国家档案工作的基本原则和任务，做出了关于加强各级档案工作机构建设、建立统一的立卷归档制度、迅速收集和整理历史档案、加紧培养专业干部、加强档案学理论研究等的各项规定。1956 年 4 月 21 日，《人民日报》全文刊登了《决定》，并随后专门配发了题为《加强国家档案工作》的社论。在中国档案事业的发展历史上，一般以《决定》的发布作为当代中国档案管理体制生成的重要标志。

《决定》公布之后，全国各级档案部门都积极贯彻《决定》精神，结合本地区、本单位的实际情况，提出改善和加强档案工作的具体意见和实施办法。各省、自治区、直辖市先后成立了档案管理机构，一些中央机关也设立了档案管理处（科），中华人民共和国档案馆、中共中央档案馆及各省档案馆开始陆续筹备和兴建起来。1956 年，中共中央办公厅和国家档案局共同发出《关于收集革命历史档案的办法的通知》，规定文化机关（博物馆、图书馆、烈士馆、纪念馆等）保存的革命历史档案"都应登记目录，报送当地党委办公厅"，"凡属革命烈士档案收集范围内的材料，都应由党的档案馆集中保存"。

1956 年 12 月 18 日至 22 日，国家档案局召开全国政府系统第一次档案工作会议，贯彻国务院《决定》精神，检查政府机关档案工作，讨论并通过了《国家机关文书立卷工作和档案室工作暂行通则》和《关于国家机关一般档案材料保管期限的暂行规定》。这次会议明确了国家机关档案工作的任务，统一了国家机关档案工作的一些做法，推动了国家机关档案工作的完善和发展。1957 年 7 月 16 日，国务院批转了国家档案局关于检查部分省、市档案工作的报告，批示要求国务院各部门和省、自治区、直辖市人民委员会，按照报告所提意见，加强对档案工作的领导，建立健全档案业务管理机构，健全机关档案工作，建立档案馆筹备机构，尽快把档案工作建立起来。

1957 年 4 月 15 日至 20 日，中共中央办公厅召开部分省（市）参加的档案工作座谈会，集中讨论关于党的档案馆的筹建问题。

可见，尽管《决定》的发布使国家档案集中统一管理方面有所加强，但各系统分别管理档案的状况仍未从根本上得到改变。中国共产党各级组织、国家机关和军队系统的档案工作还是由中共中央办公厅秘书局、国家档案局和军委办公厅档案处分别负责管理，这是我国档案管理体制生成之初分散管理的实际状况。这种自成体系、各行其是的体制，容易造成指导力量不集中，方法不统一，人、财、物等管理资源的浪费和管理效率的低下的情况，难以有效地达到政令统一、规划统一和规范统一的要求。随着人民民主专政国家政权的不断巩固和经济建设的迅速发展，党和国家领导人及档案管理者逐步认识到，我国党政档案在内容、形式、形成等方面都有着密切的联系，在档案管理业务上也没有很大的区别，而把各级机关的党政档案工作结合起来，一方面可以为工作提供便利，有利于档案的科学管理，另一方面也可以建立统一的档案馆，符合机构精简与高效的原则。因此，我国档案管理体制面临着改革的必然。

二、当代档案管理体制的发展及主要改革历程

1958 年 6 月，周恩来提议党政档案实行统一管理，中共中央办公厅秘书局和国家档案局党组经过讨论后，于 11 月 7 日向中共中央办公厅主任杨尚昆报送了《关于党政档案工作统一管理的请示报告》。1959 年 1 月 7 日，中共中央批准了这个报告，并正式发布了《关于统一管理党政档案工作的通知》（以下简称《通知》）。《通知》指出："党的档案和政府、军队、群众团体以及各企业、事业单位的档案都有不可分割的联系，而且各机关的档案都必须以党的方针政策为纲才好整理，因此，把党的档案工作和政府的档案工作统一起来是完全必要的。在档案工作统一管理之后，各级档案管理机构既是党的机构，又是政府机构；为加强党对档案工作的领导，应规定各级档案管理机构在中央由中央办公厅主任直接领导，在地方由各级党委秘书长直接领导（不设秘书长的县委由办公厅主任直接领导）。"中央在批给中共中央

办公厅秘书局和国家档案局的报告中还同意建立党政统一的档案馆,但根据中央指示,必须明确党政档案集中保管时要以党的档案为重点。1959年3月,中共中央办公厅秘书局中央档案馆筹备处和国家档案局国家档案馆筹备处合并成一个档案馆筹备处,准备统筹建设中央档案馆。6月24日,经中共中央、国务院批准,正式成立中央档案馆,其作为中共中央、国务院的直属事业单位,既保管党的档案,又保管国家的档案。10月8日中央档案馆开馆,在杨尚昆、曾三的邀请和陪同下,朱德、董必武、林伯渠、徐特立、吴玉章、谢觉哉等中央领导参加了这一重大活动,并题字、题词、谈话,祝贺中央档案馆开馆。

党政档案工作统一管理之后,中共中央秘书局档案处的业务指导工作与国家档案局合并。1960年起,国家档案局的业务和行政工作均由中共中央办公厅领导,建制仍属国务院。至此,国家档案局成为统一掌管全国党和政府系统档案工作的最高档案行政管理部门,地方各省、市、县的档案管理机关依此做了相应调整。这是我国档案管理体制的第一次重大改革,开始实行真正集中统一的档案管理体制,在世界档案史上独创了党政双重领导档案工作的新型管理模式。

20世纪60年代前期,结合我国经济建设发展的客观需要,中共中央、国务院在整顿工业企业、城市基本建设和自然科学研究工作的过程中,对档案工作提出了新的要求。1959年发布《技术档案室工作暂行通则》;1960年发布《县档案馆工作暂行通则》和《省档案馆工作暂行通则》;1961年12月31日发布《机关档案室工作通则》。同时,根据当时档案工作关系中主体要素的不同,制定和颁布了关于区分革命历史档案、旧政权档案,加强工业、企业技术档案工作,加强城市基本建设档案管理等方面的规定。到1962年,全国已建成省级档案馆18个、档案馆筹备处6个、县档案馆1 590多个,并普遍建立了统一管理党政档案的档案室,配备了统一管理党政档案工作的人员。1964年4月,中国科学院历史研究所南京史料整理处改属国家档案局,并更名为中国第二历史档案馆,成为收藏民国时期档案的国家档案馆。1964年,中共中央、国务院还批转了国家档案局《关于进一步加强技术档案工作的报告》,确立了按专业统一管理科技档案工作的体制，指出："各工业、交通和科学技术主管机关应当切实加强对科学技术档案工作的领导。由于技术档案的重要特点是专业性强、数量大，与生产、建设和科学技术研究工作的关系很紧密，因此必须实行按专业统一管理的办法。"1969 年 1 月，国家档案局被迫撤销，随后，各省、市、自治区的档案局及地、县级档案管理机构也先后被撤销。原属国家档案局领导的中国第一历史档案馆和中国第二历史档案馆被分别划归故宫博物院和江苏省领导。成立于 1960 年 7 月 7 日并作为中央级档案馆之一的东北档案馆未经中央批准即被撤销。1970 年，中央档案馆改名为中共中央档案馆，该馆国家档案部被令停止工作，明清档案部重新划归故宫博物院。

1978 年 12 月，党的十一届三中全会召开以后，档案工作开始步入恢复整顿。1979 年 2 月，中共中央、国务院正式批准恢复国家档案局和中央档案馆，重申了各级档案工作机构既是党的机构又是政府机构，应由各级党委直接领导的档案管理体制。8 月，全国档案工作会议上提出"恢复、整顿、总结、提高"的任务，各机关档案室得到迅速恢复和发展。1980 年 2 月 14 日，《中共中央 国务院批转国家档案局关于全国档案工作会议的报告》进一步明确了我国档案管理体制和原则：在管理体制上，各级档案机构既是党的机构又是政府机构。国家档案局既是党中央的一个工作部门，又是国务院的直属局，对全国档案工作进行指导、监督和检查。地方各级档案管理机构都是同级党委和人民政府的直属机构。为加强党对档案工作的领导，规定各级档案管理机构在中央由中共中央办公厅主任直接领导，在地方由各级党委秘书长直接领导，不设秘书长的县委由办公室主任直接领导。

1980 年 12 月 27 日，国务院批准了《科学技术档案工作条例》，规定："国家档案局和各级档案管理机关应当加强对科技档案工作的指导、监督和检查。""科技档案工作必须按专业实行统一管理。国务院所属的各专业主管机关和省、自治区、直辖市人民政府所属的各专业主管机关，应当建立相应的档案机构，加强对所属企业、事业单位科技档案工作的领导。"

1982 年，国务院为了改变部门林立、机构臃肿的状况，进行了改革开放以来第一次规模较大的机构改革，撤并重叠的机构，减少管理层次，削减人员编制，提高机关干部的年轻化、知识化程度。

1983年4月28日，中共中央办公厅、国务院办公厅印发《机关档案工作条例》，指出："中央和地方专业主管机关的档案部门，应根据本专业的管理体制，负责对本系统和直属单位的档案工作进行指导、监督与检查。""各级机关档案部门的业务工作受同级和上级档案业务管理机关的指导、监督与检查。对驻在地方的上级直属单位的档案工作，实行以专业主管机关为主、地方档案管理机关为辅的管理体制。"至此，我国开始全面实行"条块结合，以条为主"的档案管理体制。

为了同国家机构改革、农村改革、经济体制改革等同步进行，1984年5月，国家档案局召开了省、自治区、直辖市档案局负责人座谈会，提出了档案管理体制改革的问题，认为党政档案工作统一管理、由党委直接领导的体制，是由20世纪50年代档案工作状况确定下来的，在当时的历史条件下比较合理，起到了推动全国档案事业发展的重大作用。但是，在改革开放的新的历史时期，全国档案工作的情况发生了很大的变化，已经大大超出了当时党政档案工作的范围，形成了以机关、团体、企事业单位档案工作为基础，以各级各类档案馆工作为主体的具有国家规模的档案事业体系。档案工作中的一些实际问题，如经费、编制、人员培训、库房建设、外事活动等，都要与政府的许多部门沟通协商解决，大量的档案业务工作需要政府去组织实施。因此，会议认为必须改革现有的档案管理体制，以适应档案事业发展的客观需要。

1985年2月8日，中共中央、国务院同意了《关于调整我国档案工作领导体制的请示》，明确指出："档案工作是维护党和国家历史真实面貌的重要事业，是党和国家各项建设事业必不可少的环节。目前全国档案工作还不能适应社会主义各项事业发展的需要，希望各级党委和人民政府进步加强对档案工作的领导，把档案工作作为一项事业列入国民经济和社会发展规划，解决档案部门存在的一些实际问题，逐步实现档案管理现代化，大力开发档案信息资源，使档案工作更好地为党的总任务、总目标服务，为建设社会主义物质文明和精神文明服务。"这是中华人民共和国成立后进行的第二次档案管理体制改革。改革的主要内容包括：一是仍然实行党政档案工作统一管理的原则，规定各级档案机构既是党的机构，又是政府机构，列入政府编制序列。二是国家档案局由中共中央办公厅领导改归国务院领导，作为国务院直属局，日常工作由国务院秘书长领导并统一掌管全国档案事务。中国第一历史档案馆、中国第二历史档案馆，归国家档案局管理；中央档案馆仍是中共中央和国务院直属的事业单位，日常工作仍由中共中央办公厅直接领导，在业务上受国家档案局指导。三是地方各级档案局作为地方各级人民政府直属局，其领导关系是否做相应调整，由省、自治区、直辖市党委和人民政府根据实际情况确定，地方各级档案馆归各级档案局管理。1987 年 9 月 5 日，第六届全国人民代表大会常务委员会第二十二次会议通过了《中华人民共和国档案法》，将我国的档案管理体制用法律形式固定下来，纳入法制轨道。1988 年 1 月 1 日，《中华人民共和国档案法》正式施行，确立了"统一领导，分级管理"的档案管理体制。

1993 年，党的十四届三中全会后，社会主义市场经济体制在我国逐步得到确立，为推进经济体制改革，国务院政府机构开始了中华人民共和国成立后规模最大、涉及面最广、力度最强的行政管理体制改革。1993 年 10 月 17 日，中共中央办公厅、国务院办公厅发出经中央机构编制委员会办公室审核，由党中央、国务院领导批准的《中央档案馆、国家档案局职能配置、内设机构、人员编制方案》，决定"中央档案馆与国家档案局合并，一个机构挂中央档案馆和国家档案局两块牌子，履行档案保管、利用和全国档案事业管理两种职能，为党中央和国务院直属机构，副部级单位，由中央办公厅管理"。这是中华人民共和国成立后档案管理体制的第三次重大改革，这次改革的一个重大变化就是职能的转变。国家档案局原局长、中央档案馆原馆长王刚在 1994 年 3 月 28 日全国档案工作会议上的报告中指出："实行局馆合并，一个机构履行两种职能，这是一种新型的组织形式。如何行使好两种职能，这是需要认真对待的问题。""局馆合并后，档案工作统一领导、分组管理的原则没有变；维护档案的完整与安全，便于社会各方面利用的宗旨没有变；档案行政部门执法监督的职责没有变。我们要在总结经验的基础上，根据变化了的情况，进一步调整、理顺、完善档案工作的管理体制，以保证档案工作的健康发展，更有效地为社会主义两个文明建设服务。"

综上所述，我国迄今为止已经基本建立了以各机关、企事业单位档案工作为基础，以各级各类档案馆为主体，在行政管理方面以档案法制工作、档案科技工作、档案教育工作、档案宣传出版工作、档案外事及国际交流工作、档案学术理论研究工作等为主要内容，在文体管理方面以对全国各种载体、各种类型档案及有关资料进行收集、保管、整理、编目、鉴定、统计、修复、复制、编研和多种形式的开发利用，有效地为社会主义各项事业服务为主要内容的体制。但是应当承认，一成不变、永远适用的管理体制是不存在的，随着我国市场经济的持续发展和政治体制改革的不断深入，现行档案管理体制在新的社会转型期遇到的新问题，还要通过不断调整与改革加以解决。

三、当代档案管理体制的主要内容及特点

从上述我国档案管理体制的发展历程可知，出于中华民族深厚的文化积淀和档案管理的传统延续，我国的档案管理体制一向是建立在集中模式基础上的。《中华人民共和国档案法》确立下来的"统一领导、分级管理"的原则，既是我国档案工作的基本原则，也是建设我国档案管理体制最根本的组织制度，具有中央统一领导、地方分级管理的灵活、科学、民主的现代特色。

（一）集中统一的档案管理体制及其特点

我国集中统一的档案管理体制实际上是在国家档案局成立之后，党和国家为了改善国家机关的工作，建立合理的档案管理制度，根据既有利于加强中央的统一领导，又能适应地方实际工作需要而制定的，其主要内容包括：一是国家档案行政管理部门主管全国档案事业，县级以上地方各级人民政府的档案行政管理部门主管本行政区域内的档案事业；二是各级综合档案馆负责集中统一管理本级党、政、群（包括党委、人大、政府、人民法院、人民检察院和政协委员会、共青团、妇联等）及其直属机构形成的需要永久保存的档案资料，并负责提供利用；三是机关、团体、企事业单位和其他组织的

档案机构应统一管理本单位的档案，负责建立健全本单位档案工作的规章制度，指导本单位文件资料的形成、积累和归档工作，监督指导所属机构的档案工作；四是中央和地方各级党委及政府档案工作机构，既是政府机构，又是党的机构。

该体制体现了我党的民主集中制原则，是国家实行管理活动和机构正常运转的组织保证。从 1954 年到 1993 年，不论我国档案管理的领导关系是由国务院直接领导，还是由中共中央办公厅直接领导，集中统一管理体制始终坚持了下来，体现了其无比巨大的生命力。作为国家最高档案行政管理部门，中共中央、国务院的直属机构，国家档案局的设立、撤销或者合并，符合《中华人民共和国国务院组织法》第十一条的规定，"国务院可以根据工作需要和精简的原则，设立若干直属机构主管各项专门业务"，并按照《中华人民共和国档案法》的规定，"负责全国档案事业的统筹规划和组织协调，建立统一制度，实行监督和指导"。也就是说，法律赋予了国家档案局行政主体的资格，其在档案行政管理活动中享有国家行政权力，能以自己的名义实施行政行为，并能独立承担由此产生的法律责任。这样的体制，对于克服档案分散保存和避免政出多门的弊端，以及减少行政层级、精简机构和提高档案部门的行政效率都是十分必要的，并且也有利于维护国家历史文化财富的完整与安全，便于为社会各方面所用。

与此同时，地方档案行政管理部门实行的是在地方人民政府领导下的分级管理的具体模式。《中华人民共和国地方各级人民代表大会和地方各级人民政府组织法》第六十六条规定："省、自治区、直辖市的人民政府的各工作部门受人民政府统一领导，并且依照法律或者行政法规的规定受国务院主管部门的业务指导或者领导。"也就是说，地方档案行政管理部门接受国家档案局统一管理，主管本行政区域内的档案事业，并对本行政区域内机关、团体、企事业单位和其他组织的档案工作实行监督和指导。《中华人民共和国档案法》规定：县级以上地方各级人民政府的档案行政管理部门主管本行政区域内的档案事业，并对本行政区域内机关、团体、企事业单位和其他组织的档案工作实行监督和指导；乡、民族乡、镇人民政府应当指定人员负责保管本机关的档案，并对所属单位的档案工作实行监督和指导；机关、团体、企事业单位和其他组织的档案机构或者档案工作人员对所属机构的档案工作实行监督和指导。这种分级负责的管理体制，是党中央、国务院领导下的分权分责制度在档案事业管理上的具体化，既符合我国的政体和国情，又体现了党中央群众路线的工作方法，有利于档案工作的全面开展。需要指出的是，部分地方人民政府的档案行政管理部门并没有单独设立为档案局，而是与其他部门合并，如与党史办公室或地方志办公室合并，则其不再是行政主体。此外，有的地方档案行政管理部门为事业编制的，其行政主体资格也受到质疑。

（二）条块结合的档案管理体制及其特点

"条"指有关专业工作系统，如民航、邮电、冶金、煤炭、铁路系统等。按"条"管理就是按专业工作系统的隶属关系，由专业主管机关对本系统内各所属单位的档案工作实施管理。"块"指各级行政区域，如省、市、县等。按"块"管理就是地方档案行政管理部门，按各级行政区域划分的界限，对本行政区域范围内各机关、团体、企事业单位的档案工作进行指导、监督与检查。条块结合的档案管理体制，就是把"条"与"块"分别管理的制度或方式有机地结合起来，扬长避短，形成档案工作纵横管理网络。

这里的按"条"管理，实际上就是种纵向的分权分责，它打破了区域限制，把各级各类机关、单位的档案工作联系起来，进行同系统、向行业、同专业系统的管理。这种管理有着自然的联系。一是从行政领导关系上讲，有着上下级"领导"与"被领导"的关系；二是从行业、专业上讲，有着相同、相似的工作性质，形成和利用的文件、档案有着类似性。因此，在档案管理上也容易形成互相都能接受的方法和方式，探讨问题时也会有更多的共同语言。

按"条"管理体制源于1959年在技术档案工作大连现场会议上初步提出的按专业统一管理企业科技档案工作的体制，在1964年《关于进一步加强技术档案工作的报告》中得以确立，1980年《科学技术档案工作条例》重申，《中华人民共和国档案法》及其实施办法以法律法规的形式进一步确认。

1983年，中共中央办公厅、国务院办公厅印发的《机关档案工作条例》指出："中央和地方专业主管机关的档案部门，应根据本专业的管理体制，负责对本系统和直属单位的档案工作进行指导、监督与检查。"按"条"管理实际上是"统一领导"下"分级管理"的另一种形式。而按"块"管理，实际上是一种横向的从上到下划分行政区域和领导关系的管理模式，每个行政区域就是一块。每个划定的行政区域内的档案工作由该区域的档案行政管理部门管理，也是一种分级负责的管理手段。

在"条""块"管理的结合方面，《机关档案工作条例》规定："各级机关档案部门的业务工作受同级和上级档案业务管理机关的指导、监督与检查。对驻在地方的上级直属单位的档案工作，实行以专业主管机关为主、地方档案管理机关为辅的管理体制。"也就是实行以条为主、条块结合的档案管理体制。

条块结合的档案管理体制主要适用于计划经济时代大型工矿企业和科技事业单位归政府部门直接管理的情况。我国企业的数量十分庞大，面对如此面广量大的科技档案工作，仅靠档案行政管理部门直接进行业务指导，既管不了，也管不好，但也不可以没有档案行政管理部门的统一指导和监督。因此，它在一定程度上继承并体现了集中统一管理原则的精神，是在新的历史条件下对集中统一管理体制的一种发展。我国的经济领导体制是按专业（行业）系统自上而下进行管理的，这在客观上为在科技档案工作执行"条块"结合，以"条"为主的管理体制提供了天然的组织基础。从科技档案自身具有的专业性强、与生产实际联系紧密的特点来看，其开发利用也主要是在本系统内进行的，实行按专业系统管理的制度，符合科技档案的运动规律，因此实行条块结合的管理体制无疑是当时科技档案管理体制的最佳抉择。1999年，国家机构改革，国务院组成部委由原来的40个变成29个，按条管理随之分化，一部分强化，一部分被合并或不复存在。对于不复存在的纵向管理，按照"统一领导，分级管理"的原则，由地方档案行政管理部门承担，仍由垂直管理职能的中央、国家机关或大型国有企业集团和总公司保留行使行政职能的机构和人员，实行内部分级管理，并逐步实行"条块结合，以块为主，加强属地管理"的体制。

第四节　我国高校档案管理制度的变迁

从我国现存的明清档案中的有关记载来看，只有清代嘉庆年间由清政府内阁典籍厅在对东大库 9 万件档案进行整理时，在编制的《清理东大库分类目录》中，才有"文殿试类、武殿试类、考试类"档案列入 25 大类档案之中的记录。鸦片战争后，随着社会各方面的发展和变化，文化教育、财政金融等各种专业领域都形成了各具特点的专业档案。也就是说，清代末年我国已经形成了近代教育档案的概念，但由于历史的局限，还没有专设教育机构，更没有关于学校档案管理方面的记载。从辛亥革命开始至中华人民共和国成立，由于我国半殖民地半封建社会的历史背景，尽管从 1912 年成立的南京临时政府就开始设置了专管教育的机构，这以后也出现了像北京大学、清华大学等高校的爱国师生抢救明清档案的事迹，但就全国范围而言，当时的高等学校都没有建立统一管理档案的制度，高校档案的流失、损坏现象极为普遍。

中华人民共和国建国初期，国家档案局成立之后，全国各省、直辖市、自治区相继设立档案管理机构，高校档案管理也同机关、团体、部队、企业、事业单位的档案管理一样，开始纳入党和政府集中统一管理的范围。1956 年 1 月，周恩来在党中央召开的关于知识分子问题的会议上所做的报告中指出："为了实现向科学进军的计划，我们必须为发展科学研究准备一切必要的条件。在这里，具有首要意义的是要使科学家得到必要的图书、档案资料、技术资料和其他工作条件。"针对中华人民共和国成立初期存在的档案管理体制、管理方法不够完善，以及接管的旧政权档案和现行机关积存零散文件不便管理等问题，国务院于 1956 年 4 月 16 日发布了《决定》，这是中华人民共和国成立以来国家关于档案工作的第一个法规性文件。因为高校是科研人才汇集、出成果比较多和快的地方，各高校根据周恩来的指示和国务院的《决定》精神着手建立档案管理机构或配备档案管理人员，开展档案工作。1988年1月，《中华人民共和国档案法》颁布实施；1989年10月，教育部制定了《普通高等学校档案管理办法》；1993年11月，教育部又颁布了《高等学校档案工作规范》与《高等学校档案实体分类法》（已于2018年宣布失效）。这些法律法规文件的实施，为高校档案管理逐步走向法制化、标准化和规范化铺平了道路。

随着信息技术和高等教育事业的迅速发展，高校的招生规模、教学和科研水平都得到了空前的发展，相比之下，高校档案管理工作的发展速度却相对滞后，一些传统的管理方式面临着新的挑战。针对我国高校档案管理现状和存在的问题，为使高校档案管理与现代高等教育事业同步发展、与时俱进，为保障高校档案工作可持续发展，2008年8月，教育部和国家档案局制定了《高等学校档案管理办法》。实践证明，经过修订颁布的新《高等学校档案管理办法》，能使高校档案管理进一步沿着规范化、标准化和科学化的道路向前发展。现在不少高校正根据《高等学校档案管理办法》对照检查档案管理情况，总结以往在档案管理方面的经验，纠正偏差，吸取教训，修改或制定适合本校的有关管理制度。正如有的学者所说：作为指导新时期、新阶段高校档案工作科学发展的重要法规性文献，《高等学校档案管理办法》的颁布和实施有利于加快推进现代大学管理制度建设，深化高校档案工作改革，提高档案服务于高等教育与社会经济发展的能力和水平，是我国高校档案工作发展史上的重要里程碑。

第三章　高校档案管理工作

档案资料是档案工作的物质基础，是提供利用服务的基本条件。学校在办学的各项活动过程中形成了各种类型的大量的文件材料，而这些文件材料在未收集归档之前是分散在党政管理、教育教学、科研等许多活动过程中的，只有将档案资料按照一定的方式收集、整理、分类装订、立卷之后移交档案馆统一保管，才能称其为档案，也才能更全面地反映学校工作历史的真实面貌。

第一节　高校档案的收集与整理

一、高校档案的收集

在档案管理系统中，收集、整理、编目、检索、鉴定与开发利用等工作环节，构成了各种不同的分项工作系统，各项工作又相互依赖、相互依存、相互作用，共同发挥档案管理的系统功能。在这个系统中，收集工作是档案形成过程中的最基础的环节，没有收集工作，就如同"巧妇难为无米之炊"，档案工作也就失去了根基，只有通过收集工作形成完备系统的档案资料，才能更方便于日后的档案利用工作，发挥档案的价值。因此，高校档案收集与归档工作是高校档案形成的基础。

（一）收集归档的内容

档案收集工作是档案工作的开端。面对浩如烟海的各种原始资料文件，我们往往不免有很多疑问：哪些文件资料是有档案价值的，哪些文件资料需要归档，需要归档的文件材料又该如何归档？因此，为了档案管理工作的有序开展，应在档案工作共同的管理法规、规范的指导下明确或建立各高校相应的工作标准。

1. 收集归档的制度

《中华人民共和国档案法》第十四条规定："应当归档的材料，按照国家有关规定定期向本单位档案机构或者档案工作人员移交，集中管理，任何个人不得拒绝归档或者据为己有。"这是我国以法律形式明确的最重要的归档制度。同时，《高等学校档案管理办法》第二十四条规定："高等学校中的个人对其从事教学、科研、管理等职务活动所形成的各种载体形式的档案材料，应当按照规定及时归档，任何个人不得据为己有。对于个人在其非职务活动中形成的重要档案材料，高校档案机构可以通过征集、代管等形式进行管理。高校档案机构对于与学校有关的各种档案史料的征集，应当制定专门的制度和办法。"

做好档案收集归档工作是做好学校档案工作的保障。学校在成立档案工作机构后，就应根据党和国家及上级机关的有关规定，建立相应的档案管理制度体系，归档制度是其中重要的制度之一。归档制度主要包括各类文件材料整理及归档办法，各类文件材料分类方案、归档范围和档案保管期限，归档时间要求，学校各部门和有关人员档案工作责任制，档案装订规范，卷内文件整理排列规范等内容。其中，文件材料分类方案、归档范围、保管期限表，简称"三合一"制度。"三合一"制度是基层文书档案工作人员在实践工作中形成的一项文书档案管理制度，一般呈现为表格形式，有按机构分类、问题分类两种体制，表现为文件材料分类方案、归档范围、保管期限三部分内容。

2. 文件材料的归档范围

这里讲的归档范围，也就是学校教育教学的基本活动领域。《高等学校档案管理办法》关于归档范围的确定具体要求高等学校应当对纸质档案材料和电子档案材料同步归档。高校文件材料的归档范围如下。

①党群类：高等学校党委、工会、团委、民主党派等组织的各种会议文件、会议记录及纪要；各党群部门的工作计划、总结；上级机关与学校关于党群管理的文件材料。

②行政类：高等学校行政工作的各种会议文件、会议记录及纪要；上级机关与学校关于人事管理、行政管理的材料。

③学生类：高等学校培养的学历教育学生的高中档案、入学登记表、体检表、学籍档案、奖惩记录、党团组织档案、毕业生登记表等。

④教学类：反映教学管理、教学实践和教学研究等活动的文件材料。按原国家教委、国家档案局发布的《高等学校教学文件材料归档范围》（〔87〕教办字016号）的相关规定执行。

⑤科研类：按原国家科委、国家档案局发布的《科学技术研究档案管理暂行规定》（国档发〔1987〕6号）执行。

⑥基本建设类：按国家档案局、原国家计委发布的《基本建设项目档案资料管理暂行规定》（国档发〔1988〕4号）执行。

⑦仪器设备类：各种国产和国外引进的精密、贵重、稀缺仪器设备（价值在10万元以上）的全套随机技术文件，以及在接收、使用、维修和改进工作中产生的文件材料。

⑧产品生产类：高等学校在产学研过程中形成的文件材料、样品，或者样品照片、录像等。

⑨出版物类：高等学校自行编辑出版的学报、其他学术刊物，以及本校出版社出版物的审稿单、原稿、样书及出版发行记录等。

⑩外事类：学校派遣有关人员出席国际会议、出国考察、讲学、合作研究、学习进修的材料；学校聘请的境外专家、教师在教学、科研等活动中形成的材料；学校开展校际交流、中外合作办学、境外办学及管理外国或者港澳台地区专家、教师、国际学生、港澳台学生等的材料；学校授予境外人士名誉职务、学位、称号等的材料。

⑪财会类：按财政部、国家档案局发布的《会计档案管理办法》（财会字〔1998〕32号）执行，高等学校可以根据学校实际情况确定归档范围。归档的档案材料包括纸质、电子、照（胶）片、录像（录音）带等各种载体形式。

根据国家教育委员会、国家档案局1987年发布的《高等学校教学文件材料归档范围》，高等学校教学文件材料归档范围包括：第一，上级教育主管机关下达的指令性、指导性文件，如教育改革、教学计划、专业和课程设置、招生、毕业生分配等方面的计划、指示、规定、办法等。第二，综合性教学文件材料，如学校制定的各种教学制度、办法、规定、条例，教学工作的各种统计表。第三，招生工作的材料，如招生计划、简章、专业介绍、新生名册、代培计划、合同、招生工作总结等。第四，学籍管理的材料，如新生登记表，学生学籍卡片、成绩卡，在校学生名册，学生学籍变更（升级、留级、休学、转学、复学、退学）的材料。第五，学生奖惩材料。第六，教学计划、方案和教学大纲，教学改革方案、总结。第七，教材方面的材料，如自编、主编教材的正本，各系、各专业教材使用目录。第八，教学实习、生产实习方面的材料，如教学实习、生产实习的计划、大纲、总结、实习指导书、实习讲义、实习结果鉴定，有代表性的实习报告等。第九，课堂教学材料，如课程安排表，课程进度表，教师任课安排，典型讲义、教案，各系各专业的考试题。第十，优秀的、典型的毕业论文、毕业设计及评审意见。第十一，研究生及硕士、博士学位获得者的名册、学位论文及有关审批文。第十二，毕业生分配材料，如毕业生分配计划、方案、报告、总结、名单、毕业证书存根，供需见面的计划、合同。第十三，毕业生质量调查材料，如学校对毕业生质量调查的计划、总结、调查表，使用单位对毕业生质量的评审意见等。第十四，师资培训的计划、考核和总结，出国进修等文件。第十五，教研室的教学总结，教师教学经验总结，教师教学质量奖励材料，教学情况调查表，教师工作量的规定及执行情况。第十六，夜校、函授部和各类培训班、进修班形成的文件和材料。

因此，各高校应当在遵守《高等学校档案管理办法》的前提下，根据学校本身的特点和需要，在收集制度中划分归档范围，做好档案收集的第一项工作。另外，根据国家档案局制发的《机关文件材料归档范围和文书档案保管期限规定》，除了应归档的文件材料，下面是不归档的文件材料的范围，各高校可以根据自身特点参考做出取舍。

一是上级机关的文件材料中，普发性不需本机关办理的文件材料，任免、奖惩非本机关工作人员的文件材料，供工作参考的抄件；二是本机关文件材料中的重份文件，无查考利用价值的事务性、临时性文件，一般性文件的历次修改稿、各次校对稿，无特殊保存价值的信封，不需办理的一般性人民来信、电话记录，机关内部互相抄送的文件材料，本机关负责人兼任外单位职务形成的与本机关无关的文件材料，有关工作参考的文件材料；三是同级机关的文件材料中，不需贯彻执行的文件材料，不需办理的抄送文件材料；四是下级机关的文件材料中，供参阅的简报、情况反映，抄报或越级抄报的文件材料。

（二）收集归档的原则

为了确保将应该归档的文件材料齐全、完整地归档，在确定收集范围和划分保管期限时，应把握基本原则。概括地说，主要应从以下几个方面加以把握。

1. 循规律原则

要遵循文件材料的自然形成的特点和规律。学校档案是在学校各项教育教学活动中产生的，能真实地记录和反映学校的历史面貌，文件材料整理工作应维护学校工作内在联系的整体性，顺应文件材料自身的形成特点和规律。其中包含三层意思：在整理文件材料时，一是注意活动的整体性，二是要注意文件本身的完整性，三是在对文件进行分类和排列时保持文件材料之间固有的自然次序，如归档文件整理依照会议通知、报告、决议，重要文件的初稿、讨论稿、修改稿等自然形成加以排列。此外，要保持文件材料间的历史联系。文件间的历史联系就是文件在产生和处理过程中形成的内部相互关系。文件之间的历史联系，主要表现在文件的来源、时间、内容和形式等几个方面。

2. 校本位原则

校本位原则即在收集归档工作中要讲求和坚持"本位主义"，即在遵循档案工作基本性质和指导原则的前提下，将本校产生的文件材料列为重点，尤其是反映教育教学活动的材料和一些重大活动会议资料。要坚持校本位原则，因为每所高校是自己档案材料的负责人，本该悉心保管的档案资料一旦丢失，往往无法从其他地方找到材料弥补，从而造成损失。因此，要把涵盖本校基本历史面貌，反映主要的教育教学活动，并在今后的工作中具有考查利用价值的所有文件材料纳入归档范围，切实搜集和保管好学校自己产生的档案，以最大限度保存学校的历史真实。

3. 人为重原则

人为重原则即重视与人相关的文件材料。人为重原则体现的是"以人为本"的概念在各项活动中的运用和落实，与人有关的文件材料也将在我们的档案工作中引起足够的重视。今后在整理文件材料时，涉及行政编制、社会保障、劳资政策、人事待遇，包括干部职工录用、转正、调资、定级、离退、聘任、复转等问题，凡与个人利益密切相关的文件材料，都是重要的原始材料，这些文件材料不仅利用率会越来越高，而且具有维护社会和谐的重要意义，因此是重要的归档材料，在定期保管期限时应从长划定。

4. 维权益原则

维权益原则是指文件材料所反映的内容属于法律依据，具有凭证价值，有利于维权、维护学校和个人利益。对于涉及本校的产权、债权债务、学校与各有关集体或个人的经济利益关系等方面的文件材料，要保证收集归档。

5. 便利用原则

便利用原则是指档案的收集归档要方便保管利用。档案最重要的价值恐怕就是为各项工作提供资料，因此档案的收集归档要有规律可循，便于日常查找调用，不能成为装样子的收藏品和展览品。

6. 重质量原则

随着质量管理理念在学校管理各个方面的渗透，我们不能忽视质量管理在档案管理工作中的作用。档案的收集归档要贯彻应用"质量观"，要求档案馆工作人员能够综合运用现代管理技术、专业技术、现代化设备和科学方法，科学有序地做好档案收集归档工作，建立档案的电子备案数据库，从而能对馆藏档案有个清晰全面的了解，及时剔除无用冗杂档案，补充规整有价值、有需要的档案。

（三）收集归档的时间

学校各类文件材料的归档应区别处理。根据学校工作的特点，一般来说，教学类文件的归档时间以学年度为基点：学校内各个部门应当在一学年的下学期结束前，即6月底前归档，各院系等单位应当在次学年寒假前归档。科研类材料应当在课题或项目完成后两个月内归档。基建类档案应当在工程项目完成后三个月内归档。财会类归档材料应由学校财会部门按照会计档案归档的要求，整理装订成册。当年的会计档案可以在会计年度结束后，由财务处或本单位财务部门保管一年，期满之后编制案卷目录，于次年6月底前向档案馆移交。学校各教学单位本学期毕（结）业的学生材料，应在下学期开学两个月内向档案馆移交。学校各科研、基建、后勤等部门，应在项目完成并通过鉴定验收后两个月内向档案馆移交。各个高校可根据本校的教学等基本活动的计划安排，规定各类档案的归档时间，要在统一管理下，保证档案的及时收集归档，防止档案资料的丢失。

（四）收集归档的要求

高校教学档案收集整理的目的是开发学校教学档案信息资源，向社会、学校提供有价值的信息，为学校教学工作决策提供参考和依据，拓宽学校与社会间的广泛交流与合作。然而当前高校档案收集与归档工作中仍然存在一些问题，例如：档案收集与归档工作缺乏强而有力的制约措施；档案管理手段落后、人才缺乏；应归档的材料残缺不齐，不能完整地反映教学活动及学校发展过程的全貌，或者部分档案记载的内容与事实不符，导致档案质量下降；不能满足信息化的时代要求，收集整理手段落后，仍以传统手工操作为主；等等。档案在形成初期是分散的，将文件材料转化为档案，只有通过收集归档工作才能实现。因此归档时，要防止眉毛胡子一把抓的现象，要注意突出学校特色。学校的档案收集归档工作应符合以下要求。

1. 档案收集归档要及时

要及时全面地把档案收集归档，保证馆藏档案的丰富完整。档案是否完整是衡量档案工作做得好坏的重要标准之一，因此在档案收集归档时要做到随时收集、随时处理，防止文件材料的遗漏和堆压，从而造成档案混乱和丢失。

2. 档案收集归档要全面

收集归档工作的全面性不仅要求严格按照归档范围进行档案的收集归档，还要做到三个方面：一是做好平时的收集工作。平时收集是指在执行归档制度外对零散文件的收集。加强文件的平时收集工作，是保证归档制度落实和不断完善的有效办法。平时收集的内容包括零散文件的收集、"账外"文件的收集、专门文件的收集，重大活动文件材料的收集。二是同时做好裁撤机关档案的收集工作。近年来，有些高校需要进行合并或者转型，在此过程中，机构裁撤的情况不可避免，但是裁撤机关的档案应该做好相关的交接代管，不能出现机关裁撤，档案也随之丢失的情况，以避免档案丢失造成的相关损失。三是重视电子文件及其他非纸质档案的归档。档案可以划分为纸质档案、非纸质档案两大类，当今时代已到了数字化时代，电子档案与纸质档案已成为密不可分的关联体，因此对非纸质的档案，如电子档案、照片、音像档案、实物档案等其他载体形式的档案也要同步收集归档。

3. 档案收集归档明重点

明确收集归档的重点是指各校在确定归档范围和保管期限时，应结合学校实际情况，特别强调学校重点活动、重要会议、重要事件、基本建设项目、科研项目、教育教学改革、典型人物等方面的材料收集范围，保证不缺失材料，并从长确定保管期限。这些内容最能体现和代表自己学校与众不同的文化、精神内涵方面的特色，最能反映学校发展或前进的历史轨迹，因此都应作为永久保存的档案资源，并要保证内容的齐全完整。

4. 档案收集归档重质量

首先，要加强档案资料来源的调查和指导，收集的资料必须完整齐全、真实、文字清楚。其次，要明确归档材料的质量标准，如档案的格式、字迹标准及规格。最后，要严格注意档案的完整性和准确性，不完整的一定补齐，不准确的要严格核查。否则，就不能发挥档案的凭证查考作用，甚至给工作带来损失。

5. 档案收集归档强人员

"强人员"即提高档案管理者的业务水平。档案工作人员不仅要有强的档案意识和高度的责任心，还要有一定的档案知识和处理技能，并且要有基本的档案价值判断能力。而且随着计算机的普及和通信技术的广泛运用，从事档案管理，不仅需要掌握档案学基础理论，具有专业知识、业务实践能力和专门的知识结构，还要掌握当前档案发展趋势和计算机工作相关知识。

6. 档案收集归档立制度

档案收集归档工作要形成领导重视，全体教职工配合的局面。档案管理者要按照健全的规章制度履行职责，才能把工作做好。要成立专门的领导机构抓档案管理工作，推行档案归档的标准化。档案馆接收档案时，应履行相关手续，填写档案移交清单，一式三份，交接双方签字盖章。档案移交清单应由档案馆和立卷归档单位分别保存。

总体上，收集归档工作在做好以上六点要求的同时，也要做好"三纳入""四同步"和"四关系"。"三纳入"即纳入学校发展计划和规划、纳入学校管理制度、纳入管理人员岗位责任制。"四同步"即下达工作任务与提出相关文件材料的归档要求同步，检查高校工作与检查相关文件材料形成积累情况同步，评审、鉴定教学质量、教材、毕业论文、优秀教学成果与审查、验收档案，材料同步，毕业分配、上级评审材料、教师考核晋升与档案部门出具归档证明同步。"四关系"即处理好档案材料的完整与简洁的关系，处理好归档保存与再利用的关系，处理好常规档案与特殊档案的关系，处理好专、兼职档案工作人员收集整理的积极性与调动各个方面收集整理工作积极性的关系。

（五）收集归档的办法

收集工作是档案工作的重点，也是一个难点，因为要收集的档案在很大程度上处于不确定或稍纵即逝的状态。收集工作应注意树立广大教职工的档案意识，发挥基层人员的作用，调动全员参与的责任，做好学校档案工作的重要一环。高校在档案的收集整理过程中必须做到完整、准确、精练、规范。鉴于高校教学等各项工作的连续性和长期性，在整理收集各类有关部门教学资料时，可抓住每学期开学、期中、期末三个关键时期定期收集整理，把档案的收集整理工作纳入经常化、制度化和正规化的轨道。档案收集工作是广角度、多层次的，但更要重视现行文件的归档。档案的收集方式主要有以下几种。

1. 随时收集

在一项工作完成之后，要及时将有关资料收集归档。在部署工作时，要同时提出对文件资料的归档要求，以逐步形成良好的工作习惯。对于基建档案、照片档案、荣誉档案等则应在项目完成后随时收集，以收到事半功倍的效果。特别是一些容易遗漏的档案资料，如出国人员带回应归档的材料，有关人员外出开会及调动应归交的材料等。

2. 制度归档

归档制度是使文件材料流向档案管理部门的规程，是为文件材料的收集所做的制度保证。根据学校文件材料的形成规律，在开展各项工作时，要同时关注文件材料的及时收集归档，即在归档管理办法的指导下根据文件材料的实际情况，按照公元年度、教学年度分别收集。一般每年3月为党政管理、财会档案收集月，10月为教学档案收集月。同时，每学年、每学期结束时，应进行阶段性的教学总结，布置下一阶段工作。某一项教学工作或活动结束时，是对有关材料如招生、教学评估、毕业生质量跟踪调查收集建档的好机会。

3. 主动征集、上门收集

在日常工作中，有的人档案意识不强，办完一件事，文件材料没有及时归档，需要时文件早已不知去向了。在归档问题上，由于人们的认识不一致，该归档的材料有的人不愿上交，担心自己使用时不方便。对此，档案部门一是要发挥工作的主动性，多说服、动员，努力把该归档的文件材料收集齐全；二是要尽可能参与某些活动，了解活动过程，随时注意收集材料；三是对重要的或者散佚的文件材料，要精心核查寻觅，还要采取主动上门征求的办法进行收集，弥补某些重要材料的空白。

4. 复制

对散佚的或者孤本文件，应采取复制的办法进行收集。比如，借取其他机关或个人的藏本进行临摹或复印，争取能够丰富馆藏档案，完善档案文件体系。

5. 接收

接收的档案主要是指撤销学校、撤并组织的档案，还包括内部撤销机构、单位的档案。近年来，不少高校进行了裁并等组织形式的改革。对于裁撤的学校组织、机构本身收藏的档案，要及时找到接收单位进行保管，防止机构裁撤带来的有价值档案的丢失，从而造成损失。

6. 接受捐赠

捐赠主要是指校内外的校友的捐赠。对于一些年代久远，却有纪念等档案价值的文件材料，可能会由于当时工作的疏忽而遗漏，而校友作为活动的参与者、事件的经历者往往保存学校没有的资料，因此接受校友捐赠是很好的丰富档案的方法。总之，档案资源是一个长久的、不断的积累过程，档案收集是一项经常的、深入的、具体的工作，不可能一劳永逸。应该坚持随时收集和集中收集相结合的办法，各种方法同时进行，建立完整的档案收集体系。

二、高校档案的整理

档案管理所要解决的核心问题就是使无序状态的档案文件有序化。归档文件材料的整理工作，就是按照科学的方法、规则，将零乱的和需要进一步系统化的文件材料组织成有序的单位，使之有效地提供利用的环节和过程。

（一）档案整理的内容

档案整理的内容，就是将归档文件材料转化为档案之前的过程中的工作内容。这里包括以下三层含义。

首先，档案整理是对收集起来的文件材料进行加工的过程。在没有加工归档之前，原有各项工作的文件材料还不能称为档案，因此不能有效地提供利用。这便需要负责立卷的文书或业务部门把收集起来的档案资料进行分类、组卷、卷内文件的排列、案卷封面的编目、卷内文件目录的填写、卷内备考表及案卷的装订。

其次，档案的整理是将无序的文件材料有序化和系统化的过程。所谓系统化，即在整理时，按照文件材料的来源、形成时间、重要程度、形成等方面的不同特点，将文件材料进行基本的分类、组合、排列和编目，组成有序体系,以保持文件材料之间的有机联系,使其能更容易地被检索。所谓有序化,是将文化材料按照一定的规律进行编排,使其系统脉络明晰,因果关系清楚,便于查证。因此,在日常工作中,便需要由学校档案室(馆)对接收归档的案卷进行系统的整理。比如,对那些不符合整理要求的案卷、不便于保管和利用的案卷进行局部调整,对零散文件进行全过程的整理。对案卷进行系统的排位,等等。

最后,文件材料的整理是按照科学的方法和规则进行的,是一项专业技术性的工作。通过收集工作集中到档案室的档案,只有经过科学整理,使零散的文件材料变得条理、有序,并将其中的关键成分通过整理凸现出来,才能有效地提供利用。这不仅要求学校的档案管理工作要有准则法规的指导,还要求档案管理的工作人员能够掌握现代信息技术,提高业务水平。

(二)高校全宗的划分

全宗是指机关、团体、企事业单位或著名人物在社会活动中形成的档案的有机整体,是档案馆、室对档案进行科学管理的基本单位,也是国家档案全宗的基本单位。全宗理论的核心是"来源原则",坚持全宗理论,必须维护档案来源的统一性和整体性,要求档案的收集、整理、保管、利用都必须以维护一个立档单位的全部档案材料的不可分散性为前提,同一全宗的档案文件不能分散,不同全宗的档案文件也不能混淆。在我国,全宗是档案管理的基本要求,是档案管理工作的理论依据,是档案保管、统计、监督的基本单位,也是档案基础理论的发展。全宗管理不仅是根据来源区分档案的一种管理方法,也是我国规定的档案的管理原则。要很好地理解高校全宗的划分,首先要理解以下几个概念。

第一,全宗的构成者。全宗的构成者即立档单位,指构成档案全宗的国家机构、社会组织、个人或生产建设、科研项目的组织者。这些机构组织一般需要满足三个条件:工作上可以独立行使职权,并能以自己的名义对外发文;财务上,是一个会计单位或经济核算单位,可以编制财务预算或财务计划;人事上,有一定的人事任免权,设有管理人事的机构或人员。当立档单位发生变化时，要酌情考虑是否变更全宗划分。以高校组织构成的立档单位发生变化时，应主要从其政治性质、生产关系和基本职能等方面考察其是否有根本性的变化。对于一般性变化，则不宜割断全宗构成者的时间联系，不宜划分新的全宗。

第二，全宗的表现形式。全宗的表现形式主要分为两种，即一般表现形式和补充表现形式。一般表现形式主要有：事物全宗，指以社会实践活动的客观事物为特征组成的全宗；人物全宗，指以人物为特征组成的全宗，其内容主要是著名人物在实践活动中形成的档案整体。补充表现形式主要有：联合全宗，即两个或两个以上的立档单位形成的，互有联系而不易区分全宗的档案构成的全宗；全宗汇集，即若干个立档单位形成的，可以区分全宗，但数量很少的具有某些共同特征和联系的档案构成的全宗；档案汇集，即由不明所属全宗的零散文件，按照一定的特点集中起来。

第三，全宗的分类。分类，亦称"归类"，是指根据事物的同和异将其集合成类的过程。全宗内档案的分类是档案整理中的一个重要环节，是确定立卷、编目和案卷排列上架的具体方法的基础。分类可以揭示文件材料间的内在联系，为档案的整理、保管和提供利用创造方便条件。全宗内档案分类指的是在区分全宗以后，把同一全宗内的档案按照档案的来源、时间、内容和形式上的异同，将全宗内的档案分成若干层次和类别，构成有机体系的一项工作。这项工作主要包括选择分类方法、制订分类方案和档案文件归类三个方面，其中，分类的质量在很大程度上取决于分类方法的采用是否合理。因此，要根据档案形成的特点和规律来选择分类法，分类标准与做法要一致，分类层次要科学合理，不能过简或过繁，分类要便于保管和利用。主要分类方法如下。

一是按档案来源分类。其方法主要有三种：组织机构分类法，即按立档单位的组织机构分类；作者分类法，即按文件的作者（机关或个人）分类；通讯者分类法，即按与立档单位有来往通讯关系的机关或个人分类（收文按作者，发文存本和原稿按收文者）。

二是按档案的形成时间分类。其方法主要有两种：年度（年代）分类法、时期分类法。也就是说，将档案按照立档单位在发展变化过程中形成的不同时期（或阶段）分类，而在较长的阶段内又可按年度分类整理。

三是按档案内容分类。其方法主要有两种：文件问题（专题）分类法，即按档案所反映的问题分类；地理（地区）分类法。

四是按照档案形式分类。其方法主要有两种：文件种类（名称）分类法，如账册、凭证、报表等；文件载体分类法，如影片、照片、录音带等。

在各高校实际的档案工作中，以上诸分类法中使用较多的是年度分类法、组织机构分类法和问题分类法，而单纯采用其中一种的比较少，大多是结合使用。复合的分类形式主要有：年度-组织机构分类法、组织机构-年度分类法、年度-问题分类法、问题-年度分类法。一般是按一个维度把档案分类，再在已分类的档案下面按照另一个分类法将档案分类。例如：年度-组织机构分类法，即首先把全宗内档案按年度分开，然后在每个年度下面再分组织机构。这种方法适用于立档单位内部机构经常变化但不复杂的全宗，现行机关的档案采用该方法则较为适宜。而组织机构-年度分类法，便是首先把全宗内档案按组织机构分开，然后在组织机构下面分年度。这种方法适用于立档单位内部机构多年稳定或调整不大的全宗，一般多用于撤销机关的档案。

（三）立卷与编目

文书材料的立卷，又称组卷，就是将学校工作中形成、运转、并处理完毕的有关文书材料，按照一定的规则和联系分别装订成册或装盒。对已经处理完毕的文书材料之所以要进行立卷，是文书材料本身所具有的参考作用和凭证作用等历史价值所决定的。

1. 立卷的作用

立卷的作用在立卷之初并不是那么明显，甚至在立卷期间有的人还会觉得这影响了利用。当然，立卷在立卷期间可能会影响个别通知的利用，但那只是暂时的，从长远上看，立卷正是为了保证更好地提供利用和供更多的人利用。文书材料立卷的具体作用，主要有以下几种。

其一，便于学校日后的考察利用。学校在日常工作实践中形成的有关文书材料，不仅具有指导工作和传播信息的现实价值，而且具有供日后工作查考利用和可做凭证的历史价值。文书材料中记载的学校工作开展的情况、机构演变的过程、问题处理的经过、事情成败的原因、人员的结构和变化等，对学校工作的进一步开展也具有一定的参考价值。比如学校研究教育改革、制订长远规划、总结工作经验、复查有关案件、处理合同纠纷、清理以往债务和起草有关文件等，都离不开对原有文件材料的查考和利用。

其二，便于学校日后工作中的有关文件继续贯彻执行。在文书材料中，有的是一次性的或短时期的，如"通知""通报"和任免"决定"等，但是许多文件的效用却要体现在较长时期内，有的可能是几年或几十年。比如，租赁合同、基建计划和拨款方案等文书材料，在一个年度里可能会执行一部分，即使有了一定的进展和成果，也只能说明是工作仅仅告一段落，其余部分需要在两年之内继续进行。长远规划等文书材料，在效用上体现的时间更长些，可能会三五年乃至 10 余年。对于长期产生实际效用的文书材料，必须长期保存，而且要保存好，也不能因机构和人员的变动而丢失。

其三，便于反映学校历史发展的真实面貌。一所学校的大量文书材料，都是在学校日常实践活动中根据实际需要而自然形成的。所以，一所学校的文书材料，就是该学校的专业设置、人员构成、工作成果和建造规模等全貌的真实记录。这些原始的文书材料，随着历史的不断发展，就构成了祖国教育事业发展的历史记录，构成了祖国宝贵的历史文化财富。所以，对文书材料进行及时立卷，不仅便于当今工作的查考利用，而且将会积累大量的历史资料，为后人研究历史、研究科学、总结经验、吸取教训，以及更好地建设我们的祖国，提供丰富的、有价值的借鉴性史料。

其四，便于保持文书材料之间的内在联系。学校在日常实践活动中根据实际需要形成的许许多多的文书材料，就某一份来说是孤立的，并独立地反映着一个特定的内容，但是就总体来说又可以将这许许多多的文书材料按其所反映的不同内容分成若干类，而且同一类中的同一项工作或就同一个问题而形成的若干份文书材料之间又有着密切的乃至不可分割的内在联系。立卷的作用之一，就是将具有内在联系的文书材料放在一起，以便于有关人员的利用，也便于保持事物本来的联系和全貌。

其五，便于保证学校文书材料的完整和齐全。学校日常工作中形成和运转的各种文书材料。由于工作需要，有的在文书人员手里，有的在领导手里，有的被其他单位临时借走。文书材料长期分散各处，不仅不便于其他人的利用，而且更容易丢失，也容易破损。及时将各有关文书材料收集起来组成相应的案卷，就可以避免丢失和破损，进而保证其完整和安全，只有这样，才能更好地保证为日后的利用提供服务。

其六，便于文书材料的保存。单位的文书材料由于规格不一，不便保存。将文书材料加以分类，组成相应的案卷，并加以装订，既便于搬运，又便于保存。

其七，便于文书档案的收集。文书档案收集工作的一项重要任务就是保证文书档案的齐全完整，而立卷的目的本身就是从基础上保证文书材料的齐全完整，并为档案馆的工作奠定良好的基础。

2. 立卷的依据

立卷工作的法律依据有教育部、国家档案局第 27 号令《高等学校档案管理办法》、国家档案局第 8 号令《机关文件材料归档范围和文书档案保管期限规定》、国家档案局《电子公文归档管理暂行办法》，以及其他档案工作国家标准。立卷工作的校本依据则是各高校的档案管理办法。

3. 立卷的原则

第一，以本学校形成的文书材料为主，避免重复立卷。立卷时，各学校都应该以本学校所形成的文书材料为主。如果各学校和各机关都把所运转的各种文书材料立入卷内，会造成重复并引起不必要的麻烦。

第二，保证立卷文书材料的齐全完整，防止对反映学校重大活动的文书材料的遗漏。这一原则是由立卷的目的和社会对文书档案工作的要求所决定的，在社会主义现代化建设中，无论是制定发展规划、确保方针政策，还是总结经验教训、制定改革方案，都需要参考大量的历史资料。而这些大量的文书材料，正是需要文书档案及时提供的。研究历史事件更需要有大量的齐全完整的文书档案做依据。所以，在立卷时必须注意将学校各项重大活动中所形成的文书材料都组入卷内，将反映每一具体活动的文书材料都组入卷内，而且反映每一具体活动的文书材料也要齐全完整。

第三，尊重文书材料的历史联系，反映学校工作的真实面貌。文书材料的立卷，看似是为学校保存一套工作记录，但其更重要的目的是为祖国积累丰富的历史文化财富，确凿地记载祖国的文明发展史，并为日后总结工作经验和科学研究提供真实的凭证和大量的参考资料。所以，文书材料的立卷工作，是维护党和国家历史真实面貌的伟大事业不可缺少的一部分。为使所立的文书档案能够很好地反映学校工作的真实面貌，在立卷工作中注意保持各文书材料之间的本来历史联系是非常重要的，因为文书材料是工作实践活动中自然形成的，它们之间的先后顺序和主从关系，也应根据实际需要而自然确定。

第四，以文书材料反映的问题为主，便于查考利用。在一个学校里，所立卷的文书材料一般都可以组成许多案卷。组卷时，可以考虑时间特征，也可以考虑作者特征。

第五，案卷的组成要适宜，便于管理。因为文书材料的大小都是有一定规格的，所以组卷的适宜程度，主要是指案卷的厚与薄。案卷太厚了，不便于装订和翻阅，更不便于影印；太薄了，在管理的文书档案中卷皮所占的比重又太大，写卷皮费的时间又多。因此，组成中等卷为宜，即卷内一般为两三百页。

4. 立卷步骤与方法

做好预立卷工作。预立卷工作就是为使立卷前所搜集的文书材料便于立卷，解决所搜集文书材料的科学放置问题，各归档单位根据本部门文件材料形成规律，参照本校的档案归档范围和保管期限表，预先编制立卷类目。立卷类目就是根据学校新的一年的实践活动可能产生的文书材料，遵照立卷原则，既照顾文书材料之间的内在联系和当年的查考利用，又考虑年终立卷的需要和方便，编制而成的预计性的全年案卷名册。预立卷工作的主要内容如下。

（1）收集材料

日常管理材料收集工作能直接影响档案立卷工作的质量。因此，在日常工作中要树立敬业精神，不断增强档案意识，注意工作中重大活动的动向，摸清文件材料形成的规律，主动收集、及时追问文件的下落，以防遗漏，要做到脑勤、嘴勤、手勤、脚勤，做到文件材料勤收集、勤整理、勤维护，不拖拉、不积存。收集就是将办毕的文件材料随时或定期收上来，要求及时、齐全，次要文件要连同有关资料一并收回。收集的对象主要是承办部门的有关人员，也包括学校的领导人。平时归卷是根据立卷的要求将随时产生的、处理完毕的文件材料归入拟制好的立卷类目中，兼职档案员应在当年初或上一年年末，根据类目准备若干卷夹，并适当准备一些随时增补用的卷夹。卷夹封面和卷夹的卷脊上要抄写类目名称。然后将卷夹按顺序排好，以备随时归卷和查找文件。通常的做法是为立卷类目的每一条目准备一个卷夹，随时将办毕的文件归入。

（2）鉴别

鉴别是指对收集来的文件进行分析判断，主要包括：检查文件材料是否办毕，"文件处理单"、签报、发文稿纸上的"办文结果"栏是否签署姓名，是否有领导批复。没有办毕的应立即退回，没有签署、办复的应进行补办。要检查每份文件材料是否完整，有无缺页，是否正件、附件齐全，是否有错漏号码，文书处理程序是否完成，处理的来龙去脉是否注明，遇有不清之处应及时询问承办人。此外，要鉴别文件材料的性质、特征、保存价值，以正确判定应归入哪个类目。

（3）归卷工作

归卷工作即将检查完毕的文件按案卷类目对号入座，归入卷夹。经过借阅归还的文件，亦应随时销账归卷。对于不须立卷归档的文件材料，可以另备卷夹单独存放。在平时归卷中要注意根据文件的变化情况，随时修改与调整案卷类目，增补有关条款。

（4）预立卷类目的修改与调整

事先编制的立卷类目难免会与实际形成的文件有出入，这是很自然的。

在平时的归卷过程中，兼职档案员可以根据文件的实际情况，随时进行修改或增补。每年年终或次年年初，应总结经验并结合下一个年度的工作计划，对类目进行一次全面的调整与修改，以备下年度使用。

（5）立卷

在立卷工作中，既要考虑文书材料的不同特征，又要照顾文书材料的固有价值。做好立卷工作首先要按照立卷的六个特征进行分类，分别为问题特征、时间特征、作者特征、名称特征、地区特征、通讯者特征，具体应按照以下标准进行。

问题特征指的是根据文档材料所反映的问题、工作性质，以及所涉及的人物、事物，按照问题特征进行分类，就是将反映一个问题的材料归到一个卷内，便于日后考察利用。这一特征在立卷中运用得最多。

时间特征指的是档案材料内容所针对的时间，这一时间与文书材料形成的时间大体是相同的。按照时间特征立卷，就是将属于同一时间（如年度、季度、月份等）的文书材料立在一个卷内，以反映学校一定时期的各项活动。

作者特征指的是档案的制作单位或者作者。按照作者特征立卷，就是将同一档案制作单位或作者在一定情况下形成的有关文书材料立在一个卷内，以集中反映一个单位或领导人的各项活动。

名称特征指的是各类文书的名称。按名称特征立卷就是将名称（如条例、命令、通知等）相同的文书材料立在一个卷内，以反映案卷的性质和价值。

地区特征，也称地理特征，指的是文书材料内容所涉及的地区。按地区特征组卷，就是将反映同一地区的各项活动立在一个卷内，不过这一特征在学校立卷中很少出现。

通讯者特征，又称以收发文单位为特征，指的是文书的收文单位和发文单位。按照通讯作者特征立卷，就是将一单位与另一单位之间的往来文件立在一个卷内，以反映两个单位之间的共同活动和关系。这一特征在学校立卷中也很少出现。

文书材料分别具有六个立卷特征，但并不是说立卷时要分别依照六个特征单独立卷。而是应该在一个卷内使各立入的文书同时具备较多的特征（两个、三个乃至四个），以使材料之间的联系更为紧密。当然卷内各文书的几个相同特征也并不是平行的，而是应以某一特征为主，以它连接其他几个特征。这样的卷所反映的内容比较集中。实践证明，以问题特征为主，连接其他特征，将有关文书材料组在一个卷内的立卷方法是可行的、有效的。

因此，各学校在组卷时基本都采取了这一方法。这一组卷方法的优点如下：其一，便于反映学校历史的真实面貌。学校的文书材料都是根据实际活动的需要形成的，而且是根据某一阶段的实际活动的需要形成的，所以以问题特征为主的立卷方法可以将围绕学校某一问题（或事件）形成的各有关文书材料组在一个卷内或相邻的几个卷内，从而比较完整地反映学校历史的真实面貌。其二，卷内各文书材料的内在联系密切，逻辑性强，便于卷内文书材料的组合排列。其三，由于问题集中，便于日后对同类文书材料的查考利用。其四，因为在考察利用中人们往往是按照问题提出的，并且历史越悠久越如此，所以这样的案卷入馆后不必再对其做更多的调整，可以节省档案馆的时间和人力。

5. 编目

（1）登记卷内目录

在案卷的开头，往往都有一个"卷内文书材料目录"，又称"卷内文件目录"或"卷内目录"。这主要是为介绍卷内的文书材料内容和便于日后查找而设的，所以如卷内文书材料很少，也可不设。卷内目录一般包括以下几项：顺序号，指卷内的文书材料排列顺序；出处、作者，指形成文书材料的单位和领导人；文书材料标题，又称"文件标题""文件题名"；文号，指文书材料的原始发文号，文书材料的日期；页号，指卷内文书材料所在各页的顺序号；备注。

（2）拟定案卷标题

案卷标题，就是案卷的具体名字。它能揭示卷内文书材料的概括内容，为查考利用提供方便。所以，应概括得精准无误，而且文字要通顺、简练。案卷标题的拟定，最好在登记卷内目录时同时进行，因为当时对卷内的文书材料的各种情况都比较清楚，以免事后忘记再重新翻阅。案卷标题一般由以下几个部分构成：①作者。文书材料的作者可能是某一个单位或几个单位的人，也可能是几个单位或几个人，要写清单位和职务。②卷内所反映的问题。卷内各文书材料所反映的问题是案卷标题的核心部分，是查卷和调卷的主要依据。所以，准确地标明卷内所反映的问题，是拟定案卷标题的关键。卷内所反映的问题少时比较好写，多则需要斟酌，加以概括，既要体现重点和中心问题，又要包括或联想其他各有关问题。同时，在文字上要力求简练，并要注意体现党的方针政策。③卷内文书材料名称。文书材料的名称体现着它本身的性质和重要程度，案卷标题中准确地标出卷内文书材料的名称，对日后查考大为有利，因为案卷的组成一般都是以问题为主而不是以名称为主，一个卷内往往有几个名称的文书材料，所以在拟定案卷标题时对各个文书材料的名称也要予以准确概括，特别是要突出重点文书材料的名称。

6. 立卷中应注意的几个问题

立卷中经常遇到并需具体处理的问题包括几点。第一，适当考虑文书材料的保管期限。将同一问题而又有同一保管期限的有关文书材料组在一个卷内，这是很理想的，但是如果文书材料较多、卷容不下，组在相邻的几个卷内也是可以的。但是保管期限也不是绝对的，可以根据实际需要变通，以材料的完整保存和便于考察利用为基准。第二，适当考虑文书材料所反映的问题，以问题为主也不是绝对的，在同一保管期限的相近的两三个问题如不能独立地组成一卷，也可以组成一个综合卷，或称混合卷，这样的案卷按问题查找起来也并不困难。第三，在卷内文书材料的排列上，凡是属于同一问题的，各文书材料可按形成时间并结合其重要程度进行排列；综合卷内的文书材料，则应按问题集中在一起，然后按各种问题内的文书材料的形成时间和重要程度排列。第四，及时编写页号，以免材料混乱或丢失。第五，绝密文书材料一般要单独立卷，不必受文书材料多少的严格限制。

（四）高校案卷的组织

学校档案管理工作是一项系统工程，专门的档案工作机构提高了档案工作在学校的地位，但是有了档案机构还不能保证做好高校档案管理工作。同样是档案管理，高校的档案管理与普通档案馆的工作却有着很大的不同。从前面谈到的学校档案收集和整理的范围来说，要搞好学校档案工作，必须运用科学的管理手段和方法，在集中统一管理的基础上，努力做到制度化、规范化、现代化、实现有效管理。结合学校实际，要做好以下几方面的工作。

1. 建立健全管理制度

无规矩不成方圆，学校档案管理工作当然要依法办事、依章办事。我们开展高校档案管理工作，首先应该遵循《中华人民共和国档案法》，它是我国档案管理工作的基本依据。2008 年 9 月起施行的《高等学校档案管理办法》则是教育行业档案管理领域的一个重要法规。《高等学校档案管理办法》不仅适用于各类普通高等学校、成人高等学校，也适用于各级各类普通教育学校的档案工作。除了国家、行业层面的法规，校本档案管理规章制度是档案工作人员和广大师生员工应共同遵守的管理措施和行为准则，也是有效调整学校档案管理的相关关系，处理档案工作中的基本问题的原则性依据。学校档案工作除了加强宣传，机构建立后，还要加强档案工作的规章制度建设。要依靠制度对全校的档案进行管理，因为没有一定规范化的制度要求，集中统一管理就难以落实，提供利用服务就更无从谈起。制定适应学校特点的规章制度，使档案工作有章可循、有据可依、责任明确，是档案工作正常开展的保证。特别是在档案工作的初创阶段，建立必要的制度，形成制度化的管理，可以使档案工作在制度的轨道上运行。

2. 学校档案管理法规

国家关于档案管理有《中华人民共和国档案法》和《高等学校档案管理办法》等相应法规，提出了总的原则要求，但由于各校在规模、层次、级别上存在区别，在开展学校档案工作时还需要根据《中华人民共和国档案法》和《高等学校档案管理办法》，结合本校的实际情况制定本校具体的实施细则、办法。为便于学校管理，要制定综合性的学校档案管理办法，其中应当明确本校的档案机构和工作职责，确定档案管理运行机制、归档规定和相关要求，根据本校的规模和馆藏档案量决定综合档案室的级别，档案工作人员的编制人数等。学校的档案管理办法应作为统一、规范管理学校档案工作的总纲，统领学校档案工作。

3. 部门（文书）立卷归档制度

按照档案统一管理的要求，建立文书处理部门立卷制度对于规范文书处理，促进档案工作的科学化、规范化管理都有着重要的意义。文书立卷归档制度主要包括以下内容。

第一，明确归档整理责任。学校档案的来源广泛，要做到疏而不漏，就需要层层明确归档职责。要对校内各部门立卷提出要求，把文秘人员或兼职档案员所承担的相应责任落实到位。

第二，划定档案归档范围，包括主要门类和载体。

第三，确定分类方法。在对全校档案整体把握的情况下，确定适当的分类方案。分类方案应根据学校规模、档案的构成情况考虑，一旦确定，不要经常更改，应在一段时期或较长期内保持稳定，以利于归档和利用。

第四，统一归档要求。归档要求包括"时间要求、归档材料的质量要求、格式要求"等。其中基本要求归档文件材料应齐全完整，已破损的文件材料应予以修复，字迹模糊或易变化的文件材料应予复制。归档文件材料形成时所使用的书写材料、纸张、装订材料等应符合档案长期保护的要求，具体应对格式、笔记、纸张做详细要求。

在实际工作中，由于学校的办学规模不同，机构设置、档案工作基础、文书处理等方面都存在着巨大的差别，有关人员的业务素质参差不齐，在具体实施时，应根据具体情况和实际特点，具体问题具体解决，坚持在方针指导下灵活处理。

4. 课题组立卷的归档制度

课题组立卷，前面我们曾提到了"四同步"管理的规定，即在布置、检查、总结、验收各项工作的同时，检查、总结、验收档案工作，目的是使每项重要的教学、科研、党政管理等工作，在工作开始至结束的工程中都能有系统、完整、准确的文件材料归档。按照《高等学校档案管理办法》的要求："学校各部门负责档案工作的人员应当按照归档要求，组织本部门的教学、科研和管理等人员及时整理档案和立卷。立卷人应当按照纸质文件材料和电子文件材料的自然形成规律，对文件材料系统整理组卷，编制页号或者件号，制作卷内目录，交本部门负责档案工作的人员检查合格后向高校档案机构移交。"也就是说，要建立更周密的档案材料形成单位、课题组立卷的归档制度。

因为，关于文件材料的归档、移交和接收工作，不论旁人如何了解，都不会比当事者对其在项目工作或者研究活动中形成的档案材料更知根知底，尤其是项目方案论证、试验记录及实验报告、材料成分配方及设计图纸、图片等科研过程材料，一直是收集的重点、难点。对于科研工作来说，不论是基础理论研究、技术研究还是应用研究课题，都将形成有价值的原始科技材料。建立单位、课题组立卷归档制度，就是要强化学习各部门、课题组按照归档要求，把在科研活动中形成的来源性、成果性及科研过程的档案材料及时、完整地收集起来，并整理立卷归档的责任。学校的科研项目、重点建设项目是学校教育成果、发展的真实记录，各项目的档案资料也是一项重要的信息资源。根据《高等学校档案管理办法》的有关规定，对这些项目的档案归档工作要有实行项目责任制，明确程序，规范职责。

（1）保密制度

档案工作人员日常工作中会接触许多涉密的文件资料，如机要文件、考试考卷、学校的基础数据、科研、专利成果等。保守秘密是对档案工作人员的职业道德要求之一，档案工作人员要严格遵守国家保密法规，在任何时候、任何情况下，不但要严守党和国家的秘密，也决不能见利忘义泄露或出卖学校内部的相关情报。另外，对领导尚未决定的涉及群众利益的事情，或者个人的隐私等内容，档案工作人员也有保密的义务。保密制度应包括档案的保密、保护措施和对档案工作人员的相应要求。

（2）档案保管、保卫制度

档案保管、保卫制度包括库房的管理规范、管理原则。档案库房要求"十防"到位（防高温、防潮湿、防火、防盗、防霉、防虫、防鼠、防尘、防有害气体、防震）。日常管理应严格执行和落实防火、防盗、防潮、防渍、防有害生物等有效保护措施。档案库房管理制度还应明确管理人员的责任，对接收、移出、借阅和销毁档案资料的审批、交接手续均加以要求，切实维护档案的完整与安全。

（3）档案利用制度

档案利用制度包含开放档案与未开放档案的利用两方面，包括利用手续、方式、要求、批准权限和管理办法，开放与控制使用的具体范围和开放档案的管理办法，等等。

5. 统一档案工作规范

档案工作是一项专业性的工作，技术性强，而且面临许多变量。面对复杂的问题，需要细致的工作，档案工作的专业性使其可以进行标准化流程化的作业，因此统一工作规范有利于提高学校档案工作水平。需要全校规范的项目如下。

第一，按照有关的档案工作标准，结合本校档案的具体情况，明确学校范围内各类文件材料收集归档的范围，规范归档途径和管理方法。

第二，制订本校的档案分类方案，对全校的档案进行科学分类。

第三，统一学校全部的档案的目录号。

第四，确定档案的排架方式，做到排列条理，查找方便。学校档案工作的科学管理，目的在于充分发挥档案的作用，发挥档案资源和信息的效益，为学校的教学、管理和科研服务。因此，学校档案管理工作必须遵循档案工作的规律，应用科学的理论和方法，通过扎扎实实进行业务基础建设，实现和提高学校档案工作标准化、规范化、现代化程度，合理地管理和开发利用档案资源，满足学校各项工作的需要。

6. 理顺管理关系

由于我国档案职能划分上的复杂性，目前教育系统档案业务工作相对较弱，这方面的工作现在主要是靠高校的档案工作来协调。学校档案工作处于一个交叉的关系中，管理者有学校的领导、教育部门的领导，还有所在地档案业务部门的领导，甚至还有行业的领导，在这种情况下，要做好工作，必须注意协调好各方面的关系。

（1）与上级的关系

学校与上级领导部门之间的管理体制问题，除了继续加强国家教育部门和省、市档案局的领导，还应加强各省、市教育主管部门对各校档案工作的领导。

（2）内部管理关系

设立了档案馆的，学校的档案工作的管理体制要根据学校的具体情况而定。一般来说，按照职能设立比较恰当，有利于管理及健全岗位责任制，提高工作效率和管理水平，也有利于档案管理的现代化，并能很好发挥馆一级机构的作用。

（3）业务管理关系

作为学校档案部门与各系、部等单位的管理体制，档案馆如果能做到把全校所有档案都集中起来保管更好，但现在比较通行的做法是学校档案馆主要保管需"永久""长期"保存的档案，一般"短期"保存的，如职能部门形成的需要经常使用的，或事务性记录、工作表等类档案，放在各单位保管可以方便工作查考。

（4）行政管理关系

要加强和充分发挥学校档案馆的行政管理职能和执法监督作用。根据我国的实际情况，现行学校档案馆多采取双重的管理体制。一方面是在学校党委和行政领导下，统筹全校档案工作，贯彻落实国家有关档案工作的法令政策。同时，还要对全校档案工作进行监督检查，提供咨询指导。

第二节　高校档案的鉴定与保管

高校档案是保存学校历史记忆的载体，是学校承前启后延续发展的必备知识能源。高校发展的过程中源源不断地产生着不同内容和不同载体的记录材料，当政者或当事人往往根据自身需要和取舍标准对其进行选留收藏或者丢弃的处置，这种行为就是高校档案的鉴定。

一、高校档案的鉴定

顾名思义，"高校档案鉴定就是指档案馆按照一定的原则、标准和方法，判断档案的价值，确定档案的保管期限，剔除失去保存价值的档案予以销毁的一项档案业务工作"。在电子档案日益普及并大量产生和广泛应用的当代社会背景下，档案鉴定的内容除上述两方面外，还包括电子档案的技术鉴定。

（一）档案鉴定的标准

评价标准即评价依据，也就是按照什么标准来具体认定档案的价值大小并确定其保管期限。这个标准应当包括两个方面：一是总标准；二是具体标准。前者是国家规定的各种保管期限的确定原则，后者是具体的档案保管期限表。档案的价值本来是客观的，但因为人们的认识方法和认识能力不一致，对档案的价值的认识往往带有很大的主观性，所以为了更客观地鉴定档案的质量，必须建立明确的档案价值鉴定标准。

1. 社会需要标准

社会的需求利用是决定档案价值的原动力。因此，社会需要标准也是档案鉴定工作的一个重要标准。

首先，档案鉴定者要站在社会总需求的高度，把握人们的利用需求，既要有政治性的档案材料，又要有专门的业务性档案材料，既要满足历史研究者和其他科学研究者的利用需求，又要满足广大普通人民的利用需求。

其次，档案鉴定者在判断档案的保管期限时，既要看到档案的重要程度，也要看到档案被利用时间的长短。对于一些内容不是特别重要，但被利用时间却很长的档案，应该划为永久保存；同样，对于一些内容非常重要，但被利用时间却很有限的档案，应该划为短期保存，如一些有有效期的合同、协议等。

2. 档案的属性标准

档案自身的特点和状况是决定档案价值的基础。从档案的客观属性这一层面来说，可以将文件的来源、形式特征及内容作为鉴定的标准。

档案的来源是指档案的形成者。通常来说，不同的档案来源往往决定档案具有不同的价值。一般而言，本级党政机关的档案，以及具有典型性、代表性机关的档案和著名人物的档案价值较高，非隶属机关的来文价值较低。

针对本机关主管业务的、需要贯彻执行的文件价值较高；非本机关主管业务、参考性文件价值较低。机关领导人、决策机构、综合性办公机构、主要业务职能机构、人事机构、外事机构制发的文件大多价值较高；一般行政事务机构、后勤机构及某些辅助性机构的文件价值较低。

档案的形式特征是指文件的名称、形成时间、文本、文件外形特点等。一般来说，决定、决议、命令、指示、条例等往往用于反映方针政策、重大事件和主要业务活动，具有权威性和重要性，通知、简报、来往函件等往往用于处理一般事务，保存价值较低。正本具有标准格式，有机关的印章或负责人的签署，具有法定效能和凭证作用，保存价值较高；副本、草稿、草案的保存价值较低。有些文件因书法或装帧而有艺术价值，保存价值较高。

档案的内容是决定档案价值最重要的因素。一般来说，反映党和国家的方针政策、重大事件、主要业务活动的档案价值较高，反映一般性事务的档案价值较低；反映全面性问题的档案价值较高，反映局部问题的档案价值较低；反映本机关主要职能活动、中心工作和基本情况的档案价值较高，反映非主要职能活动、日常工作和一般情况的档案价值较低；反映典型性问题的档案价值较高，反映一般性问题的档案价值较低；反映本机关、本地区、本系统特色的档案价值较高，内容比较一般的档案价值较低。

（二）档案鉴定的内容

档案鉴定工作的内容主要包括：制定档案价值的统一标准及各类档案保管期限表；具体分析档案的价值，划分和确定不同保存价值的档案的保管期限；将保管期满及无保存价值的档案调出予以销毁，等等。档案价值的鉴定工作就是指按照一定的原则、标准和方法，甄别和判定档案的价值，确定档案的保管期限，剔除失去保存价值的档案并加以销毁。那么档案鉴定工作从广义角度看，应该包括档案真伪的鉴别和档案价值的鉴定两个部分。

档案馆在业务工作中，经常进行的是档案价值的鉴定，其具体工作内容包括：制定鉴定档案价值的原则和标准、判定档案价值、确定档案保管期限、销毁失去保存价值的档案、开展有关档案鉴定的组织工作等。档案鉴定工作的这些具体内容，归纳起来主要有两个方面：一方面确定哪些档案应该保存，保存多长时间；另一方面确定哪些档案不予保存，并进行销毁。经验证明，销毁不是鉴定工作的主要目的，通过精简更好地保存档案，才是档案鉴定工作的积极目的。档案鉴定工作的目的，在于正确地确定需要保存的档案，保护有价值的档案，提高保存档案的质量。在鉴定工作中，剔除、销毁不需保存的档案，虽是工作内容之一，但不是它的主要目的，"毁"是为了"存"。因此，在档案鉴定工作中，不能只考虑如何"毁"，而应着眼如何"存"，应将判定档案的价值作为档案鉴定工作的主要目的。档案价值的鉴定，就是从数量浩大、种类繁多和内容复杂的档案里"去粗存精"，确定档案的"存毁"和"取舍"，也就是决定档案的命运。

（三）档案鉴定的方法

档案鉴定工作的主要任务是挑选和确定哪些档案需要保存，以及需要保存多长时间。因此，鉴定档案的价值，实际上就是鉴定档案的保存价值。鉴定档案的指导思想是：应以社会利用为出发点，以反映本机关的主要职能活动和基本历史面貌为核心，以分析档案内容为依据，结合考虑档案的作者、时间、名称、完整状况、可靠程度、有效性，以及外形特征等，综合分析，全面考证，正确地判定档案的保存价值。学校教育中的各类档案都要按规定进行鉴定。档案部门应根据国家有关规定，结合实际情况，对期满的档案进行鉴定。档案的鉴定工作一般在校长领导下，由档案部门和相关方面组成鉴定小组，采用直接鉴定法，以一个年度和一个问题的成套档案为基础，以一个案卷为单位，按照分工，个人初鉴，集体审查，对保管期限到期的档案提出销毁或延长保管期限的意见，报分管校长批准后进行。从长远利用观点考虑，鉴定时应留有余地。也就是说，保存从宽，销毁从严；孤本从宽，复本从严；本校文件从宽，外机关文件从严。对既可永久保存，也可长期保存，或既可长期保存，又可短期保存的介于两者之间的文件，可采取"就高不就低"的办法。即使对已明确规定为必须保存的档案，也可采取"冷处理"的办法，即在档案馆留一段时间后再销毁。鉴定档案价值的具体方法如下。

1. 直接鉴定方法

档案的鉴定主要是指档案价值的鉴定。分析评价档案价值的工作方法，最基本的就是"直接鉴定法"。直接鉴定法是对档案的价值、质量和使用范围进行鉴定的基本工作方法。因为学校档案的价值是由学校档案的内容和工作需要等多种因素决定的，所以它要求鉴定工作人员逐件逐张地阅读文件，从它的内容、作者、名称、可靠程度等方面，全面地审查分析，以确定其保管期限。不能只根据案卷目录和案卷标题来判断其价值，因为案卷目录，或案卷标题只能反映卷内的一般情况，不能全面地反映案卷的全部内容。如果根据它们去判定档案的价值，就可能发生错误。所以，为了保证鉴定工作质量，必须直接地、具体地审阅档案文件材料。

使用直接鉴定法的注意事项：直接鉴定一般都是以案卷为单位进行的；直接鉴定时要认真审读档案；通过直接、具体地审读档案，可以发现许多档案收集、整理中存在的问题，并可针对存在的问题对案卷做必要的调整；此外，还可能发现一些鲜为人知的重要档案，其对档案信息的开发利用具有重要的作用；直接鉴定时要做好记录，档案鉴定人员要一边审读一边做笔记，以便及时发现问题；在鉴定工作结束后，要对有关信息进行补充著录，促进档案信息的开发与利用。

2. 其他工作方法

分析评价档案价值的工作方法，除直接鉴定法外，还有间接鉴定法、抽样鉴定法、职能分析法等。

（1）间接鉴定法

间接鉴定法不要求像直接鉴定法那样逐件逐张地审核档案原件，而是先查阅文件目录，从中挑选个别文件，鉴定其保存价值。这是在某些特定条件下所采用的辅助性鉴定法。例如，二十年前的计算机大型设备早已被淘汰报废，一大批图纸失去效用，考虑到有些说明书和技术参数材料及设备需要查阅，可以由主管负责人从目录中挑选材料，查出后再审查是否要保存。再如，某单位有大批早已过期的会计凭证要鉴定销毁，但因保管不良而又脏又霉，查阅比较困难，需要请财务人员先查账本筛选。因为凭证支出要记账，日记账和分类账的栏目中会记载每笔款项由什么人为什么事、支付多少钱的记录，资深的财务人员可以从账本中判断哪些凭证需要继续保存，哪些凭证有疑问，并根据日期和凭证号码从装订编号的凭证中抽出，再进一步认定是否要延长保管。这种办法节省时间，基本可靠，也是可行的。这是采用间接的办法缩小直接鉴定的范围，以达到鉴定目的。

（2）抽样鉴定法

抽样鉴定法一般在对已经进行过鉴定的材料进行复查、审核时使用。抽样鉴定法顾名思义就是采取抽样的方式检查，至于抽样的数量和种类，可以根据实际情况定夺。比如档案定期鉴定之后，有一大批档案需要销毁，报请主管领导审批时，领导没精力逐一查看，但不查看审批就没有把握，对此就可以采用这种方法。其实抽样鉴定法是一种选样的"直接鉴定"的复查办法。

（3）职能分析法

职能分析法也叫"职能鉴定法"，它是根据档案内容所反映的有关机关职能性质来判断档案价值水平的一种方法。不论是传统的职能鉴定理论还是所谓的"新职能鉴定论"，都强调一个共同点，即凡是反映机关基本职能和主要职责任务的档案，其价值水平就应从高处理，保管期限应该从"长"确定，反之档案的价值水平就较低，保管期限应当从"短"处理。也就是说，不论具体档案的具体内容的重要程度、实际作用的性质、个性化的价值水平等具体怎样，只要是形成于和反映着基本职能、主要职责任务的，就从宽处理，反之一律从严掌握。此方法作为一种鉴定档案价值的工作方法还是比较科学的，可以较好地从整体上高效率地进行鉴定，且也有利于档案价值鉴定的"计算机化"，但是如果将它作为一种档案价值水平的具体分析方法，则难免出现失之偏颇的问题。

（四）鉴定工作的制度

档案是历史上人们在各种活动中形成的原始记录，是历史的真迹。各档案管理部门的档案，大多数没有重复，很少有完全一样的。如果鉴定档案价值不正确，特别是销毁了不该销毁的档案，所造成的损失是无法挽回的。为了保证鉴定工作的质量，使档案的鉴定工作和销毁有组织、有监督地进行，必须建立和健全档案鉴定工作制度。《中华人民共和国档案法》第二十一条规定："鉴定档案保存价值的原则、保管期限的标准以及销毁档案的程序和办法，由国家档案主管部门制定。禁止篡改、损毁、伪造档案。禁止擅自销毁档案。"

1. 鉴定档案工作遵循的标准

全国统一的鉴定档案价值的标准由国家及档案行政管理部门制定和颁发，如同家档案局制发的《文书档案保管期限表》就属此类。各地区系统则据此制定各自相应的具体鉴定标准。各机关、各档案馆根据上述统一的鉴定标准，进行档案价值鉴定工作。

2. 档案鉴定工作的组织

根据有关规定，机关的档案价值鉴定工作，必须在机关有关负责人的领导下，由档案部门和有关业务部门的人员共同组成鉴定小组进行。鉴定结束后，档案馆要对已无保存价值的档案进行鉴定和处理，必须征求有关部门的意见，并经主管领导部门批准。

3. 销毁档案的批准、监销制度

经过鉴定后需要销毁的档案，应当编制档案销毁清册，办理批准手续。各机关需要销毁档案，须经机关领导人批准；档案馆需要销毁档案，须经主管领导机关批准；销毁中华人民共和国成立前的历史档案，同时还须报国家档案局批准。未经鉴定和批准，任何单位和个人不得销毁任何档案。销毁档案时，须实行两人监销制度以保证销毁工作的安全。

二、高校档案的保管

档案载体总是表现为一定的物质形式。构成档案的各种物质材料可保存的时间是有限的，这就决定了档案寿命也是有限的。而为了高校教学、科研和管理等各项工作长远利用档案的需要，我们必须将档案长期保管下去。档案保管工作的质量，对档案管理水平具有重大的影响，甚至在一定的条件（如涉及档案存毁）下具有决定性的影响。高校档案保管得好，就为高校整个档案工作的进行提供了物质对象，提供了一个最起码、最基本的前提。反之，如果档案保管工作做得不好，或不能有效地延长档案的寿命，甚至损毁殆尽，那就会使整个高校档案工作丧失最起码、最基本的物质条件。工作对象一旦丧失，整个档案工作也就随之失去其存在和进行的基础。若档案保管得杂乱无章，失密、泄密，都会影响整个档案工作的秩序。档案保管工作是为了解决档案寿命的有限性与人们利用档案的长远性间的矛盾而产生的。高校档案保管工作就是维护档案完整与安全的活动。其主要工作内容包括保管设施建设、保管期限表、库房管理与防护技术、档案修复与销毁。

（一）保管设施建设

档案保管工作的一个突出特点是它必须借助一定的设施条件的支撑方能进行。档案保管的设施条件大体有以下几种。

1. 库房

库房即存放档案的空间场所（建筑物）。档案库房应当符合档案保管的专业要求。档案馆应当按照《档案馆建筑设计规范》（JGJ 25-2010）的要求建造档案库房，档案室也要在库房的建造使用上尽量向《档案馆建筑设计规范》的要求靠拢。在无法达到要求的情况下，必须注意几个基本问题：①库房必须专用，不能同办公室合用，也不能存放其他物品。②库房必须坚固，至少应当是正规的建筑物，不能是临时建筑。③库房应当远离火源、水源和污染源，并符合防火、防水、防潮、防光等基本要求。

2. 装具

档案装具是指用以存放档案的柜、架、箱等基本设备。档案装具是保管文书档案必需的基本设备。档案柜、档案箱、档案架一般为金属制品、木制品和复合材料制品。档案装具种类很多，各有所长，应按库房特点、档案价值及规格的不同，合理使用，灵活配置。箱柜是封闭式的，便于分类封存，如档案柜、胶片柜、磁带箱、卡片箱等。架子是敞开式的，有单柱架、双柱固定架和各类密集架之分。架子便于开放陈列，方便查找，箱柜利于对档案的保护。一般可将永久性档案、长期性档案和不常用的档案用箱柜保存，短期保存和经常使用的档案用架子陈列。

3. 设备

档案保管的设备一般是指那些具有固定资产性质的机械、器具、仪器、仪表等技术设备，而不包括库房、装具、卷皮、卷盒、药品等。用于档案保管的技术设备种类很多，如去湿机，加湿器，空调，通风设备，温湿度测量及控制设备，防盗、防火报警设施，灭火器，装订机，复印机，缩微拍照设备及缩微品阅读复制设备，通信及闭路电视监控设备，消毒灭菌设备，以及档案进出库的运送工具，等等。

4. 卷皮、卷盒

卷皮、卷盒是指用于直接存放和保护档案的纸质或其他质地的包装物。卷皮是封面与封底连为一体的半封闭式卷夹，卷盒是全封闭的盒子。

5. 消耗品

消耗品是指用于保管工作的低值易耗品，如防霉防虫药品、吸湿剂、各种表格及管理性的办公用品等。档案保管的物质条件（装备）是档案保管工作赖以进行的物质基础。档案馆应当根据自身工作的切实需要和现实的经济实力，本着实事求是的态度和有效、实用、合理、节俭的原则，提高档案保护工作的物质条件水平。

（二）保管期限表

保管期限表是用表册形式列举档案的来源、内容和形式并指明其保管期限的一种指导性文件，是机关鉴定档案价值和确定档案保管期限的依据和标准。档案保管期限表有以下三个要素：一是标明档案来源、内容和形式，使档案文件的来龙去脉清楚；二是标明档案的保管期限，使档案文件的重要程度清楚；三是用表册形式列举，使档案文件的保存期限一目了然，工作人员可以对号入座。

1. 档案保管期限表的类型

（1）通用档案保管期限表

通用档案保管期限表（也称标准档案保管期限表）是由国家档案行政管

理部门编制并发布的，供全国各机关、团体、企业、事业单位档案部门鉴定档案时通用的档案保管期限表。通用档案保管期限表又可分为全国某一专业通用档案保管期限表和全国某一行业通用档案保管期限表。全国某一专业档案保管期限表具有在全国某一专业的通用性、具体性、合作性的特点。目前适用面最广的是 2016 年 1 月 1 日财政部、国家档案局起施行的《企业和其他组织会计档案保管期限表》。全国某一行业通用档案保管期限表具有在全国同一行业档案部门的通用性、具体性、单一性等特点。比如，《煤炭工业技术档案保管期限表》《冶金工业科学技术档案保管期限表》，这些保管期限表都由它们的业务主管部门制定，形成全行业保管档案的统一标准。通用档案保管期限表具有普遍性指导和标准作用，其他种类的保管期限表必须与其精神保持一致。

（2）专门档案保管期限表

专门档案保管期限表是由国家档案行政管理部门会同各有关主管部门编制以供各机关、企业、事业单位鉴定专门档案时通用的档案保管期限表。财政部和国家档案局联合颁发的《企业和其他组织会计档案保管期限表》就属于这种类型。该表就是供全国财政税务机关和各种机关、团体、企业、事业单位鉴定会计档案的统一标准。

（3）同一系统机关档案保管期限表

同一系统机关档案保管期限表是由主管领导机关编制，供同一系统内各机关、企业、事业单位进行档案鉴定时使用的档案保管期限表。这种档案保管期限表须经该系统的领导机关负责人批准后执行，并报送国家档案局备案，此外还要被送各省（自治区、直辖市）档案局，如《某市教育系统档案保管期限表》《科技档案归档范围及保管期限表》等。

（4）同类型机关档案保管期限表

同类型机关档案保管期限表是由档案行政管理部门或者主管领导机关编制的供同一类型各单位、组织、团体等鉴定档案时使用的档案保管期限表，如某市人民政府制定的《各区人民政府档案材料保管期限表》对该市各区人民政府的档案鉴定都适用。

（5）机关档案保管期限表

机关档案保管期限表是根据各机关档案的具体情况，由各级机关和企事业单位自行编制并供本单位鉴定档案时使用的档案保管期限表。这是根据全国或主管上级颁发的档案保管期限表，结合本单位的档案形成情况而制定并报本机关领导批准的档案鉴定执行标准。凡是档案管理工作比较健全的单位都已编制，其格式有条款式或表格式。基层单位由于一般有几类档案，通常分类编制档案保管期限表，有的单位档案数量少或种类单一，就不分类，但可制定本单位的综合性档案保管期限表。这种档案保管期限表，包括在工作活动中可能形成的所有文件及其保管期限，具体明确，使用方便。在较小的机关里，机关档案保管期限表可以与立卷、案卷、类目结合起来，不必另行编制机关档案保管期限表，仅在案卷类目的每一个条款下指明其保管期限即可。

以上五种类型的档案保管期限表，第一种是其他四种的依据，具有指导意义，第五种在编制过程中，必须以前面四种为依据，不能违背其基本精神与保管期限的规定。

2. 档案保管期限表的编制程序

第一，熟悉档案，了解工作情况。熟悉档案，就是对本机关文件的数量、种类、完整程度及其基本内容进行深入研究，以便从中归纳出基本文件类型作为条款的基础；了解工作情况，就是考察研究本机关的工作职权范围、任务、组织机构、业务分工、文件数量、类型各方面的情况，做好编制前的准备工作。

第二，草拟保管期限表的条款。经过考察和了解，掌握了机关工作情况和档案的基本类型，应将本机关所有档案文件归类，区分不同类型，逐条逐款排列，并按一定规律排序在每个条款后面都草拟相应的保管期限，初步确定档案保管期限表的体系和结构，形成档案保管期限表草稿。

第三，确定档案保管期限。档案部门应将编制的档案保管期限表草稿分送有关单位和部门，充分征求意见，根据大家的意见，逐条逐款修改草稿，使其切合实际。

第四，领导审批，发布执行。上述草稿必须报送领导审查批准，经领导批准后行使，同时报下级主管机关备案。各个步骤修改定稿的档案保管期限表，应作为档案工作的一项制度颁发执行。

3. 档案保管期限表的内容结构

档案保管期限表的结构，包括顺序号、条款、保管期限、附注及总说明等。以上是档案保管期限表的一般结构，可以根据保管期限表的特点和实际需要，增加或减少某些项目，但条款与保管期限是最基本项目，任何保管期限表都必须有。

（1）顺序号

将档案保管期限表的各条款进行系统排列后，必须在各条款之前编上统一的顺序号，以固定条款的位置，同时也可作为鉴定人员使用档案保管期限表鉴定档案时引用条款的代号。因此，条款必须从头到尾，统一编流水号，不能有重号、串号。条款编号方法一般为分类流水法。

（2）条款

条款是一组类型相同、保存价值相当的档案文件的名称或题名，如"本校教会及教职工参与民主管理、监督工作的规定、条例、办法及有关材料"。拟制条款要求能反映一组文件的来源、内容、名称和形式，文字要简明确切。在列举一组文件的来源、内容和形式时，可以指出具体的作者、问题，也可以概括出文件所反映的级别、名称，如"会议文件""上级机关""下级机关""报表"等。必要时，还需要指出文件的作用和可靠程度，如"执行""批准""备案""参考"，以及"定稿""草稿""副本"等。

每一条款应代表一组有内在联系的价值相同的文件，有时为了使条款简洁醒目，也可以将价值不同而有联系的一组文件写成一个条款，并在条款后面分别指出不同的保管期限。条款一般不宜拟制得过多过细，但也不能概括成文教、卫生等类别，以免使用时产生困难。保管期限表的条款有分类排列和不分类排列两种。条款的分类，就是将条款按照一定方法归纳起来，分成不同的类型。这是为了使条款条理清楚，便于鉴定工作人员查找使用。档案保管期限表的条款，一般是按其内容来分类的，也有按照一组文件的来源或形式分类的。档案保管期限表划分类别的数量和类别的设立是由其所针对档案的特点和条款的数量等具体情况决定的。比如,《预算会计档案保管期限表》将全部档案分为会计凭证类、会计账簿类、会计报表类和其他四个类别,查找起来十分方便。也有的档案保管期限表由于条款少或内容不易划分而个别设类。在不分类的档案保管期限表中,条款的排列也应有一定的逻辑顺序,以便查阅。比如,国家档案局发布的《文书档案保管期限表》中的各条款,大体是按照会议文件、上级机关文件、本级机关文件、同级、下级顺序排列的。

(3)保管期限

保管期限是指在每一条款之后指出的该组文件应该保存的年限,即档案的保管期限。根据党和国家的有关规定,保管期限分为永久、长期、短期三种。从档案价值鉴定上讲,保管期限是档案价值状况和价值鉴定工作成果的直接表现形式。保管期限表中的"保管期限"是否科学和准确,将直接影响档案价值鉴定的质量好坏,所以确定保管期限是编制档案保管期限表最核心的问题。

(4)附注

附注是在条款之下对条款及其保管期限所做的必要的解释或说明。例如,合同、协议书等的保管期限,往往需要从有效期满后算起,就可在保管期限后面注明"失效后"的字样。

(5)总说明

总说明即对档案保管期限表做出的有关说明,如保管期限表的使用范围、制定保管期限表的依据、保管期限表的结构、保管期限的计算方法及其他应当说明的有关事项。

4. 档案保管期限表的作用

档案保管期限表的作用是保证鉴定工作的标准化,提高档案鉴定工作效率。它实际上就是一种鉴定的标准,可以统一人们的认识,避免个人认识上的局限性和片面性,提高鉴定的准确度,防止任意销毁档案。档案保管期限表标准明确、界限清楚,能够有效地防止和避免人们有意或无意而错误地销毁档案,能够提高立卷质量。立卷人员可以根据档案保管期限表所列举的类项及保管期限来组卷,从而更好地立卷。

（三）库房管理与防护技术

档案的保管工作是指根据档案的成分和状况，采取科学安全的存放和防护措施的一项专门性工作。它在整个档案管理业务工作中有着相对独立的地位，技术性较强。档案库房管理则是其中的主要工作内容，是整个档案保管工作的基础。档案库房管理的原则主要是了解和掌握档案损坏规律，通过经常性的工作，采取专门的技术措施，最大限度地防止和减少档案的损毁，延长档案的寿命，维护档案的系统性和完整性，保证档案的政治安全。库房管理工作的实质，就是同一切可能损毁档案的自然的、社会的不利因素进行斗争。维护档案的完整与安全，也就成为库房管理工作最基本的、经常的任务。

（1）防潮

档案制成材料绝大部分为纸张。潮湿对档案的危害包括加速纸张中纤维素的水解，使纸的强度下降、耐久性遭到破坏，使耐久性差的字迹褪色，促进虫、霉生长及繁殖，加剧空气中有害气体、灰尘等对档案制成材料的损坏作用。所以，要延长档案的使用寿命。必须注意档案材料的防潮。防潮要注意两个方面：一是库址，二是库内的防潮设施和技术。这里主要讲一下库内的防潮问题。做好库内的防潮工作，首先，要搞好库房通风。档案架排列要有利于通风。通风的方式可以采取自然通风或机械通风。其次，要注意库房内温湿度的调节。由于我国地域辽阔，南北气候差异较大，库房内的温湿度的调节也应根据所处的地理环境采取不同的措施。我国北方冬季较长，气候寒冷，档案库房内的温度往往过低。同时，北方气候干燥，长年湿度过低。低温低湿都不利于档案的保护，这就需要采取必要措施，为温度过低的库房升温，增加库内的湿度。我国南方的广大地区夏季温度过高，雨季时间较长，降雨量较多，档案库房较长时间处在高温高湿的不利条件之下，有时显然温度不高，但阴雨连绵，湿度仍然较大。为了有效地保护档案，就必须采取一系列措施，降低库房内温度和湿度。减湿的方法较多，一是利用空气去湿机去湿，二是利用固体吸湿剂去湿，如硅胶、氯化钙等。

（2）防虫

档案库房中具备有害昆虫生长的条件（如木质档案架、纸张、字迹、胶水、糨糊等），水分、温度、光等也是害虫生长的温床，所以为了防止害虫对档案文件的破坏，必须尽量营造不利于害虫生长的环境。为此，要做好预防工作。预防就是要查害虫进入库房的通道，并加以堵塞。发现害虫就应及时消灭。要经常保持库内外清洁卫生，防止害虫的生长和繁殖。在库房内安放一些驱虫药物（如樟脑、卫生球等），将库房内温度控制或调节在不利于虫类生存的范围。一旦发现虫害，必须采取有效的根治措施，制止其蔓延，并防止再次酿成大害。除治档案害虫的方法较多，如化学药物熏蒸法、高温杀虫法、低温降冷杀虫法、辐照法等。由于技术、资金等条件的限制，目前使用较多的仍是化学药物熏蒸法。

（3）防光

光是引起纸张老化的重要因素之一，其中紫外线危害最大，因为紫外线具备足以使各种有机物质发生化学变化而遭到破坏的能量。实验证明，光对纸张中的纤维具有一定的破坏作用。纸张纤维的机械强度，经阳光照射，都会比原来降低。尤其在缺氧的情况下，光对纸张中纤维素有较大的破坏性，因为在光的作用下，一些含木质素较多的纸容易因氧化而变黄、发脆和机械强度下降。光还会使耐光较差的字迹材料发生不同程度的褪色。防光的主要措施有：首先，为防止阳光直线照射到档案文件上，要求库房门小一点，窗户少一点。窗户要采取遮光措施，以阳光不能照射到档案架为宜。其次，天然采光的档案库及其他业务技术用房，应选用防紫外线光玻璃。最后，库内人工照明宜选用乳白色灯泡或带灯罩的白炽灯，即普通的钨丝灯。如采用日光灯，应有过滤紫外线措施，因为日光灯的紫外线比白炽灯强。

（4）防有害气体和防尘

环境污染是一个社会问题，应采取有效措施防止有害气体和灰尘对档案材料的危害。目前已知对档案构成危害的有害气体主要有二氧化硫、二氧化氮、氯气等。这几种有害气体的共同点就是会与水作用产生酸。档案库房空气中总是含有一定量的水分，纸张中也含微量的水，因此档案在长期保存中会因有害气体的作用而使纸张的酸度增加，使得档案纸张老化、字迹褪色。

灰尘来源于自然界和人类生产、生活诸多方面，如岩石风化、火山爆发、燃烧排放的烟尘，工业生产过程中排放的粉尘等。灰尘对档案的危害，主要是带有棱角的固体颗粒可造成对纸张的磨损。灰尘吸附或本身带有的酸、碱性成分也会加速纸张的老化，使字迹褪色，而且灰尘还是霉菌孢子的传播物。为了有效地防止有害气体、灰尘对档案材料的破坏，可采取以下措施：①正确选择库房地址，尽量避开工业区和繁华街道。②库房要密封，可采用相对密封或多处密封的办法，把档案存放于盒、柜中。③库房中安装空调设施并对通风进行净化、过滤。④库房墙壁、地面应选择坚硬、耐磨、光滑、易清洁的材料，防止建筑内表面起尘。工作人员出入，档案入库要采取除尘措施。⑤搞好档案库房周围的环境卫生。

（5）保卫与保密

档案库房一定要有严格的管理制度，库房管理人员应做好防盗工作，同时不得允许未经批准的人员进入。珍贵、绝密档案应放入保险柜，并在专门地点保存。档案管理人员在非工作地点或非工作时间不得谈论档案内容，库内档案存放状况和管理制度的某些具体内容，也应该列入档案馆的保密范围。

（6）档案在搬动中的保护

搬动档案时，应尽量避免或减少档案的机械磨损和污染。档案需要捆扎时，忌用粗糙的捆扎材料和不妥的方法。取放档案时，必须轻拿轻放，防止搓揉、挤塞或撕裂档案。档案工作人员在搬动档案时，必须具有高度的责任心和踏实的工作作风。

（7）档案的安全检查

档案的安全检查包括对库藏档案的检查和对借阅后归还档案的检查。库藏档案的检查分为定期检查和不定期检查。档案的定期检查，一般以一年一次为宜。当档案库房发生水灾、火灾，档案遗失、失窃、虫蛀、鼠咬、霉烂，以及档案管理人员调换时，应对档案进行不定期检查。对库藏档案的检查内容主要有以下五点：①现有档案数量与登记簿册中的是否一致；②毁坏、遗失档案的数量、情况和内容；③档案的防护措施和库房设备的安全情况；④档案归入的全宗、类别、顺序是否正确；⑤档案的收进、移出是否进行了登记、注销和还原。对借阅归还后的档案的检查，主要检查借出与归还的数量是否相符，归还的档案文件是否缺页少字，有无涂改，有无折角和污损，有无水浸及火烧痕迹。

（四）档案修复与销毁

1. 档案修复

档案修复是档案保护中的一项重要内容。它通过一些技术加工，使被损坏和玷污的档案文件恢复原来的面貌。档案修复包括去污、去酸、加固、修裱等。

（1）去污

档案文件在长期的保护和利用过程中，由于各种原因常被污染，形成水斑、泥斑、蜡斑、墨水斑、霉斑，以及油点、汗垢、食物斑点、胶水和铅笔褪色迹等。这些污斑轻者影响字迹的清晰度，重者完全遮盖文件字迹，因此必须予以清除。

去污方法主要有以下几种：①干法去污。这是一种较为简单的去污方法。它通常是用手工工具（如小刀、刷子、橡皮等）除去档案材料上的污斑。如果灰尘较多，可用去尘器消除。②湿法去污。通常采用水洗去污、有机溶剂去污、氧化剂去污等方法。水洗去污就是在盘中注入 70 ℃的热水，加约 1 %明矾，把档案文件平放在一个托盘上并浸入水中，轻轻洗刷污斑处，待洗净或无法洗净时，取出档案文件放在另外一盘清水中清洗，再取出吸水纸吸去水分并慢慢压干。如果档案文件上的泥斑较多，可以改用 1 %～2 %的纯碱溶液水洗，然后用清水洗净文件中的残液。有机溶剂去污法适用于沾染在档案上的油类、颜料、蜡质等污斑的去除。有机溶剂常用的有苯、甲苯、乙醚等。油斑可用正乙烷、四氯化碳、苯和甲苯去除；霉斑可用苯、酒精去除；颜料可用苯的混合物、酒精、松节油去除。氧化剂去污法是利用氧化性强的化学药品对污斑色素进行氧化，强行破坏色素的发色团，达到去除污斑的目的。根据氧化剂性能的不同和污斑的轻重，可分别采用强氧化剂去除污斑或弱化剂去除污斑的方法。

（2）去酸

档案材料中酸的来源很多。在生产纸张的过程中，酸性成分有时残留在纸浆中；施胶过程中的过量明矾与水作用，也可产生硫酸残存在纸张中；潮湿、霉菌和灰尘也有产生酸的可能。去酸的技术主要有以下几种。

一是氢氧化钙去酸法。此方法是根据中和原理，用碱性物质把纸张中的酸中和掉。这种去酸法的优点是，在去酸的过程中产生的碳酸钙细微颗粒会渗入档案纸张的纤维结构里，这样既能防止档案纸张酸度的增加，碳酸钙细微颗粒又能作为填料，使纸张的性质处于稳定，从而有利于纸张的耐久性。

二是氨气去酸法。氨气在常温下呈气态，它适合在熏蒸室内对大量档案文件进行去酸。去酸时，可按 1∶10 的比例稀释氨水，在熏蒸室内密闭 24 小时至 26 小时，利用散发出的氨气将档案文件纸张中的酸中和掉。该方法的优点是，氨气渗透力强，对档案文件的字迹无影响，能对大量档案进行去酸，成本低，操作简便。除上述两种去酸方法外，还有有机溶液去酸技术，它利用醋酸镁 - 甲醇、乙醇溶液和氢氧化钡 - 甲醇进行去酸。这种技术目前还处于试验阶段。随着科学技术的发展，还会有更多更新的去酸技术出现。

（3）加固

随着岁月的流逝，档案上的字迹会因各种因素的影响而发生退化，如不采取必要的措施，势必影响档案的寿命。因此，必须对档案文件的字迹、档案纸张进行加固。纸张档案的加固技术是应用涂胶、加膜、丝网等方法对损坏或将损坏的档案进行保护的措施。加固技术主要有以下三种。

一是胶黏剂喷涂法。它用具有黏性的化学药液 —— 胶黏剂喷涂在档案上，在档案文件上形成一层薄膜，使字迹得到保护，使纸张强度相应得到提高。加固材料应具有一定胶黏性，胶黏剂化学性稳定，无色透明，加固后形成的薄膜有一定可塑性，方便利用。常用的胶黏剂有明胶 - 甘油溶液、乙基纤维素溶液、有机玻璃溶液等。

二是加膜法。加膜法就是在纸张强度降低了的档案的正反两面各加上透明网膜。档案夹在透明网膜中，既能正常阅读，又能提高纸张的强度。加膜法可分为热压加膜和溶剂加膜两种。热压加膜法是利用高温高压的专门设备，把薄而透明的醋酸纤维素压在纸上。加膜时,醋酸纤维素在高温、高压下渗入档案纸张和带纱布的纸孔内,形成一个牢固的整体,增加了纸张的耐久性。但高温高压对纸张强度不利。溶剂加膜法是选用一种溶剂(如丙酮)把透明薄膜黏结在档案上。这种方法,避免了热压高温对文件的影响,但由于丙酮有毒、易燃,操作时应避免明火,要有良好的通风条件。

三是丝网保护法。这种方法是将档案文件展平,对好破口,放在两面喷有乙烯类树脂的蚕丝中间,即丝网—档案—丝网,再放入两张氟塑料薄膜之间。然后放在热压机上加温加压,达到一定温度后,关闭热压机,取出档案文件,稍待一会儿,揭下塑料薄膜即可。丝网保护法的优点是能提高纸张可塑性,提高透明度,使其耐老化。该方法适用于易碎、易坏、双面书写和印刷、水溶性字迹的档案。实践证明,这种方法的效果很好。

(4)修裱

档案文件老化变脆或已破烂时,可采用修裱的方法恢复和提高纸张强度。档案的修裱,就是以糨糊做黏着剂,用托裱修补的方法把选好的纸张或托或补在档案上面,以恢复档案文件的原貌。修裱包括托裱和修补两项内容。

一是托裱技术。托裱就是在纸张的一面或两面托上一层纸的方法。托裱分湿托和干托两种。湿托也叫湿裱,它的应用范围比较广,凡字迹遇水不洇的文件,都可采用此法。湿托是在文件背面刷上稀薄的糨糊,然后将覆盖托纸刷平实。干托适用于文件字迹遇水易扩散的档案文件。它是在托纸上刷糨糊,稍后再把托纸衬托于文件背面,并用排刷排实。使用该方法,文件接触水分较少,时间较短。托裱是整个修裱技术的核心。托裱后的文件要求具有"薄、光、平、软"等特点。因此,在托裱过程中须注意掌握以下原则:宁薄勿厚,宁软勿硬,糨糊宁少勿多,配纸颜色宁浅勿深,能修补者勿托裱,能干托者勿轻易湿托,等等。

二是修补技术。修补就是把档案残破处补好修齐,包括补缺和托补。补缺就是对有残缺或有虫蛀的文件进行修补。托补是对某些部位损坏严重的档案,在损坏部位的背面补一片纸,也有的是在局部托裱后,再整个托裱。修补用纸的纤维方向应与原档案纸张的纤维方向保持一致,纸的厚薄、颜色、质地也应尽可能与原纸相似，必要时还可将修补用纸染色，以便与原件色调一致。

2. 档案销毁

（1）档案销毁的标准

①保管时间标准

短期保管的档案，15 年期满，经过复查，确认没有继续保存价值的，报请领导批准即可销毁。长期保管的档案，50 年期满，经再次鉴定确认有继续保存价值的，可升为永久保存，有的可适当延续年限。确无继续保存价值的档案，经领导批准即可销毁。

②不须归档保存的文件材料

在正常情况下，档案馆只要坚持"期满鉴定"销毁档案即可，而在非正常情况下，有的档案未经鉴定，不应归档的却归档了，不该进档案馆的却被接收进馆了，导致档案馆内的档案玉石不分、鱼目混珠、臃肿庞杂，给保管带来很大压力，给查找利用带来不便。因此，应对原来基础差的档案进行复查鉴定，剔除不该归档保存的档案。

（2）销毁档案的手续

档案经过鉴定后，对没有保存价值的或者已经保管期满的档案就要进行销毁。为此，必须履行如下手续。

①建立销毁制度

第一，编造档案销毁清册。经鉴定，凡无须继续保存的档案，都必须以全宗为单位编制销毁清册和撰写销毁档案内容的分析报告。销毁不归档的文件，绝密级较高的文件按有关保密规定办理；一般文件材料用简便方法登记（如只登记收发文号码或在收发文簿上加盖"销毁"戳），经本部门有关领导人批准后即可销毁。销毁档案的书面报告内容包括；立档单位和全宗简短历史情况；档案所属年代及其保管期限；销毁档案的数量和主要内容；鉴定情况和销毁理由；等等

第二，审查批准。各机关销毁档案，必须经本机关领导人审核、批准后方可销毁。档案馆销毁档案必须经主管档案馆的机关领导批准（因档案保存

数量甚少、目前一律不销毁）。

第三，进行监销。销毁档案要有两人以上监督，并在销毁清册上注明"已销毁"字样和销毁日期，监销人要签名盖章以示负责。

②销毁方法

销毁档案应按销毁制度和批准手续执行。为保守党和国家的机密，防止泄密，必须送造纸厂化为纸浆或焚毁，不准出卖或做其他用。经审查不准销毁的档案仍继续保存，并在销毁清册上注明。具体来说，档案销毁方一般采取如下方法：第一，特殊机密档案可以自行焚毁。第二，大量欲销毁的档案，应送造纸厂保密车间化纸浆。这样既保密，又可使其转化为新的有用物资。无条件时也可以焚毁。第三，派两名以上的工作人员实行严格的监销制度，直至彻底销完为止。欲销毁的档案决不准向废品收购部门出售，并要防止其他形式的散失。

（3）编制档案销毁清册

档案销毁清册既便于机关领导人或主管领导机关审查、批准应当销毁的档案，也是日后查考档案销毁情况的凭证。它包括以下项目：立档单位和全宗简要说明，目的是使审批"档案销毁清册"的领导更好地查阅文档单位的情况及全宗的情况，以便领导做出科学的决策。立档单位的情况，包括立档单位的成立时间、主要职能、任务、地位、内部组织机构等情况。全宗简要说明，包括全宗内档案的类型、完整程度及现存档案的主要成分等。在全宗简要说明中，应简要介绍鉴定工作的情况，如鉴定小组的组成、鉴定的依据及标准等。

第三节　高校档案的检索与利用

档案检索，广义上是指对档案材料中能表征档案内容特征和形式特征的情报信息进行描述和揭示，使之有序存储，以及编制检索工具，建立档案信息检索系统，并按照一定的方法查找和利用档案材料的过程，即包括存储和查找两个过程。狭义上仅指档案的查找过程。其实质是根据用户的信息需求，运用已组织好的档案检索工具和档案检索系统，将特定的档案信息查找出来。信息存储和信息获取两者密切联系、互相依存。

一、高校档案的检索

档案检索就是将特定的档案利用需求与存储在检索系统中的档案检索标识进行比较与匹配，选取两者相符或部分相符的档案信息提供利用的过程。无论手工检索还是计算机检索，其基本原理都是一样的。

（一）档案检索工作

具体来说，检索系统要对所存储的档案信息按照档案内部特征和外部特征赋予规范化标识，然后存入系统。在检索时，将所需档案的特征标识与所存档案的特征标识进行比较和匹配，凡是匹配的，就将具有这些标识的档案从检索系统中输出。

档案检索包括许多类型，根据检索对象的不同，档案检索可以区分为三种不同的类型：①档案文献检索。它是档案检索的主体部分，以特定的档案文献为检索对象，包括全文检索、目录检索等。②档案数据检索。它是以特定的档案信息数据为检索对象，包括统计数字、图表等。③档案事实检索。档案事实检索以特定档案信息所记录和反映的事实为检索对象，如有关某一事件发生的时间、地点、人物和过程等。

档案检索的发展经历以下五个阶段：①手工检索阶段；②脱机批处理检索阶段；③联机检索阶段；④光盘检索阶段；⑤网络检索阶段。档案检索是利用者获取档案信息的重要手段，是连接档案信息资源与档案信息用户的通道和"桥梁"，其主要作用表现在以下方面。

第一，档案检索是有效利用档案信息资源、实现其最大价值的科学方法。档案检索提供了一套比较完整科学的利用和开发档案信息资源的方法，包括档案检索策略的制定、档案检索工具的选择、档案检索手段的选择等。现代检索技术的发展，推动了档案检索技术和手段的现代化，促进了社会档案信息资源开发的广度和深度。

第二，档案检索是再学习的工具，是获取知识的有效途径之一。档案检索是人们获取档案信息和知识，提高自身素质和修养的重要途径之一。人们通过档案检索工具或档案信息检索系统，获取档案信息，完成知识更新，以适应社会的发展。

第三，档案检索能有效提高科研工作的效率，节省人力物力及时间。对于科研工作者来说，档案信息检索十分重要。一项科研课题无论是在立项之前，或是在研究过程中，甚至在研究完成后对成果的评价方面，都离不开查阅有关档案文献及资料。科研人员如果掌握科学的档案检索方法，可以节省大量的时间，避免重复劳动。

（二）档案著录标引

档案著录是指在编制检索条目时，对档案内容特征和形式特征进行的分析、选择和记录的过程。档案的标引，是用统一的标识符号，按照一定的方法与规则，对档案中具有检索意义的主题内容进行描述和著录，使档案的检索系统有一个统一的检索语言。其中，赋予分类号的过程称为分类标引，赋予主题词的过程称为主题标引。著录和标引工作都是形成档案检索条目的必要步骤，但两者有一定的区别。第一，著录和标引虽然都从档案内容入手，但它们分析内容的范围不同。著录需要对档案进行全面分析，既要分析档案内容特征又要分析其形式特征，而标引的任务在于准确、扼要地揭示档案的内容特征，为利用者提供查验的标识，因此，标引只需分析档案的基本内容。第二，著录、标引的表达方式不同。著录对它所揭示的档案的内容特征和形式特征采用直录的方式，即用自然语言直接表述；标引则必须经过语言的转换，使用检索语言来表达档案的主题内容。

1. 档案著录

为了使档案著录顺利进行，建立高效的档案检索系统，国家档案局颁布了中华人民共和国档案行业标准《档案著录规则》，用以指导著录的具体实施。

（1）著录项目

著录项目是揭示档案内容特征和形式特征的记录事项。内容特征是指从档案正文中直接获取的特征，形式特征是指在档案正文以外获取的特征。档案著录项目共分七项，包括题名与责任说明项、稿本与文种项、密级与保管期限项、时间项、载体形态项、附注与提要项、排检与编号项，每项分若干著录单元（小项）。

①题名与责任说明项

题名与责任说明项包括题名及说明题名文字、文件编号、责任者、附件等。题名即被著录的案卷或文件的名称，是直接表达有别于其他档案内容的著录项目，包括：正题名，即档案的主要题名，如单份文件题目或案卷的标题；并列题名，即以第二种语言文字书写的，与正题名对照并列的题名；副题名，即解释或从属于正题名的另一题名。说明题名文字是在题名前后对档案内容、范围等所做的文字说明。文件编号指发文号等。责任者即著录对象形成者的姓名或形成单位，包括：第一责任者，即列于首位的责任者；其他责任者，即第一责任者以外的两名责任者。附件是文件正文后的附加材料。

②稿本与文种项。稿本是指文件的文稿、文本、版本的名称，如正本、副本、草稿、定稿、手稿等。文种是指文件种类的名称，如命令、决议、通知、报告等。

③密级与保管期限项。密级与保管期限项包括密级和保管期项目。密级是指文件的机密程度，分为六个级别：公开、国内、内部、秘密、机密和绝密。保管期限是依档案价值划分的保管年限，分永久、长期、短期三种。

④时间项。时间是指单份文件形成的时间，或者是案卷的卷内文件的起止日期。

⑤载体形态项。载体类型有胶片、胶卷、磁带或磁盘等非普通纸质载体。载体形态是指档案载体的物理形态特征，包括数量，统计单位（页、张、卷、米等），规格（载体的尺寸）等。

⑥附注与提要项。附注是指对各著录项目加以说明和补充的项目。提要项用于对档案内容的简介或评述，如对档案内容的概述、特征简介等。

⑦排检与编号项。排检与编号项是档案目录排检和管理业务的注记项，包括分类号、档号、电子文档号、缩微号、主题词或关键词等。

（2）标识符号

标识符号是著录条目中每个著录项目标注的符号标志，用以表示著录项目的具体含义。

①标识符

为识别各著录项目、单元（小项）及其内容，添加如下规定的标识符。

"—"置于著录项目之前，用于稿本与文种项、密级与保管期限项、时间项、载体形态项、附注项。

"="置于并列题名之前。

":"置于著录单元之前，用于副题名及说明题名文字、文件编号、文种、保管期限、数量、单位、规格。

"/"置于第一个责任者之前。

";"置于多个文件编号之间、多个责任者之间。用于相同职责、身份省略时的责任者之间或同一责任者的不同职责、身份之间。

"+"置于每一个附件之前。

"[ ]"置于著录内容的两端，用于自拟著录内容、文件编号中的年度、责任者省略时的"等"字。

"（ ）"置于著录内容的两端，用于责任者所属机构名称、责任者真实姓名、责任者职责或身份、外国责任者国别及姓名原文、中国责任者时代、历史档案中的朝代纪年、农历、地支代月、韵目代日转换后的公元纪年。

"？"用于不能确定的著录内容，一般与"[ ]"配合使用。

"-"用于著录内容之间，用于日期起止、档号、电子文档号、缩微号各层次之间。

"…"用于节略内容。

"□"用于每一个残缺文字和未考证出时间的每一个数字。未考证出的责任者及难以计数的残缺文字用三个"□"号。

②著录用标识符使用说明

除"题名与责任说明项、排检与编号项"外，各项目连续著录时，其前均冠". —"。如遇回行，不可省略该标识符。但各项目另起段落著录时则可省略该标识符；". —"符占两格，在回行时不应拆开；";"和","各占一格，前后均不再空格。如某个项目缺少第一个单元（小项）时，应将现位于首位的单元原规定的标识符改为". —"。凡重复著录一个项目或单元时，其标识符也需重复。不著录的项目或单元，其标识符应连同该项目或单元一并省略。

2. 档案标引

检索标识是利用者查检档案的线索，也是检录条目排序的依据，在档案检索中具有重要的作用，是档案信息存储的关键。标引工作的质量直接影响检索工作的准确率和周全率。档案标引包括主题分析、标识给定和标引审定三个步骤。

（1）主题分析

主题分析，即分析判断档案记录或反映的中心内容，确定被标引档案主题概念的过程。主题分析不当，就无法正确给定标识，从而直接影响档案的检索效率。这就要求必须对档案内容有全面、深入的了解。主题分析的主要内容是主题的类型和构成因素。主题的类型依据档案内容可分为单主题和多主题。单主题是指一件（卷）档案只表达一个问题。根据主题概念语义性质的不同，单主题中又有单元主题和复合主题之分。单元主题是指用一个单元词即可表达的主题，如《某某大学关于住房问题的若干规定》。用"住房"一个单词即可表达其主题。复合主题又称多元主题，是指用若干个单元词组配或直接采用复合词表达的主题，如《某某银行调整储蓄利率的公告》一文，需要用"储蓄"和"利率"两个单词组配才能表达其主题。多主题是指一件（卷）档案表述两个以上的问题。比如，《某市关于加强市场管理和取缔非法经营的通知》一文，表达了加强市场管理和取缔非法经营两个主题，应分别予以标引。

按照国家标准《文献主题标引规则》的规定，主题因素分为五种。①主体因素，是指文件或案卷所论述的主题中的关键内容，是对该文件或案卷的检索入口。例如，《郑州市与某某地区购销合同》一文中，"购销"为主体因素。②通用因素，是指某些通用的词汇或概念，这些词本身不具有专业性，但它与主体因素相结合，可以加强主题的专指性。例如，《国家某某批准 159 项行业标准》一文中，"标准"为通用因素。③位置因素，是指文件或案卷所论述对象的空间和地理位置的概念，包括国家、地区、机构等方面的主题词。例如，《某市人民政府关于表彰学习"三个代表"重要思想先进单位和个人的通知》一文中，"某市"为位置因素。④时间因素，是指文件或案卷所论述对象存在的时间概念，包括朝代、年度等方面的主题词。例如，《某某大学关于某某年年终津贴发放办法的通知》一文中，"某某年"为时间因素。⑤文件类型因素，是指文件类型和形式方面的概念。例如，《某某大学关于科技创新问题的通知》一文中，"通知"为文件类型因素。上述五种因素在一般意义上概括了文件（案卷）主题的范畴和方面。但每一主题有所不同，有的主题包括了全部五种因素，有的主题仅包括其中的一种或几种因素。

在标引过程中，将主题划分为这五种主题因素的主要目的在于确定标引的内容。在档案标引中，主体因素必须标出，时间因素一般也需要标出，位置因素作为文件作者时一般不标，作为论述对象时需要标出。例如，《某市教育局关于制止中小学乱收费问题的通知》，"某市教育局"作为作者，此时不予标出。通用因素和文件类型因素可以依据具体情况进行标引。

档案主题是通过对其内容特征和形式特征的分析而得到的，内容特征是其根本依据，形式特征是其辅助依据。进行主题分析一般可采用以下方法。

首先，阅读与理解标题。文件标题是文件形成者对文件内容的概括，一般能准确、全面地反映文件主题。但是也有些文件标题对文件主题内容反映得不够准确与完整，如结构不完整的标题，报告、总结、计划、会议记录等内容的综合性文件标题等。因此，标题是主题分析的重要依据，但不是唯一依据。

其次，阅读与正文相关的文摘、简介、领导人批语等，从中往往可以发现标题中未予表达的主题内容，但有些文件没有这些部分。

再次，浏览正文，了解文件的大致内容。这对于全面揭示文件主题，尤其是揭示隐含的主题概念有重要的意义。一般来讲，仅依据标题来确定文件主题是不够的，还需要浏览正文。拟定的标题是否确切，要通过正文内容来验证。

最后，查阅文件外部特征，包括作者、时间、密级等。这有助于明确文件的形成背景和作用范围，对确定文件主题有一定意义。

在主题分析时，要从档案本身出发对上述特征进行分析，还要结合利用者信息需求、检索工具体系所揭示的角度等多种因素，综合分析主题构成要素。

（2）检索标识的给定

检索标识的给定即"概念转换"，是指把主题分析确定的主题概念转化为规范的检索标识，记注在档案著录条目上的过程。档案标引包括分类标引和主题标引。由于分类语言和主题语言揭示事物的角度不同，其标引的方法和要求也不相同。分类标引从事物的共性出发，按照档案内容反映的职能分工、学科或专业特性，将其归入相应类别，然后依照档案分类表给出相应的分类号；主题标引则要从事物的特性出发，根据主题分析的结果，依照主题词表给出最确切的主题词。在有关分类标引规则的规定中，要严格按照《中国档案分类法》（第2版）和《档案分类标引规则》（GB/T 15418—2009）的要求，保证标引工作的质量。需遵循的分类标引规则如下。

档案分类标引必须根据《中国档案分类法》及其分类规则，辨清类目的确切含义及范围，避免脱离类目之间的关系和类目注释的限定片面地理解类目含义。

档案分类标引必须充分考虑实际检索的需求和检索方式，根据档案的内容和用途，保持适当的标引深度。通过周密的主题分析，概括档案内容中论述比较具体的、有一定参考价值的、具有检索意义的主题。避免出现标引不足或标引过度的情况。

档案分类标引必须符合专指性的要求，将标引对象归入最恰当的类目，赋予准确的分类号，不能用上位类目或下位类目的分类号做标识。只有当分类表中确无恰当类目时，才允许归入上位类，或者内容密切相关的类目。

分类标引应该为多途径检索提供条件。凡一份文件或档案涉及两个或两个以上主题时，除按第一主题或最重要主题标出分类号外，应对其他主题再给出相应的分类号，但不宜超过三个。

档案分类标引应保持一致性。凡同一主题的档案，无论何种文本或体裁类型，所标引的分类号均应一致，对于某些难于归类或分类表上无恰当类目对归的主题，无论归入上位类或密切相关的类目，或是增设新类目，都应该做出记录，以后遇到类似情况，均按前例处理。

关于主题标引的规则通常包括两种。主题标引的一般规则包括：档案主题标引必须用《中国档案主题词表》的正式主题词进行受控标引，其书写形式要和《中国档案主题词表》保持一致；标引的主题词必须准确、专指地表达档案的主题概念，一般不得以其上位词或下位词进行标引；当词表中单个主题词能够表达档案主题概念时，必须使用单个主题词标引，不得使用组配标引；当查不到确切反映档案主题概念的单个主题词时，才可选择最直接相关的几个主题词进行组配标引；当找不到专指的主题词，也无法通过组配标引表达档案的主题概念时，可选用最直接的上位概念或相近概念进行靠词标引；仍不能满足需要时，可选择适当的自由词进行增词标引。若标引对象为人名、地名、机构名，以及产品、设备型号和名称等，则可用自然语言直接标引。每件（卷）档案的标引深度，原则上以能够完整、准确地反映主题内容，充分揭示具有检索意义的档案信息为依据，但一般不宜超过五个。

主题词组配标引是指标引档案时利用主题词表中若干主题词的逻辑组合，表示档案主题或某一复杂概念的过程。组配是检索语言的一种重要功能，能起到提高标引的专指度，控制词表的体积，扩大检索途径，适当调整检索范围的作用。主题词组配的一般规则是：首先，组配必须是概念组配，而不是字面组配。组配标引必须采用概念纽带，即词义组配的方法。概念组配反映主题之间的逻辑关系，为标引的准确性提供保证。顺字面组配虽然有时也能拼凑成概念，但是由于各组配之间毫无联系，往往容易出现虚假组配或错误组配。其次，组配必须选用与主题词关系最密切的或最邻近的主题词进行组配，不能越级组配。最后，不要用泛指的主题词或相互矛盾的主题词进行组配，以保证组配结果清楚、确切，表达一个主题。

（3）标引审定

标引审定就是通过对检索标识质量的审查，将标引结果固定下来，是标引工作的最后一个环节。标引质量包括标引的客观性、专指性、全面性、一致性和适当标引深度。因此，标引审定的内容包括：主题分析是否准确，包括主题提炼得是否全面，有没有遗漏隐含主题，被标引的主题是否有检索意义；检索标识是否正确，即检索标识是否专指，标引是否符合标引规则和组配规则；标引深度是否得当，即无标引不足或标引过度的现象；条目格式是否规范，即著录顶日、著录符号是否符合档案著录规则；主题标引是否一致，即相同主题前后标引的内容和方法是否相同。

审校程序分为自校、互校和总校。自校是标引审校的初始环节。标引人员对自己的标引结果进行校对，发现主题分析不准、归类不当、前后不一致等应及时予以纠正。互校是标引审校的中间环节。标引人员对标引结果互相进行校对，纠正因个人理解不同引起的错误，保持不同人员标引的一致性。总校是标引审校的最后环节。在自校、互校后，必须选派熟悉业务、通晓目录工作的人员担任总校。通过总校进一步消除误差，保证标引工作的整体优化。同时可以标引工作中所遇到的问题进行综合分析，统筹考虑合理的解决方案。

（三）档案检索工具

档案检索工具是由反映档案内容和形式特征的条目按照既定的顺序组成的档案检索信息的载体。它的基本职能有两个方面：存储，即把档案的有关特征著录下来，按照一定的顺序加以排列或进行客观的描述，以二次文献或三次文献的形式将档案信息集中起来；查检，即向利用者提供档案的线索，供利用者了解和查询档案时使用。

1. 档案检索工具的作用

档案检索工具既是存储结果的最终体现，又是查检活动的必要条件，对检索效率具有重要的甚至可以说是决定性的影响。档案检索工具在档案管理中具体表现为以下作用。

第一，桥梁作用。在档案管理部门中，档案的数量庞大，并随着时间的推移而增加，内容繁杂，涉及社会实践活动的各个方面，对于利用者来说犹如档案之海，如果不借助于科学的方法和手段，利用者无法从中获取所需档案。档案检索工具在档案和利用者的特定需要之间架设了一道"桥梁"，沟通了两者的供需关系，利用者借助检索工具便可以较为迅速准确地获取所需档案。也有人将这种桥梁作用比喻为"打开信息宝库的钥匙"，使用它才可以开启档案信息宝库之门，满足特定的需求。

第二，交流作用。档案检索工具中存储了大量的档案信息，它不仅可以提供查询，同时可成为档案馆与利用者、档案馆之间的交流工具。利用者借助它可以了解档案的分布、内容、价值等信息，档案馆借助它可以互相了解馆藏情况，提高服务质量。

第三，管理作用。档案检索工具记录了档案的主要内容和形式特征，集中、浓缩地揭示了馆藏档案情况。档案工作人员可以通过检索工具概要了解馆藏档案的内容、形式、数量等情况，为档案管理业务活动提供一定的依据。各种检索工具还是档案工作人员查找档案、提供咨询、开展档案编研工作的必要手段。

2. 档案检索工具的分类

档案检索工具的种类较多，根据不同的标准可进行不同的分类。目前比较常见的分类方法有以下几种。

（1）按编制方式分

①目录。目录是将档案的著录条目按照一定的次序编排而成的检索工具，如分类目录、主题目录、专题目录等。

②索引。索引是将档案及其组合的某一内部或外部特征及其出处按照一定的原则和方法排列起来的检索工具，如人名索引、地名索引、文号索引等。

索引与目录没有严格的界限。一般说来，目录是对档案文献的内容和形式特征进行全面、系统的著录，著录项目比较完整；索引则是对档案中的某一部分特征进行著录，如文件涉及的人名、地名等。著录项目比较简单，有的只有排检项及其出处（档号）两个项目。

③指南。指南是以文章叙述的方式，综合介绍档案情况的检索工具，如总指南、专题指南和档案馆指南。

（2）按载体形式分

①书本式检索工具，亦称簿式检索工具。书本式检索工具是将著录条目连续排列并装订成册的检索工具。其主要优点是：体积小，便于管理；可以印刷出版，便于各档案馆之间进行情报交流和馆外查询；编排紧凑，便于阅读；手工检索扫描速度快，成本较低。其主要缺点是缺乏灵活性，编制时需要一定时期的积累材料，编完后不便于增减条目和调整条目之间的顺序。

②卡片式检索工具。卡片式检索工具是将一个条目著录于一张卡片，将卡片按一定顺序排列而成的检索工具。其主要优点是：具有较大的灵活性，便于逐步积累材料，便于增减条目，便于调整条目之间的顺序；由于每一条目独立存在，复印后可编制不同的检索工具；由于卡片纸质较好，比较耐翻检。其主要缺点是卡片数过多、体积大，因而不便管理，不便传递和交流，一般只能馆内使用，且手工检索时逐张翻检，扫描速度较慢、成本较高。

③缩微式检索工具。缩微式检索工具是以缩微摄影方式制作的以胶片为载体的检索工具。这种检索工具用于手工检索时使用缩微阅读器放大阅读，也可用于计算机检索。缩微式检索工具的主要优点是：密集存储，节约空间；体积小，便于携带和交流；便于拷贝复制；耐久性好，便于长期保存和使用。缩微式检索工具是在书本式或卡片式检索工具的基础上形成的，而且需要具备一定的拍摄和阅读条件才能制作和使用。

④机读式检索工具。机读式检索工具是以代码形式存储在磁件材料上供计算机识读的检索工具。它将档案的内容和形式特征以特定的编码形式和结构记录存储于计算机的磁鼓、磁盘、磁带上，使用时可以用荧光屏显示，也可以打印出文字目录。机读式检索工具的主要优点是存储密度大，检索扫描

速度快，可进行多途径检索。但是前处理和输入工作量大，需要配置计算机、检索软件等。

（3）按检索范围分

①全宗范围。全宗范围即以一个全宗的档案为检索和介绍对象的检索工具，如目录、案卷文件目录（全引目录）、全宗指南等。

②档案馆范围。档案馆范围即以一个档案馆的全部档案为检索和介绍对象的检索工具，如全宗目录、分类目录、主题目录，档案馆指南，人名索引、地名索引等。

③专题范围。专题范围即以档案馆内有关某一专题的档案为检索和介绍对象的检索工具，如专题目录、专题指南、专题人名、地名索引等。

④馆际范围。馆际范围即以全国或某一地区若干个档案馆内的全部或某一专题的档案为检索和介绍对象的检索工具，如综合性或专题性联合目录馆际档案史料指南等。

（4）按功能分

①馆藏性检索工具。馆藏性检索工具是反映档案实体整理体系及其相互关系的检索工具，如全宗目录、案卷目录、案卷文件目录（全引目录）等。一般说来，馆藏性检索工具是在档案整理过程中形成的，它在固定和反映档案整理体系的基础上为利用者提供了一条检索途径。馆藏性检索工具的著录单位都是档案实体的一个单元，并以此单元名称为排检项，如案卷目录以案卷为著录单位，以案卷标题为排检项，如案卷目录以文件为著录单位，以文件标题为排检项。馆藏性检索可借助它了解和分析馆藏情况，便于按照档案整理顺序查找档案。其缺点是：目录组织方式受档案整理顺序的限制，检索途径单一；检索范围一般不能超出全宗范围，检索深度不够。

②查检性检索工具。查检性检索工具是脱离档案实体排列顺序，从档案的某一内容或形式特征出发提供检索途径的检索工具，如分类目录、主题目录、专题目录、人名索引、地名索引、文号索引等。编制查检性检索工具是一项独立的编目工作，它通过著录标引选择特定的项目作为排检项，将其按照特定的顺序排列而成。查检性检索工具的排检项不一定是档案实体的单元

名称，可以是档案的某一内容和形式特征，如分类目录以分类号为排检项，主题目录以主题词为排检项，名人名家索引以人名为排检项，等等。它们的排列不是按照档案的整理顺序，而是按其内容或形式上的某种联系，如分类目录按类目的逻辑顺序排列，主题目录按主题词的字顺、音序排列。查检性检索工具的主要优点是：建立多种检索标识，提供多途径检索；不受档案整理顺序的限制，可以打破全宗、案卷等档案实体单元的界限进行检索；可以选择任意的检索深度。

③介绍性检索工具。介绍性检索工具是介绍和报道档案内容及其有关情况的检索工具，如专题指南、全宗指南、档案馆指南等。介绍性检索工具采用文章叙述式，它不记录档案的检索标识，不建立排检项目，因此借助它不能直接获得档案文件，属于间接性检索工具。介绍性检索工具的主要功能是全面、概括地介绍档案的情况，客观评述档案价值，发挥宣传报道作用，向利用者提供一定的档案线索。

（四）档案检索语言

1. 检索语言的构成

档案的检索原理是简化查找过程，即将有关档案文件的内容浓缩成档案著录条目，用浏览条目代替浏览档案文件原件，从而缩短查找时间，提高档案查找的效率。检索语言是根据检索的需要而创制的、表达文献主题概念和检索课题概念的人工语言。检索语言由词汇和语法构成。词汇表达主题概念标识，可以是分类号、主题词或代码，全部标识的总和构成该语言的词典；语法是规定如何创造和运用检索标识以实现有效检索的一整套规则。检索语言主要包括分类检索语言和主题检索语言两类。检索语言具有以下特点。

①单一性。检索语言的功能要求检索词汇的概念必须准确，只允许有唯一的含义，以避免人们使用时产生歧义或多种理解。为此，检索语言必须对词汇进行限定，人为地规定它们的单一含义，为著录标引人员和利用者提供共同的依据。这就是检索语言的规范化。

②专业性。专业性是指检索语言的词汇及编排方法要符合档案的特点，便于档案工作人员在档案标引和查找时使用。

③特指性。特指性要求检索语言在表达一定信息主题时所使用的词汇有较强的区分事物的性质和明细程度的能力，便于检索标识的相符性比较。

2. 检索语言的作用

第一，将自然语言转化为规范的检索标识。在检索的存储和查检过程中，一个共同的步骤就是进行概念转换。这是因为，在日常交流中概念是由语言表达的，一个概念可以使用几个不同的词语表达，而每个词语也并非只能表达一种含义。把这些多义性的概念引入检索系统势必导致误检或漏检，因此著录人员必须以规范化的检索标识表示档案的主题，利用者也必须使用规范化的检索标识来表达自己的查找意图，这样检索的匹配才有保障。

第二，明确检索标识之间的逻辑关系。在标引和查检的过程中，经常会遇到几个意思相近的检索标识，检索语言可以进一步提示各检索标识之间的逻辑关系，便于准确地把握其含义。例如，分类语言通过等级关系明确了类目的范围，主题语言则通过参照系统指示概念的含义，提高了检索语言使用的准确性。

第三，为检索标识系统化排列提供依据。档案检索工具之所以具有快速查找的功能，就在于检索条目是按照一定的顺序组织起来的，而决定其排序的依据就是检索标识。因此，检索语言对检索标识均采用一定方法进行排列，固定标识的位置，以实现标识的有序化，如分类语言采用系统排列法，主题语言采用字顺排列法等。目前我国编制的档案检索语言有《中国档案分类法》和《中国档案主题词表》。

二、高校档案的利用

档案利用工作也称为档案提供利用工作，即档案部门为满足社会利用档案的需要，向用户提供机会和条件的工作。档案工作是为了发挥档案的作用，满足社会各方面对档案的需要。

（一）档案信息的开发与利用

为实现档案信息的开发与利用，档案部门进行了一系列的职能活动，做了大量的收集、整理、鉴定、保管、统计、检索和编研等工作。然而，这些只是为档案作用的发挥创造了一些可能性，而要让档案的作用得到实际的发挥，要让档案用户获得所需的档案信息，还必须通过直接向用户提供档案信息的工作，这就是档案利用工作。

档案利用工作是档案工作中最有活力的一个环节，开展档案利用工作对整个档案工作的开展具有决定性的影响。档案工作的成果，需要档案利用工作来加以体现。在和社会各界发生信息传递、档案供给和咨询服务的整个过程中，档案工作的各项成果必然要受到社会各界的检验，以评判其是否真正符合社会的需要，而档案部门正是通过档案提供利用这一窗口来及时获得外界对其成果的信息反馈的。档案部门也要通过档案利用工作这一窗口来捕捉外界的政治、经济、科学、文化等各种动向，以便不断调整自己的馆藏结构和服务方向。因此，科学的档案利用工作，能够对档案工作的其他环节起到检验、调整和促进的作用，如调整档案的接收范围、改变档案的组合方式、调整档案的保管期限、改进档案的检索系统、编制档案的参考资料等。由于档案利用工作将与外界发生最密切的联系，其也是一种对档案工作最实际、最有效的宣传方式。做好档案利用工作，不仅能够引起各方面对档案工作的重视，而且还会从档案收集、档案整理等业务工作中得到具体的回报。

档案利用工作的指导思想是提供良好的服务，充分发挥档案的作用。档案工作是一项服务性质的工作，这种服务性主要体现在档案的提供利用工作方面。要做好这项工作，档案工作人员必须注意以下几点。

第一，熟悉馆藏和档案检索系统。一名档案工作人员必须熟悉和了解自己所掌管的档案情况乃至馆藏全部档案的有关情况，这是提供良好服务的首要条件。要做好档案利用工作，光有一种主观愿望是不够的。如果对馆藏档案不熟悉、不了解，就难以及时准确地查找用户所需要的档案，就不能主动地向用户提供档案利用的有关情报，也无法启发和引导用户开辟新的查询领域。档案数量浩大、种类繁多、内容非常丰富，如果不进行长期的、深入细致的分析和研究，是很难把握馆藏档案的有关信息的。这就要求档案工作人员通过档案的收集、整理、鉴定、保管、统计，以及编制检索系统、编写参考资料等途径，有意识地了解馆藏档案的内容和成分，了解档案的存放位置和有关档案的利用价值等。档案工作人员对档案情况的熟悉和了解，当然不应该也不可能替代档案检索系统，但是这种熟悉和了解能够对馆藏档案的检索系统起到某种拾遗补阙的作用。只有这样，档案工作人员才能提供高质量的服务。同时，档案工作人员还应熟悉馆藏档案的检索系统，熟悉各种检索系统的检索范围及其特点，熟悉各种检索系统之间的交叉、替补等关系，了解各种检索系统的使用方法并能熟练地加以应用。通过熟悉档案检索系统，档案工作人员还能够进一步熟悉和了解馆藏档案。

第二，树立良好的服务精神。一名档案工作人员应该树立良好的服务精神。档案利用工作代表着整个档案工作的成果，要与社会各方面发生联系，为用户直接服务，因此档案工作人员要具有高度的责任感和良好的服务态度。虽然档案的利用较多的是被动利用，但档案工作人员应在被动利用中争取主动服务，使档案利用工作始终处于最优化的服务状态。档案是国家财产，共同组成这个国家的公民都有权利利用它。档案也是一个科学文化事业机构，其服务对象本身就具有社会性。在档案提供利用工作中。档案工作人员可能会遇到各种各样的利用者和利用目的，有官方用户，有私人用户，有为公务考察而来，有为历史研究而来，也有为私人事务而来。在接待各种用户时，档案工作人员应持一视同仁的态度，进行同等的服务。人们保存档案的目的，主要是满足公务活动的需要，但同时也必须满足社会其他方面的需要。档案工作人员如要进行自己的研究工作也只能以一个普通用户的身份出现，不能让自己的职业职责服从自己的研究兴趣。档案工作人员应当毫无保留地贡献自己关于文件的知识，甚至应为此而牺牲自己的研究兴趣。

第三，档案利用工作是档案工作价值的直接体现。档案工作的直接目的就是为社会提供各种内容的档案信息从而为社会服务。为了达到这一目的，档案工作需要由一系列的业务环节构成。然而，在这些业务环节中，只有档案利用工作才能最直接地、最全面地体现整个档案工作的价值，档案工作也只有通过实际地提供档案信息，才能向社会证明自身存在的意义和价值。因此，档案利用工作代表了整个档案工作的成果。

第四，提供必要的设备和条件。由于档案类型的多样化和档案内存的复杂化，档案工作人员应当为提供利用工作准备必要的设备和有关的资料。为满足用户对档案利用的不同需求，档案部门在有条件的情况下，还可设立相应的研究阅览室、机密档案阅览室等。

第五，正确处理利用和防护的关系。档案部门有义务向社会提供有关的档案信息，但是为了使档案的作用能够得到长期的、持久的发挥，档案部门不能允许用户以任何有损于档案的方式来利用档案，还必须对档案采取切实有效的防护措施，使档案不仅能够受到当代人的利用，而且能够为后代人利用。因此，档案工作人员应当制定一些利用档案的规章制度和办法，采取一些必要的措施，使档案既能得到最充分的利用，又能得到适宜的防护，使其作用得到持续的发挥。在档案提供利用工作中，档案工作人员应权衡目前利用档案的要求和为后代保存档案的要求之间的轻重缓急关系。档案的利用与档案的防护不是一对相互排斥的概念，档案防护的根本目的是为了更长期地、更有效地实现对档案的利用。

（二）档案的保密与开放

人们对档案的利用是有差异的。某些档案在近期内就可以得到广泛利用，某些档案却要在相当长一段时间后才能得到广泛利用；某些档案可以在大范围内提供利用，某些档案却只能在小范围内提供利用；某些档案可以在一般的条件下提供利用，某些档案却要在严格限定的条件下才能提供利用。

1. 档案的保密

对档案提供利用的时间、范围和限定条件起决定性作用的因素就是档案的保密问题。

（1）保密的概念

所谓"秘密"，一般指不宜为他人所知晓的事项。档案管理过程所涉及的"秘密"主要包括国家秘密、集团秘密、个人秘密等。《中华人民共和国保守国家秘密法》（以下简称《保密法》）第一章第二条规定："国家秘密是关系国家的安全和利益，依照法定程序确定，在一定时间内只限一定范围的人员知悉的事项。"同样，在档案管理过程中涉及的其他方面的"秘密"，也是关系到某部分、某一个人的安全和利益，在一定时间内只限一定范围的人员知悉的事项。

（2）保密的范围

国家对保密的范围是有严格限定的，在《保密法》和《中华人民共和国保守国家秘密法实施办法》（以下简称《实施办法》）等法律中都有具体而明确的规定。因此，档案工作人员在具体划分需要保密档案的范围时，必须严格按照国家的有关规定，不允许人为地扩大保密档案的范围。根据《保密法》及其《实施办法》，属于国家秘密的档案一般应包括以下一些方面：国家事务的重大决策中的秘密事项；国防建设和武装力量活动中的秘密事项；外交和外事活动中的秘密事项及对外承担保密义务的事项；国民经济和社会发展中的秘密事项；科学技术中的秘密事项；维护国家安全活动和追查刑事犯罪中的秘密事项；其他经国家保密工作部门确定应当保守的国家秘密事项。

同时，对某些泄露后会造成以下后果的，也应当列入国家秘密的具体范围。比如：会危害国家政权的巩固和防御能力的；会影响国家统一、民族团结和安定的；会损害国家在对外活动中的政治、经济利益的；会影响国家领导人、外国要员安全的；会妨害国家重要的安全保卫工作的；会使保护国家秘密的措施可行性降低或者失效的；会削弱国家的经济、科技实力的；会使国家机关依法行使职权失去保障的。

（3）密级和保密期限

①密级。密级是指秘密的等级，根据《保密法》规定，国家秘密的密级分为"绝密""机密"和"秘密"三级。"绝密"是最重要的国家秘密，泄露会使国家的安全和利益遭受特别严重的损害；"机密"是重要的国家秘密，泄露会使国家的安全和利益遭受严重的损害；"秘密"是一般的国家秘密，泄露会使国家的安全和利益遭受损害。

②保密期限。保密期限是指某项秘密要保密的时限。《保密法》要求各

机关、单位在依照国家秘密及密级具体范围的规定确定国家秘密事项的密级时，应当同时确定保密期限。根据国家保密局制定的《国家秘密保密期限的规定》，国家秘密的保密期限，除有特殊规定外，绝密级事项不超过三十年，机密级事项不超过二十年，秘密级事项不超过十年。保密期限在一年及一年以上的，以年计；保密期限在一年以内的，以月计。国家秘密的保密期限，自标明的制发日起算，不能标明制发日的国家秘密，自通知密级和保密期限之日起算。如果确定国家秘密事项的保密期限，确需长于上述规定所限定的保密期限的，应当上报有关中央国家机关批准，有关机关应当在接到报告的三十日内做出答复。

（4）档案的解密

档案的保密性和开放性是矛盾统一的两个方面，过分强调档案的保密势必会限制档案的充分利用，但只求档案的利用率，任意扩大利用范围，又会危及档案的保密和安全。我们既不能重保密，轻利用，使档案的价值得不到充分体现，也不能过分强调档案开放，从而造成泄密事件的发生。所以，我们必须正确认清形势，有的放矢地开发档案信息资源，确定开发工作的正确思想，实现档案的信息价值，做到在做好保密工作的前提下有效利用档案。

《保密法》及《实施办法》规定，国家秘密事项的保密期限期满即自行解密，国家秘密事项经主管机关、单位正式公布后，即视为解密并免除通知。保密期限需要延长的，由原确定密级和保密期限的机关、单位或者其上级机关决定。国家秘密事项在保密期限内不需要继续保密的，原确定密级和保密期限的机关、单位或者其上级机关应当及时解密。

国家秘密的密级和保密期限，应当根据情况变化及时变更。密级和保密期限的变更，一般由原确定密级和保密期限的机关、单位决定，也可以由其上级机关决定。国家秘密事项变更密级或者解密后，应当及时通知有关的机关、单位，因保密期限期满而解密的事项除外。国家秘密事项变更密级或者解密后，应当及时在有关文件、资料和其他物品上标明；不能标明的，应当及时将变更密级或者解密的决定通知接触范围内的相关人员。

2. 档案开放

档案开放是档案利用的又一种形式。所谓档案开放，就是向社会广泛地提供相关的档案，此时用户只要经过一般的手续即可利用档案。

（1）档案开放概念

目前，可以开放的档案一般包括两种类型：一种是在形成之初就不涉及机密的档案；另一种是在形成时具有一定的机密性，现在保密期限已满的档案。根据国家的有关规定，凡我国公民，只要持有合法的证明，如身份证、工作证、学生证或其他能够证明自己身份的文件，均可利用开放的档案。

（2）档案开放的本质

档案开放的本质就是让更多的人利用更多的档案，充分发挥档案的价值。档案开放原则是 1789 年法国大革命的一项重要成果。1790 年颁布的法国《国家档案馆条例》规定，国家档案馆每周对外开放三天，法国公民可以免费查阅和使用档案。1794 年颁布的《穑月七日档案法令》进一步明确规定法国所有公共档案馆实行开放原则。开放原则是法国《人权宣言》思想在档案领域的鲜明体现。在法国档案工作改革的影响下，欧洲国家逐渐接受并实行了开放原则。比利时、荷兰、意大利、英国等一系列国家都在档案法规上明确规定公共档案馆向社会公众开放，凡属国家的档案，都可以向公众免费提供利用。

（3）档案封闭期

档案应当最大限度地开放利用，这是符合档案价值规律的，也是符合档案工作宗旨的，是社会所需要的。世界各国在普遍实行档案开放原则的同时也意识到，并非所有的档案一经形成都适宜开放。特别是一些性质和内容特殊的档案，如果不加限制地随意开放，很可能造成严重的不良后果。因此，很多国家往往规定了档案的"封闭期"，即在文件形成后的一定时期内不向公众开放，只有过了规定期限并履行解密手续后才允许公众借阅。

我国档案的封闭期于 1987 年以法律的形式正式提出，《中华人民共和国档案法》第四章第二十七条规定："县级以上各级档案馆的档案，应当自形成之日起满二十五年向社会开放。经济、教育、科技、文化等类档案，可以少于二十五年向社会开放；涉及国家安全或者重大利益以及其他到期不宜开放的档案，可以多于二十五年向社会开放。国家鼓励和支持其他档案馆向社会开放档案。档案开放的具体办法由国家档案主管部门制定，报国务院批准。"

（4）档案开放的办法

《各级国家档案馆开放档案办法》规定："大陆公民持有身份证或工作证、介绍信，可直接到档案馆利用。台、港、澳同胞和华侨如查取本人及其亲属历史证明，可持本人回乡证或身份证等有效证件，直接到有关档案馆利用；利用其他开放档案，须经大陆邀请单位、合作单位或接待单位介绍，提前三十天向国家档案局或有关档案馆提出申请，说明自己的身份和利用档案的目的与范围以及其它有关情况。"外国组织和个人的利用手续按《外国组织和个人利用我国档案试行办法》办理。档案开放对档案部门的提供利用工作提出了更高的要求。首先，要求继续解放思想，消除过分强调保密、强调机要性、不敢合理利用的思想的影响。应当明确，在形成期已满三十年的档案中，需要继续限制利用的只是极少的一部分，决不能任意地扩大档案的保密范围。其次，必须建立和健全合理的规章制度和办法，研究和确定具体的开放和控制范围，使档案的解密工作制度化、程序化。最后，档案馆应加强检索系统的编制工作，争取做到尽快地向用户提供开放的档案检索系统，并应设有开放档案阅览室，配备必要的阅览和复制设备，为用户提供方便。

（三）档案需求的分析

1. 档案用户研究的意义

档案用户即档案利用者。档案作用的发挥，产生经济效益或社会效益，是通过档案用户对档案信息的实际利用来实现的。因此，开展档案用户研究，是档案提供利用工作的一项重要内容。

第一，开展档案用户研究能化被动服务为主动服务。出于档案工作的特性，档案的提供利用工作是一项被动服务的工作。因为档案工作人员往往不能事先得知档案用户的需求，很难早做准备，只能在用户来到档案馆后才能根据相关咨询要求对档案信息进行实时检索。这样，必然产生工作效率低和工作质量、效果差的问题。在较短的时间内，档案工作人员很难提供完整的、系统的档案信息。这种被动服务的形式仅仅是档案信息的浅层次开发，档案的作用不可能得到充分的发挥。开展档案用户研究，能够使档案工作人员及时了解和掌握档案的利用动向，及时地、高质量地开发档案信息资源。

第二，开展档案用户研究能提高档案部门的工作水平。受传统思想的影响，档案部门一般的工作方式是等用户研究。各项档案业务工作虽然是围绕着提供利用工作展开的，却对提供利用的具体方向不明了，因此各项业务工作的开展多少也带有一定的盲目性。通过开展档案用户研究，可以及时地获得和掌握档案利用工作的信息反馈，根据用户需求改进工作中的一些薄弱环节，从而提高整个档案工作的水平。

2. 档案用户需求研究

（1）对档案用户需求方式的研究

各种类型的档案用户对档案信息的需求方式是不同的。有的要求使用"一次文献"，有的要求使用"二次文献"；有的十分强调"时机性"，有的十分强调"准确性"；有的要求大量、系统地利用档案，强调族性检索，以便对档案信息加以筛选，有的只要求利用某一份文件，强调特性检索；等等。档案工作人员应根据用户的不同需求，有针对性地提供多种形式的服务。

（2）对用户表达需求和实际需求的研究

档案用户对档案的实际需求在表达时往往不能全面说明，可能存在一定程度的误差。有时表达需求大于实际需求，这是因为用户需求尚有不确定性，希望扩大检索范围；有时表达需求小于实际需求，这是因为用户不了解馆藏档案的全面情况，只表达了直接需求，没有表达间接需求。档案用户表达需求时产生的误差，势必降低档案检索的查全率和查准率，导致无效劳动或影响档案作用的充分发挥。因此，档案工作人员应认真研究用户的实际需求，纠正其表达时的误差。档案工作人员在接待用户时应深入了解用户查阅档案的真实意图，并尽可能提供开放的档案目录，供用户自行检索，以此来校正表达需求。

（3）对用户指名需求和主题需求的研究

"指名需求"是指用户能够直接指明档案的名称甚至档号；"主题需求"是指用户只能提出所需档案的主题内容，而提不出档案的具体名称及档号。对于指名需求，档案工作人员一般比较容易满足，但也应了解其使用档案的意图，如果馆藏中还有与其使用意图有关的、更适合的档案，应当给予指导和提供。对于主题需求，档案工作人员应认真分析用户所诉主题，澄清模糊度，有针对性地向用户介绍有关档案材料，确定咨询领域。同时，应提供相关的检索系统，尽可能地将用户的主题需求转换成指名需求，降低调卷难度。

3. 档案用户心理研究

人的行为受到人心理活动的支配。档案用户从产生档案利用需求到生成查找档案的行为直至达到利用档案的目的，在很大程度上受到自身心理活动的支配。档案工作人员应认真分析和研究档案用户的心理活动，做好档案提供利用工作。档案用户到档案馆来利用档案的心理特征主要表现为希望得到有关的档案信息。围绕这一点，档案工作人员应开展相应的研究。

（1）档案部门工作实际与用户心理协调的研究

用户利用档案的心理需要能否得到满足，往往与档案部门的工作实际有着密切的联系。在此产生作用的主要有以下几方面的因素。

①档案利用服务工作与用户心理的协调。优质的档案利用服务工作能适应档案用户的心理特点，满足用户的心理需要。当用户提不出确切的查询范围，当用户对查询有过高要求而不能满足时，档案工作人员良好的素质和诚恳热情的服务态度，就能使用户较为顺利地完成查询过程。即使档案部门所提供的服务没能满足用户的实际需求，也应当能够满足用户的心理需求。

②档案利用环境与用户心理的协调。用户心理状态也会受到档案利用环境的影响。不适宜的档案利用环境会造成档案用户心理状态的劣化，从而直接影响档案作用的正常发挥。因此，档案利用环境应布置得庄重大方，切忌花哨，应使档案用户得到一种整洁、明朗的感觉。相关提示的措辞及布置应讲究一定的艺术性，左一个"不准"，右一个"严禁"，只会给用户造成一种心理压力，使人望而生畏，望而生厌。

③档案利用条件对用户心理的协调。除了应提供优质的服务和良好的环境，档案部门还应提供必要的利用条件，以优化用户的心理状态。比如，档案部门应为用户提供必要的检索系统和有关的参考资料，以尽可能满足用户的实际需要。

（2）档案利用过程中用户心理的研究

在档案利用过程中，用户的心理活动也是处于一种变化状态的。用户的情感和意志活动会对档案的利用过程产生一定的影响。心理学告诉我们，当人们在认识客观事物时，会对客观事物持有一定的态度，产生情感或情绪，并对事物采取一定的行为。有的用户档案利用过程非常顺利，满意而出，对档案部门产生好感；也有的用户利用过程非常不顺利，大失所望，继而对档案部门产生不信任感，甚至会对档案造成损害。对此，档案工作人员必须密切关注档案利用过程中用户心理的变化情况。

（3）用户潜在利用心理的研究

某些用户往往有种不愿为他人知晓的利用目的，或者不便于直接表达的利用目的，因此其表达的需求一般是经过修饰的、间接的。对用户的这种潜在利用心理需要，只要在许可的范围内，如符合有关规定、所利用档案属于开放范围等，一般应予以满足。因此，档案工作人员应具有一定的洞察力，当发现用户有这种潜在利用心理时，如明显地扩大查询范围等，可以考虑首先提供符合其实际需求的有关档案，而不至于造成无效劳动。在一般情况下，档案工作人员对用户的利用目的不应加以干预。

（四）档案服务的方式

档案服务是指采用多种有效的方式，直接提供档案及其信息加工材料，以及时、准确地满足用户对档案信息的利用需求。提供档案服务的方式很多，档案管理部门可以根据本专业和本单位的工作特点，以及实际工作的发展需要，选择和发展有效快捷的服务方式为用户提供利用档案信息资源。

1. 档案阅览

档案是历史记录的原始材料，多为单份、孤本或稀本，部分内容具有一定的机密性。为此，档案部门可采取建立阅览室接待利用的方式，让利用者查阅利用档案材料。阅览室接待利用有很多的优越性：有专门设施、专人监护和咨询，便于档案的保护和保密，也可为利用者提供较好的阅览条件；可以提高档案的周转率、利用率，避免因一人借出馆外而妨碍多人利用之弊；便于了解和研究利用档案的情况，从而改进和提高档案利用工作。阅览室是查阅利用档案的场所，要求环境清静，陈放必要的设备，并配置各种档案检索工具和手册、规范、百科全书等工具书，以及适量的绘图和计算仪器等，为利用者提供必要的条件。阅览室的大小可根据利用者人数的多少和利用的频繁程度确定。

2. 外借使用

外借使用是指档案馆为满足党政领导机关的工作需要，以及有些需要档案原件或副件的特殊需求，按照一定的制度，暂时将档案借出馆外给利用者使用的一种服务方式。档案的外借必须建立借阅制度。

①出借手续。档案外借使用要经过一定的审批手续，借出档案时采用双卡制登记手续，即每一个借阅人有一份借阅证（卡），档案的每一个保管单位（卷、册、袋、盒）有一张出借记录卡（或代卷卡）。出借档案要交接清楚，并履行登记签字手续。

②出借利用的规定。为保护档案，对档案出借利用做了相关规定，主要有：孤本、珍贵的档案一般不可借原件，尽量提供复制本；出借机密、绝密档案，要经领导批准同意，并办理审批手续；利用者借阅档案，包括复制本应精心爱护，不允许在档案上修改、涂抹、勾画、圈点，或做其他各种标记；摘抄或复制机密以上的档案，要经过有关领导审批；借阅者负有保密的完全责任。

③催还。对于借出的档案到归还期限仍迟迟不归还的，档案部门要及时地催借阅者归还，其目的是避免档案因长期滞留在利用者手中而影响其他借阅者使用，加快档案利用的周转率。同时，催还也能避免档案出现损坏、散失、失密和泄密现象，是保护档案完整、安全的一项措施。

3. 复制利用

复制和利用是指档案馆根据利用者的合理需要，以档案原件为依据，通过静电复印、拍照等复制方式，向利用者提供档案复制本的一种服务形式。

（1）档案复制的方式

①单份文件的复制。单份复制主要是为了满足利用者各种档案查考的需要，提供必要的单份文件复制品。比如，复制相关的政策文件，复制生产、建设所需的设计图纸，等等。

②全套文件的复制。全套文件的复制就是围绕一个专题、项目、课题或型号，提供全套文件的复制服务。例如：为机关工作提供某次会议的全部文件或某项政策贯彻实施的所有文件的复制品；在设备的使用维修活动中，提供有关的配套复制图纸作为管理和检修的依据与凭证，为科研、设计成果进入技术贸易市场和实现转让的目的提供必要的文件复制本；等等。

（2）档案复制利用的优点

①充分地发挥档案的作用。使用者不用到档案馆即可获得所需要的档案材料，既方便用户，又可在同一时间内满足较多使用需要。

②有利于档案原件的保护。制发档案复制本，避免了利用者直接使用原件，有利于档案材料的保护。但档案复制本的印发不利于保密，因此在制发范围和批准权限方面应妥善处理。

4. 陈列展览

档案的陈列展览是指档案馆把档案中可以公开的部分，按照一定的主题以展出档案原件或复制品的方式，系统地揭示和介绍档案馆有关档案的内容与成分的一种服务方式。

（1）陈列档案的选择

①陈列档案的内容选择。陈列档案是通过有关档案的展示，让利用者阅览、挑选自己所需档案的一种直观服务方式。为此，陈列档案应当按专题进行组织，在内容上要具有典型性和代表性，能记录和反映典型历史事物或管理、生产和科学技术的发展成就。

②陈列档案的材料选择。陈列档案的目的不同，所选择的档案材料也各

不相同。比如：以宣传教育为目的的，要选择典型性和代表性档案文件；为进行科技交流和科研、设计成果转让服务的，则要选择技术上具有新颖性和适用性的科技档案，表明科技成果的先进性和效益性，以期实现转让和交流。

（2）档案陈列的作用

①档案展览与陈列本身就是提供档案信息的现场。利用者可以从中得到较为集中系统的档案信息的内容与线索，甚至发现从未见过的、珍贵的史料信息。

②可在一定范围内组织较多的观众参观，服务面较广泛。

③展示主题鲜明、有代表性的档案材料，能够给参观者留下深刻印象，起到较好的宣传教育作用。

④档案陈列可展示档案馆藏档案的丰富内容与重要作用，可引起人们对档案的关注，扩大档案的社会影响。

5. 咨询服务

档案咨询是档案部门以档案为依据，解答利用者的疑问，指导其利用档案信息资源的一种服务方式。

（1）咨询服务的类型

按咨询性质划分，咨询服务可分为检索性咨询和内容性咨询。检索性咨询包括两个方面：一是介绍档案的馆藏结构与档案的主要构成，指导利用查找所需的档案资料；二是向利用者介绍检索途径、检索工具的种类及其使用方法等。内容性咨询是指档案馆解答利用者关于相关档案的内容、数据或专题的询问，如关于特定事件、会议、人物、文件的相关事实与数据的询问等。

按难易程度划分，咨询服务可分为一般性咨询和专门性咨询。一般性咨询是指档案馆针对利用者提出的关于档案馆基本情况、档案利用的规章制度、库藏档案的种类及内容成分等问题所进行的一般性解答服务。专门性咨询是指档案馆根据对有关档案文件的分析研究结果，解答利用者关于特定档案文件的研究价值，以及文件中记载事实、数据的真实性或有关专题档案的范围等方面的询问。

按咨询形式划分，咨询服务可分为口头咨询和书面咨询。口头咨询是指档案馆以口头解答或电话答复等方式，回答利用者在查阅、使用档案文件活动中的有关难题的一种咨询服务。书面咨询是指档案馆以正式的书面材料的形式，解答利用者提出的有关档案、档案目录、档案机构等方面的询问。

（2）档案咨询服务的步骤

①接受咨询问题。档案馆要通过利用者填写"档案咨询登记表"的方式，审查核实利用者咨询有关问题的目的、内容、范围及需解答问题的程度，以便选择咨询服务的具体方式与途径。

②查找档案材料。根据档案咨询问题的分析研究结果，确定查找档案文件的范围，选定档案检索工具，明确解决问题的方法和途径，并据实查找有关的档案文献。

③答复咨询问题。其具体方法和形式主要有：为利用者直接提供有关咨询问题的答案，如按利用者要求提供有关事实、数据，介绍检索工具的使用方法；为利用者提供有关档案的信息线索；对于无法确定准确答案的咨询问题，也可以为利用者提供选择性的答案或档案资料，以便利用者决定、取舍。

④建立咨询档案。对已经答复的或未能答复的咨询问题，档案馆应有目的地建立相应的咨询档案。凡是具有长远的、重要保存价值的，或者今后有可能重复出现的，以及未能解答的咨询问题材料，包括各种咨询服务记录、反映解答咨询问题过程及其结果的材料等，均应归档保存。

6. 出具档案证明

出具档案证明服务是档案部门根据利用者需求，结合馆藏档案记载情况而给出相应书面证明材料的一个复杂活动过程。它涉及对利用者、档案管理者和馆藏档案记录状况等多方面关系的理解与掌握，是开展档案利用服务的主要方式之一，具有很强的政策性和原则性。出具档案证明要符合以下要求。

①出具档案证明必须经过审批程序。利用者要求出具档案证明时要填写申请书，申请书中应写明出具档案证明的原因，所要证明的事实及其发生的时间、地点等背景情况。申请书经领导审查批准后相关部门才可制发档案证明。

②出具的档案证明必须真实可靠。提供的档案证明必须真实可靠、简明

确切，不加评论或删节，与档案记载相符。若遇档案中对同一问题有几种不同的记载，则应同时提供。

③出具档案证明必须注明出处。在档案部门提供的证明材料上还应标明档案材料的出处和根据，写好的证明应仔细核对，经审查批准，加盖公章后方能生效。

第四节　高校档案的编研与统计

档案的管理与保存离不开对档案的编研与统计。好的档案编研与统计有利于提高档案管理工作的水平，检验和推动各项基础工作的全面发展，有利于对档案原件与史料的保护，以免档案的流失与损坏。我们要注重对高校档案的编研与统计。

一、高校档案编研

档案编研是通过对档案的分析研究，按照一定的主题，对档案材料进行排列、组合、摘编、汇集等，编印各种档案参考材料或专题著述的一种工作。高校档案编研指的是高校档案馆的编研工作，是为满足社会各界利用档案的需要，以馆藏档案为主要对象，在研究档案内容的基础上，对档案史料与原件进行不同程度的整理与加工，方便报道档案信息和社会查阅档案的活动。高校档案编研包括编辑史料、编写档案参考资料、参加编史修志、撰写专门著述等。

（一）高校档案编研的特点

高校档案编研是一项具有科学研究性质的工作，其主要任务是对高校馆藏史料加工整理后为社会各界利用档案提供便利，具有以下三个特点。

1. 高校档案编研内容的客观真实性

档案编研从前期的馆藏史料到内容的研究、整理与加工到最后的编写都体现出档案编研最大的特点就是客观真实性。首先，档案编研以现有馆藏档案原件或复制件为基础，尊重历史、维护历史的本来面貌，突出了档案编研来源的真实性；其次，在熟悉研究档案内容基础上，对馆藏档案进行重新编排与整理，档案工作者在这其中本着实事求是正确反映历史，不溢美、不隐恶，不用现在的观点加以修改和补充，在编排中不掺杂个人主观因素的原则，强调的是档案编研的客观性；最后，在对研究整理的内容进行编写时，史料运用应注明出处，依据不详者不选用，历史概念、事实陈述力求准确无误。

2. 高校档案编研工作的主动性、前瞻性

档案编研是为了人们方便地检索资料，可以说是一项主观能动性工作，强调档案工作者的主动性。馆藏档案浩如烟海，其数量之多、类型之广、质量参差不齐，这就决定档案工作者要合理地安排时间对现存档案进行合理的、有规律的翻阅与编排，以便于及时有效地组织人员进行档案编研工作。另外，档案编研的主要目的是满足社会各界利用档案的需要，帮助人们查阅史料、节省时间，这也间接要求档案编研工作活动的主动性与前瞻性，要分门别类地对档案进行编研而不是等到人们需要时才进行档案参考材料、历史研究、编史修志、档案文集、档案史料的编撰。

3. 高校档案编研内容的充实性、系统性

档案编研强调内容丰富、材料翔实，与编写题目相关的档案材料收集齐全，突出选用的史料全面系统地反映事物的发生、发展、变化、终结的过程，同时在证实历史事件时既有主证又有旁证作为支撑。档案编研内容和编排按照内在联系组成一个有机整体、划分章节，内容具有条理性、逻辑性、连贯性，使史料或汇编形成内容充实的好"素材"，使查阅者查找资料得心应手。

（二）高校档案编研的内容

从我国当前档案工作实践及今后的发展趋势看，我国的高校档案的编研概括起来主要有三个方面的内容。

1. 在熟悉和研究档案内容的基础上，编写各种类型档案的参考资料

高校档案编研工作是在对馆藏档案进行了解和熟悉，并对各种档案内容系统研究后，对档案原件和复制件进行整理加工，以形成可供人们方便查阅

的"素材"。在突出的"研"的基础上"编"写的素材，有助于缩短社会各界翻阅大量分散的文献档案的时间，为直接查阅相关档案提供便利的查找线索，强调效率化和系统化。

2. 汇编现行机关档案文集和编撰档案史料

汇编是指按照一定的作者、专题、时间、文种等特点，将馆藏档案材料整理编写成册，在不同机关范围内使用或公开出版。比如，汇编现行机关档案文集指的是满足机关部门的日常管理工作和科研工作需要而编写的重要会议文件汇编、个人专题档案史料汇编、政策法令汇编等。

3. 以馆藏档案为基础，参加历史研究和编史修志，撰写专门文章和著作

古代的档案工作者就是历史研究者，在管理档案的同时进行相关历史的研究与整理工作，因此档案管理者从事历史研究是我国档案工作的优良传统。新时代档案工作者与历史研究者分工明确却又紧密联系。档案馆作为历史材料基地，仍需进行一定的历史研究，深入地掌握档案史料的内容，以便于向社会传播档案信息，这就需要历史研究者和档案管理者的紧密配合。但须注意的是，档案馆的历史研究和编史修志有别于史学界和其他学界的研究。档案工作不是偏重于著书立说及广泛系统深入地去研究某个问题，而是立足于档案馆的基础，侧重于分析、整理、汇编、公布史料，配合编史修志等研究，积极协同查阅档案材料，同时对已出版的历史著作和文章实行史实印证，撰写一定的历史专著和文章，并参与编写地方志历史的编写。

（三）高校档案编研的原则

档案编研是基于馆藏档案原件与复制件等资料进行整理加工而形成的"素材"。其成果包括参考资料、史料汇编、文件汇编等。在某种程度上说，档案编研工作属于著作行为范畴，要求档案编研工作必须本着实事求是的态度，真实地对史料进行加工、编写而不能掺杂过多的个人主观因素。因此，在高校档案编研工作过程中我们要坚持以下几个原则。

1. 高校档案编研的科学性原则

档案编研是为了满足社会利用档案的需要，因此档案编研必须本着实事

求是的态度，要忠于档案原件内容，对馆藏档案资料进行客观、公正地加工处理。

（1）忠于档案原件内容以求真

"忠于档案原件以求真"是档案编研工作的首要原则，只有忠于原件的档案编研才能成为满足社会各界利用档案需要的有效途径。档案的原文原意是决定档案价值的客观物质基础，只有忠于原件的档案编研才有科学研究意义，只有真实的档案参考资料才有查阅的必要，因此档案的原文信息一经形成决不允许随便改动。档案工作者在编研过程中坚持"忠于原文以存真"的原则，就是要忠于原文原意之真，不可妄行增删改易，要始终坚持"保持历史资料的原貌"。但是对于不同类型的档案资料，档案编研的"求真"形式却有不同。例如：档案文献的编研强调忠于原件内容；各种参考资料、机关档案文集的编撰要求忠于史实、忠于现实及尊重历史。

（2）对档案内容整理加工以求实

实事求是的科学态度是一切科学研究工作者的基本要求。然而由于社会和自然等可抗或不可抗因素，档案资料在形成、保存和传播过程中往往容易出现失真、失序、失辨、失效的现象及不便阅读之处。因此，档案工作者有必要对馆藏档案资料进行定期或不定期的整理、分类、研究，以便对档案资料进行科学加工。科学的加工是为了纠正档案资料中存在的种种弊端和错误的内容，保证作者想要表达的真实想法，恢复其本来面目即"还原事实真相"，也就是"求实"。可以说科学加工与"求实"与"存真"不仅不相违背而且相互联系，"求实"是为了更好地保证档案资料内容的真实性，"存真"是为了更好地促进档案内容的科学整理与加工，两者相得益彰，是辩证统一的。档案内容的"求实"包括通过校勘、转录、标点、标目、编排、综述、翻译、注释等形式及时剔除错误或失真、失序等资料以保持档案资料内容的真实性、可靠性。

此外，为了全面体现馆藏档案资料编研过程中科学加工以"求是"的原则，还应该遵循标注准则和慎改原则。标注原则指的是凡经编者加工改动的地方，必须用符号或文字加以特别说明，必要时还要说明编者改动的原因及依据，如无特殊原因不得随意改动。改动的部分可以在校勘、注释、按语中加以解释，经过编者的标注，把忠于原件内容和坚持必要的加工有机结合在一起，使得原文与改动部分"泾渭分明"，具有增加档案资料可信度和方便查阅资料的双重效果，同时也在最大程度上保持档案资料的"存真""求实"。慎改原则指的是在档案编研过程中要慎重下笔，对于没有切实依据和真实来源的资料不得随意修改。我们应在档案编研中遇到疑似存在问题，而又找不到论据以证实的情况下，保持档案资料的原貌，留待研究者或读者以进一步研究、论证，切记不可主观性更改档案资料。此外，对可改可不改的部分不得强改，不得在档案编研中加入个人主观因素而进行任意修改，以免错上加错。比如，《春秋公羊解诂》在论到孔子对《公羊传》中"齐高堰帅师纳北燕伯于阳"中的"伯于阳"三字明知是"公子阳生"之误，但却没有进行纠正时曰"此夫子欲为后人法，不欲令人妄臆错"。档案编研的作用是供查阅者方便地查找相关资料，因此最大限度地保证档案资料的真实面貌是查阅者或研究者的迫切期待，也是档案编研者必须遵循的"存真""求实"作风。

2. 高校档案编研的政治性原则

（1）坚持社会主义方向的原则

档案资料是社会主义社会的文化产物，是社会主义文化的一部分。因此，我国的档案工作者在档案编研中要始终坚持马克思列宁主义、毛泽东思想、邓小平理论、"三个代表"重要思想、科学发展观及新时代中国特色社会主义思想，要坚持以历史唯物主义和辩证唯物主义为指导，努力实现好、维护好广大人民的最根本、最现实的利益。档案编研的选题、内容、最终成果都要有利于推进中国特色社会主义政治文明、精神文明、物质文明、生态文明建设，弘扬中华文明的优秀文化和社会正能量。在档案编研题目和材料涉及国家利益、党的政策和制度、国际关系、外交事务时，要抓住主要矛盾，趋利避害，把坚决维护国家利益、荣誉放在首位，保持政治警惕、树立大局观、整体观。

（2）树立法律意识，遵守授权、审批、时限、保密原则

档案信息公布权是控制档案公布活动实施权限的法律规定，是档案所有

权的组成部分。《中华人民共和国档案法》第三十二条规定："属于国家所有的档案，由国家授权的档案馆或者有关机关公布；未经档案馆或者有关机关同意，任何单位和个人无权公布。非国有企业、社会服务机构等单位和个人形成的档案，档案所有者有权公布。公布档案应当遵守有关法律、行政法规的规定，不得损害国家安全和利益，不得侵犯他人的合法权益。"需要注意的是，要处理好档案馆与档案原件作者公布权归属问题，处理好档案室与所属单位的关系、与有关作者的关系，不得未经档案原件作者、档案馆的同意而擅自出版、公布相关档案及编研成果。因此，在档案编研中要注重档案相关法律法规知识的学习和了解，严格遵照法律规定，不得违法、犯法。

在准备开展档案编研活动时，首先要进行档案编研立项，并报上级领导机关且获得批准，才可以正式开始档案编研工作。档案编研成果要经过上级主管机关的审查，特别是涉及党和国家重大政策方针、外交事务、民族问题等比较敏感尖锐的选题、材料，形成的档案编研成果也必须经过主管部门的审查、批准后才可以出版、公布，否则档案馆或有关机构不得随意出版。从事档案编研工作人员要严格遵守有关保密法规，公开出版或公布的档案资料及档案编研成果不得违反相关保密事项。

（3）高校档案编研的服务性原则

高校档案编研的根本目的是满足人们利用档案的需要，以及获得档案资料最大化的社会效益，因此服务性是档案编研的重要原则。随着信息社会的快速发展，信息的重要地位在社会竞争中日益突出。档案编研的服务性原则具体体现在档案编研的质量、社会效益及实效性三个方面。

①质量至上原则。档案的质量就是保证档案内容的真实性、精确性，是档案编研成果的生命线，贯穿整个档案编研的始终。无法确保档案编研内容的质量也就失去了档案编研的必要性，失去了档案资料存在的实质意义。

②追求社会效益最大化原则。在市场经济环境中，人们以追求自身利益最大化为根本目的。但是我们要明白档案编研不同于一般的商业活动，不以经济利益最大化为根本目标，但在档案编研工作中商业利益与社会利益相冲突时要坚持服务社会公众、坚持有利于社会主义先进文化前进方向的要求。

③追求档案编研的实效性原则。档案编研的立项、编辑形式和计划都要从档案资料和客观需要的实际情况出发，统筹全局、突出重点、区分轻重缓急、合理布局以最大化地讲究档案编研的实效，要学会运用社会主义市场的宏观调控机制做好档案编研成果的相关出版、发行和传播工作。

（四）高校档案编研的方法

档案编研不同于一般的著书立作和文件编写，因为档案编写涉及馆藏的各种类型的档案，数量之多、种类之繁，如果没有一定的步骤和方法很难做出行之有效的档案编研。

1. 高校档案编研的步骤

①制订编写计划。编写计划的制订是档案编研的一项重要内容。档案编研计划的内容一般包括：第一，档案编研的选题与编写目的；第二，档案编研所包含的内容、时间、地点等；第三，档案编研的编排结构与形式；第四，档案编研的组织及时间安排等。

②收集、整理、研究馆藏档案资料。有关馆藏档案资料的收集、整理是档案编研中一项较为重要的前期准备工作。资料的收集、整理应按照"编写计划"所规定的范围进行，要充分利用馆内的各种检索系统，必要时也可以适当收集与其相关的其他资料。但是在收集资料过程中，应进行认真的分析与整理，将主旨相当的资料归类放在一起并做上标签以便后续档案编研的编写与查阅，既不要遗漏重要的资料也不要让大量无用、价值不高的资料充斥其中，做到全面、简洁。

③研究基础上的综合编写。综合编写是档案编研工作的最后一环也是最重要的一步。档案编研工作者需要在对收集来的资料进行综合研究后，对有关资料与档案编研主题间的联系做出辨别，取其精华，去其糟粕，根据选题及档案编研的目的做出资料的取舍，并按照一定的体例撰写。尤其应注意的是，在具体编写中，既不能一味地罗列和堆砌资料，又不能偏重于议论而忽略应以综合原始的资料为原则。要注意对原件资料进行科学加工，在遵照原件原意的前提下注意语言的归纳与总结，即使节录原文也应

进行加工。为了便于查阅者对档案的查阅，档案编研可以编写一定的序言、目录、注释等。

2. 高校档案编研的方法

档案编研是对档案材料的二次加工，也是档案为社会和现实工作服务的重要手段。档案编研对不同的资料采用的方法也不尽相同，要具体问题具体分析。档案编研主要有大事记、组织机构沿革、统计数字汇集（基础数字汇集）、专题概要、会议简介、科技成果简介六个对象。现将每个对象的编研方法介绍如下。

①大事记是一种按照时间顺序记载一定范围内发生的重大事件和重要活动的参考资料。大事记一般采用编年体，以年月为经，以事实为纬，并按照事件的性质分类后按时间顺序记述大事。一部独立大事记一般由如下部分组成：题名，应包括大事记的对象、内容、时间、名称等要素；编辑说明，是对大事记编写情况的总的说明；序言；目录；正文，是大事记的主体部分；按语和注释；附录。

②组织机构沿革是系统记载一个机关、地区或专业系统的体制、组织机构和人员编制等方面变革情况的参考资料。组织沿革的内容大致有机关、地区或专业系统的历史概况及变更情况，机关的性质、任务和隶属关系，机关内部组织机构的设置和人员编制的变化情况，机关领导人的任免情况，机关名称、机关办公地点等变化情况。组织沿革可采用以下几种体例：编年法，按年度记述某一机关（地区、专业系统）的组织概况；系列法，以组织机构或问题形成系列，分别记述其变化概况；阶段法，根据机关（地区、专业系统）发展变化的特点划分为若干个历史阶段，在每个阶段中再分别记述各方面的情况。

③统计数字汇集（基础数字汇集）是以数字的形式反映一定地区或某一方面基本情况的参考资料。统计数字汇集主要可分为两种类型：综合性统计数字汇集和专题性统计数字汇集。

④专题概要是用文章叙述的形式简要说明和反映某一方面的工作、生产或其他现象的发展、变化情况的档案参考资料。一部专题概要的价值在

很大程度上取决于它的选题，科学合理的选题可以使专题概要具有较高的利用价值。

⑤会议简介是简要叙述会议过程和基本情况的参考资料。会议简介的主要内容包括会议名称及届次、会议时间、参加人员、地点及主持人、会议的主要议程及内容等。编写时应注意的问题包括：事实清楚、准确，无论是会议的基本情况还是会议内容都不能出现重要遗漏或失实现象；语言简练，要点突出；一次会议的简介要眉目清楚，对于同类历届会议的简介，可按届次顺序依次排列，汇集成册并编制目录。

⑥科技成果简介是用文字叙述或列表的形式，扼要摘录科技成果的主要内容，予以编制和汇集的编研成品。科技成果是指新产品、新工艺、新材料、新技术等设计研制成果。科技成果简介的内容包括：科技成果的名称；科技成果的性能、结构、用途、工作原理、工艺过程、技术参数、技术规范等的报道；科技成果的结论意见；主持与参加人员名单；科技成果的档号等。其字数一般为三四百字。

二、高校档案的统计

档案统计工作是档案业务工作的独立环节，也是保证档案工作质量、提高档案科学管理水平的必要措施和有效方法。

（一）高校档案统计概述

高校档案统计是指运用统计的一般原理和方法，从数量方面对档案工作进行量的抽象，通过搜集、整理、分析档案资料并据此做出推断预测，以指标数字揭示档案和档案工作中诸现象的发展过程、现状及一般发展规律的活动。

1. 高校档案统计的意义

第一，高校档案统计是制定有关档案工作方针、政策和计划的重要依据。档案统计工作通过量化形式来反映档案部门及其工作者的真实工作情况和档案管理活动规律，档案统计工作的好坏可以直接、准确地通过系列的统计数字来表现。它也是档案统计部门考察工作人员的重要依据，能为其对所属部门的工作进行有效的指导、监督提供可参考和借鉴的统计资料。高校档案统计工作可以保证上级决策的科学性和全面性，避免决策的失误。

第二，高校档案统计能为高校档案事业的发展奠定基础。无论是高校的人力资源还是物力资源的发展，又或者是中长期计划的制订都需要及时、准确地提供大量档案信息，而高校档案统计工作就是针对高校档案的分类管理及数量、质量的归纳与总结。高校档案统计是了解档案的形成、存储、管理和利用情况的有力工具，是掌握档案工作发展变化情况和档案事业发展规律的重要手段。通过档案统计资料的系统积累，开展档案管理方面的研究，进行大量数据的归纳、综合和分析，可以进一步认识和掌握档案工作的规律，为提高档案科学管理水平创造条件。《中华人民共和国统计法》指出，"发挥统计在了解国情国力、服务经济社会发展中的重要作用，促进社会主义现代化建设事业发展"。

第三，高校档案统计是实现高校档案管理信息化的重要手段。随着信息技术的日益普及，信息化、大数据库在社会发展中越来越重要。高校的发展也离不开信息技术的支撑，实现高校档案管理信息化是如今高校进一步发展的重要平台。档案管理是一个复杂的信息管理系统，它的全面性、准确性涉及微观上的高校内外的相关信息，宏观上的国家政策、方针及社会需求等方面的信息，而档案统计工作正是通过档案统计调查、整理、归纳、分析，提炼出对档案管理信息系统产生影响的重要资料。没有档案统计工作就等于隔断了档案管理系统间信息的流通渠道，使档案管理系统成为无源之水。

2. 高校档案统计的任务

《中华人民共和国统计法》明确指出"统计的基本任务是对经济社会发展情况进行统计调查、统计分析，提供统计资料和统计咨询意见，实行统计监督"。具体到高校档案统计的任务就是经常、及时地对高校档案及档案工作的规模、水平、普遍程度、结构、速度、比例关系及档案形成规律，在一定时间、地点、条件下实际作用的数量、质量进行定量和定性分析，从而为高校制订档案工作方针、未来发展计划及历史数据资料提供帮助和经验，对馆藏档案资料的管理情况进行监督和检查，更好地推动高校的发展。

3. 高校档案统计指标

高校档案统计工作可以分为选定档案统计指标、进行档案统计调查、整理与分析档案资料三个步骤。可见，档案统计指标的选定是开展档案统计调查工作的第一步，只有选取并构建科学、全面的统计指标才能真实地反映档案统计工作中的数量关系。档案统计具有固定指标，如档案机构、人员数、保存档案的数量、销毁档案的数量和比例、提供利用的人次和卷次、库房设备、检索效率、全宗数等。我们在实际档案统计中不能盲目地构建指标，要明确哪些档案工作具有建立统计指标意义，哪些档案数量表现没有建立统计指标的必要。

（1）确定档案统计指标的原则

①统计指标选定需与数量紧密结合。选定的统计指标应能准确反映档案工作现象、过程及发展变化规律的数量表现。档案统计指标必须有数量表现，能与数量紧密结合，档案统计指标如果在档案工作中找不到数量表现就失去了它本身存在的意义与统计的价值。比如，反映档案馆现存档案总量的统计指标"馆藏量"、提供利用工作情况的"利用次数"、查阅者的"检索量"等。

②统计指标具有稳定性与前后一致性。档案统计指标一经确定不得随便变更，在统计过程中不得中断而引入新的统计指标，要保持档案统计工作的长期稳定性。档案统计工作成果要在全国范围内使用，因此统计指标应该具有一致性，即地方政府与中央、统计专业机构与非专业组织的统计指标要统一，不能依据个人而随意设立指标。比如，档案资料的利用情况利用次数与调卷数量作为指标，馆藏量以案卷数为指标，等等。

③统计指标具有可比性。统计指标是通过对档案统计的绝对数、平均数与相对数来表现的。绝对数是档案工作领域中一定现象具体量的体现，是总量指标也是相对数与平均数指标的基础。相对数指标是从两个有联系指标的对比中得出的一种指标，是从部分到整体、实际到计划、一个时期相对另一个时期、一个地区相对另一个地区的指标对比中得出的相对数指标。平均数指标是对现象总体各单位某一数量标志进行的平均，用这个结果可以反映数

量变化的一般水平。

（2）档案统计指标的内容

①有关馆藏档案资料，包括档案馆藏资料总量，以及对不同种类、历史、时期、保管年限、制成材料的统计。

②提供利用方面的指标，包括利用者情况和利用服务情况的指标（提供利用总量和分量、编研情况等）。

③有关档案经费及机构建设方面的指标（档案事业费、机构设置、档案馆建设情况、档案馆设备及库房情况）。

④有关档案工作人员基本情况的指标（编制人员基本情况）。

⑤有关档案专业教育基本情况的指标（师生基本情况）。

各个档案统计指标并不是孤立而是相互联系的，若干个相互联系的统计指标相结合构成了档案统计指标体系，以真实、全面地揭示档案管理的整体状况和实际情况。

（二）高校档案统计调查

档案统计工作是一个不断变化的动态过程，而档案统计调查是档案统计工作的基础和初始阶段。档案统计是从数量方面认识档案，是档案工作的科学方法。档案统计调查简单地说就是指档案统计资料的搜集，这种资料的搜集不是盲目地堆砌资料而是根据档案统计的目的与要求，采用科学的调查方法，有计划、有组织地进行档案资料收集的工作过程。

1. 高校档案统计调查方案及方法

（1）档案统计调查方案

档案统计调查是一项复杂的、技术性较强的工作。为使调查工作顺利进行，及时完成搜集资料的任务，每一项调查都应制订一个统一的调查方案（调查工作计划）作为全部调查过程的指导性文件。在调查方案中，一般应包括以下五方面内容。

①确定调查目的。档案统计调查，是为一定的统计研究任务服务的，在制订调查方案时，先要确定调查目的，明确搜集资料要解决的问题。只有在

调查目的明确之后，才有可能进一步确定调查的范围、单位、内容等一系列问题。

②确定调查对象和调查单位。调查对象，就是调查研究的现象总体，在统计中称为"统计总体"。它是客观存在的，是由许多个别单位在一个共同特征上结合起来的集团。比如，在档案馆基本情况统计调查中，"档案馆"就是这一调查的调查对象，所有的档案馆就构成了一个统计总体，它们是由"档案馆"这一共同特征结合在一起构成的一个集团现象。调查单位是指组成调查总体的单位，在统计研究中称为"总体单位"，也就是在调查中需要登记其特征的单位。如上述档案馆基本情况统计调查中，每一个档案馆就是这一统计总体的组成单位。除了规定调查单位，还应规定报告单位。报告单位又称填报单位，它是档案统计调查中填报调查资料的单位。在一般情况下，调查单位与报告单位两者是一致的，但在某些情况下，两者也会出现不一致的现象。

③确定调查项目，拟定调查表式。确定调查项目，就是确定要向被调查单位登记哪些内容。这些内容在统计研究中称为"标志"，是指总体单位所具有的特征。标志有数量标志和品质标志之分，前者用数字表现，后者用文字表现。标志的具体数值，称为标志值。调查项目确定之后，应将调查项目科学地分类排列，构成调查提纲。它一般是将调查项目分类设置成不同的调查表式，以便调查登记和汇总整理。调查表式分为单一表和一览表两种。单一表是每份调查表只登记一个调查单位的资料，它的优点是便于分组整理；一览表是每份调查表登记若干个调查单位的资料，它的优点是便于比较各调查单位的资料。当调查项目不多时，宜采用一览表。需要注意的是，在确定调查项目时，应注意以下几点：既要考虑到需要，也要考虑到可能；凡是调查目的需要又可以得到的，要充分满足，反之则不应列入；项目的表述必须明确，要使答案具有确定的表示形式，如数字式、是否式或文字式等，否则会使被调查者产生不同理解而做出不同的答案和表示形式，使得汇总困难；项目之间应尽可能地相互联系，以便对照。

④确定调查时间。调查时间可分为两个方面：一是指调查项目所反映的

时间；二是指调查工作进行的时间。

⑤确定调查的组织实施计划。为保证调查工作有组织、有计划地进行，在调查方案中，还应有一个组织实施计划。

（2）档案统计调查方法

档案统计调查方法就是指通过什么方式搜集相关资料。只有掌握正确的统计调查方法，才能获得科学、准确的档案统计结果。因此，我们可以将档案统计调查方法分为直接调查法和间接调查法。直接调查法包括直接观察法和采访法；间接调查法包含报告法和被调查者自填法。

直接观察法指调查人员深入现场亲自观察、测量、计数以取得统计资料的方法，采用这种调查方法所获得的资料可信度比较高，但是需要花费调查人员较多的时间和精力，成本比较高。

采访法可以分为个人采访法和集体采访法。采访法是调查人员直接对被调查者提出问题或进行访谈，根据被调查者的答案来收集资料的方法，具有较高的准确性，但是考虑到是对被调查者的直接访谈，可能某些问题会遭到被调查者的拒绝。

报告法是指要求被调查者根据统一的要求填报统计资料的方法。如果各个被调查者具有健全的原始记录，采用报告法可以取得准确的资料。

被调查者自填法是指调查人员将调查表送交被调查者，说明填表的要求和方法，由被调查者根据实际情况，按照表中的项目自己填写，最后由调查人员审核回收。这类调查法获得资料的准确性相对较低。

总之，以上四种档案统计调查法优缺点分明，我们在实际工作中要根据调查对象的特点及自身资源的多寡，结合具体情况加以选择，或者根据需要将几种调查方法综合运用。

2. 高校档案统计报表制度

档案统计报表是一种专业统计报表，是档案部门为专业管理的需要而制定的，在档案系统内施行。它是指以表格形式提出的、反映档案和档案工作情况的书面报告。而档案统计报表制度是指各级档案机构用一定的表格形式，根据一定的原始记录与核算资料，按照一定的报送时间和程序，自下而上地向同级和上级档案行政机构提供档案统计资料的一整套组织形式。它是档案统计调查中最基本、最常用的一种形式。健全的档案统计报表制度对各级档案行政机关搜集完整的、正确的档案资料和及时掌握相关档案统计工作的开展情况具有十分重要的意义。档案统计报表制度是档案工作中重要的管理制度，包括报表目录、表式、填表说明三个部分。

报表目录是指不同档案统计报表的一览表，具体内容包括表号、名称、期别、填报范围、报送时间、报送方式、收表单位、报送份数、制表部门。同时，档案统计报表应明确规定各档案统计报表的调查对象、填报单位、报送时间和程序等，使填报单位对于在什么时间，用什么方式，向哪些单位报送什么报表及报表的份数都能了如指掌。

表式是指档案统计报表的格式，包括填报的指标项目和其他内容。每份档案统计报表都要写明表名、表号、填报单位、期别、报送时间、单位负责人、制表部门、填表人姓名，要求内容明了、简洁。

填表说明部分主要是针对问题的理解、填写方法及注意事项进行补充说明，以便填写部门及工作人员对档案统计报表的正确理解。

（三）高校档案统计的原则

档案统计是为档案事业服务的工作，是通过对档案资料的整理、分析与统计来指导、监督、检查档案及档案工作。档案统计的统计性要求档案统计具有高度的精确性与科学性，因此进行档案统计工作必须坚持下列原则。

1. 坚持实事求是的客观性原则

档案统计是指利用量化方法对档案资料的数量与质量进行统计，其统计值是上级主管部门监督、指导及检查成果的重要依据和唯一凭证。因此，档案统计工作必须实事求是，一切从实际出发，按照客观事物的本来面貌如实反映情况，不得在档案统计工作中加入个人主观判断而故意隐瞒、虚报实际情况，造假统计数值，始终要坚持档案统计的客观性原则，真正发挥统计在档案管理中的重要作用。

2. 坚持科学性原则

档案统计工作必须严格按照《中华人民共和国统计法》及各省市的关于档案统计工作的相关规定和要求，明确统计的范围、内容与格式要求，建立科学的统计指标，选择适宜的统计调查方法，对相关统计数据及档案资料进行系统的搜集、整理与分析，体现档案统计工作的科学性。比如：档案统计指标体系的建立要完整化，能全面地反映整个档案统计工作；档案统计的调查工作要科学化，把档案统计工作中的普查、统计报表制度、抽样调查、典型调查、重点调查等多种方法科学地结合起来，根据实际统计工作灵活地采用一种或几种调查法。

3. 坚持一致性原则

档案统计的一致性原则是指统计工作中制度、方法的统一性，以及统计时间、内容的连续性。众所周知，档案统计对象具有数量多且复杂的特点，档案统计工作是一项涉及面极广的群众性工作，提供档案统计资料单位数量巨大，档案统计的对象又有一定的复杂性，又处于一个不断变化、发展的动态过程中，要把大量复杂多变的档案资料，用可以量化的数值来进行统计，必须按照统一的指标、统一的计算方法、统一的统计开始和登记时间和计算口径，否则各个统计部门及工作人员按照自己的意愿来统计档案资料，会造成各行其是、混乱不堪的局面，不能准确地反映档案的原文原意，也就失去了统计上的意义。同时，为保证统计数据的准确性及其质量，档案的统计工作要连续地进行，对有关内容的统计要有始有终，不能随意间断，要确保统计数据的精确度能反映统计对象发展变化规律，要重视档案的日常登记，及时处理好档案统计数据的积累工作。

只有坚持客观性、科学性及一致性原则，档案统计才能如实地还原档案资料的原貌。我们在从事档案统计工作时务必要遵守以上三个原则。科学性、客观性及一致性原则实质上是统一的、紧密联系的，任何一个原则的违背都会影响其统计数据的真实度，进而影响整个统计工作，如统计数字不准确往往是由于统计方法、制度的不科学引起的。此外，客观性、科学性原则的贯彻必须以坚持一致性原则为前提，违反了一致性原则必然会使档案统计的客观性和科学性受到损害，破坏准确档案统计数据的获得。

（四）高校档案统计的内容

档案统计是档案管理的重要方面，主要是对馆藏档案资料进行数量上的统计，以便于对档案及档案工作的基本情况进行监督与检查。因此，在我们开展档案统计工作前，有必要对档案统计对象有充分的认识，才能切实做好档案统计工作，避免因档案统计数量的失误影响整个档案管理工作。

1. 档案统计的对象

档案统计对象是整个档案事业领域，具体包括档案实体及其管理情况、档案事业的组织与管理状况。档案统计对象涵盖几乎所有与档案有关的方面，如档案搜集、档案整理、档案管理、档案归纳等档案工作中可以量化描述与量化研究的种种现象与问题。例如，档案和档案工作的规模、水平、结构、比例关系、发展速度、普遍程度、平均规模和水平等。概言之，档案统计工作就是用一系列的数字反映档案统计工作的成果，其工作直接明了，这也是档案统计区别于档案编研、档案保管、档案鉴定及档案利用等工作的突出之处。

档案统计是按照国家档案统计制度，对档案工作领域中的各种现象的数量关系进行调查、分析和研究，从而提示档案管理的现状及规律。从档案统计工作的对象来划分，可分为对档案实体及管理状况的统计和对档案事业组织与管理状况的统计两个方面。目前，我国档案统计工作分为四个层次的内容：①全国档案工作基本情况统计。该项统计由国家档案局组织，国家统计局指导监督，已经纳入国民经济和社会发展统计的指标体系。②专业系统档案工作基本情况统计。该项统计由国家专业主管机关组织。③地方档案工作基本情况统计。该项统计由地方档案行政管理机关组织。④档案馆档案工作情况统计。该项统计由各档案馆自行组织进行。

上述四个层次中，前三个层次属于宏观层面的档案事业状况统计，是对各级各类档案部门的机构设置、人员、设备、库房、财务、馆藏规模及管理水平等情况的统计。这类统计反映了全国、各地区、各个专业系统档案事业的发展水平。第四个层次是对某一档案机构内部进行的微观层面的统计，主要针对档案管理活动的各个方面进行统计，包括馆藏量统计、档案构成状况统计、档案利用状况统计、档案过户统计等。这类统计具体反映了档案管理活动的基本情况及档案工作的发展规律。

档案统计工作内容包括档案的基本统计和综合统计两部分工作。具体来说，包括档案的收进、移出、整理与鉴定、保管数量和状况的登记、档案利用服务情况的登记，以及档案构成、档案利用、档案机构和人员等情况的基本统计和其他专门统计。档案统计工作的基本任务，就是对档案和档案工作的开展情况进行统计调查和分析，并提供统计资料，实行统计监督。

2. 高校档案事业统计工作

档案事业统计工作指国家各级档案行政管理部门及各级专业主管机关进行的档案统计工作。它是从国家、地方或专业系统的角度进行的档案统计工作，包括全国档案和档案工作基本情况统计、专业系统档案和档案工作基本情况统计等。档案事业统计工作应根据《档案工作基本情况统计年报》对全国档案实行统一的统计方法、统计项目、统计报表格式，以便准确地掌握全国档案机构、人员、馆藏、库房、利用和编研等方面的基本情况，具体包括以下三个方面。

①档案事业管理机构、人员基本情况表。该表为反映档案事业管理机构的设置、人员编制和现有专职人员基本情况的统计报表，主要是针对省、市、县三级档案管理机构数量，工作人员数量、年龄、文化程度、档案专业技术职务的构成等的统计，以便于上级主管部门的了解。

②档案专业教育基本情况表。该表主要统计各类院校包括专科和本科高校开设档案及相关专业的基本情况。主要内容是开设档案管理及相关专业的普通高校、专科院校、成人学校等学校的数量、学生人数、师资力量等。

③各地档案事业费、建设档案馆情况表。该表主要统计省、市、县三级政府每年的档案事业费用及各地各级政府档案馆的建设情况。

3. 高校档案实体管理统计工作

档案实体管理统计工作也就是微观档案统计工作。它是档案馆对本单位档案和档案管理工作所开展的统计工作。档案实体管理统计工作是档案事业统计的基础。国家、地方政府、专业系统的统计工作必须在档案馆统计工作的基础上进行。档案实体管理统计工作是否科学，数字是否准确，将直接影响宏观统计工作的质量和效果，具体包括两个方面内容。

①档案馆基本情况表。该表主要说明全国档案馆的基本情况，主要统计内容包括中央与地方各级政府各类档案馆的数量，编制人员及在现职人员的数量、年龄、工作年限、文化程度，以及馆藏档案资料，包括原件与复制件的数量、馆藏档案整理的基本情况、档案及资料的利用情况、编研出版及公布情况、馆内设备及面积情况、本年度收集档案资料统计情况等。

②机关档案工作基本情况表。该表主要反映机关档案及档案工作基本情况，主要包含机关档案工作情况，编制人员与非编制人员基本情况，档案及资料的基本情况，本年立卷归档、编研资料、借阅利用及设备等情况。

（五）高校档案统计的方法

高校档案统计是一个复杂的系统工程，包括对档案及档案工作的统计调查、统计整理与统计分析的完整过程。它通过统计资料的收集、调查、整理、分析、研究反映档案与档案工作中有关特征的统计资料，经过前期档案资料的整理，把反映个体特征的统计资料过渡为反映整体的统计资料。档案统计的方法主要有统计调查、统计整理、统计分析、档案统计的数字化。

1. 高校档案统计调查

档案统计调查前应进行周密的计划，形成统计调查方案，使工作人员按照调查方案的要求统一认识、统一方法来开展统计调查。调查计划包括调查目的、调查单位、统计指标、统计调查表及调查计划五个部分。

2. 高校档案统计整理

统计整理根据档案统计工作的目的和任务，对原始资料进行科学分类、汇总和综合，使其系统化和条理化，能揭示各相关因素间的内在联系，反映统计对象的总体特征，主要内容如下。

①审核统计资料。统计资料是统计整理的对象与统计分析的重要依据。

应对所占有的统计资料进行认真审核，避免出现遗漏和失误。统计资料的审核对象是档案统计项目和调查单位、统计报表的数字、统计指标等，主要是确保统计资料内容的完整和准确。

②进行统计分组。统计分组是档案整理的重要一环。由于档案馆的档案资料数量、类型众多，为便于对档案资料的统计及数量的描述和分析，缩短统计时间，我们需要根据统计的任务和目的，对馆藏档案资料进行分组和归纳，使其按照特定的分类归类，以揭示档案的本质和特点。

③汇总和综合。汇总和综合是档案整理的最后一步。对档案资料进行特定分组后就可以依据我们档案统计的需要，对数据进行汇总和综合。当前档案宏观统计资料的汇总主要采用集中汇总和逐级汇总两种方式。集中汇总是指把所有的馆藏档案资料集中由国家档案行政管理部门统一汇总和综合；逐级汇总指将馆藏档案资料按地区、部门逐级向上汇报。

3. 高校档案统计分析

统计分析是指对档案统计资料进行分析、研究，以认识档案工作的现状及规律，找出解决问题的方法。档案统计分析方法主要有动态分析法、指数分析法、对比分析法、统计预测。

动态分析法主要研究档案现象在时间序列上的发展变化趋势。其方法是把能说明和反映某种档案现象的不同时期的统计资料，依时间的先后顺序加以排列形成动态数列，然后对动态数列上的档案资料进行研究与分析。

指数分析法是动态分析法的深入和发展，指利用指数分析档案现象的发展动态及其构成因素的影响程度。

对比分析法是档案统计分析的基本方法，主要通过对两个或两个以上的统计数据进行对比分析，认识事物的本质和发展规律。

统计预测需要借助大规模统计数据来研究档案数量变化规律，以推断档案现象未来的发展变化趋势，包括静态预测和动态预测两种形式。静态预测指根据档案现象间的依存制约关系在一定时间内具有稳定性，对其进行预测；动态预测指依据档案现象会随着时间的推移而发生变化，预测档案现象的变化速度、规律和趋势。

4. 高校档案统计的数字化

随着电脑和信息化技术的普及，计算机技术在高校档案管理工作中的运用日益普遍，其高效化、简洁化、效益化的办公优势使档案管理工作更加简单、精确，也使其成为档案及档案工作的一种发展趋势并愈演愈烈。目前，已有许多单位通过计算机网络获取、整理和上报统计资料。将档案管理与日常计算机紧密结合，充分发挥计算机在数字统计及其存储功能上的优势，快速生成统计报表。这不仅实现了高校档案工作的信息化，而且切实保证了档案统计的准确和及时。

档案行政管理部门利用电子计算机，迅速对各单位上报的大量统计数据进行核实、分类等信息处理工作，极大地缩短了档案统计的时间，提高了工作人员的办公效率。全面实现档案统计工作的数字化是档案统计工作发展的目标，此外要进一步完善档案统计工作的功能，促进档案统计工作的发展。

第四章　高校档案的信息化建设

第一节　高校档案信息化建设概述

一、档案信息化的概念和内容

计算机技术和通信技术的广泛应用从根本上改变了信息产生、传输、存储的方式，这种方式的改变推动了社会经济结构、生产方式及人们生活方式和工作方式的彻底变革，这一过程被概括为"信息化"。信息化已经成为各行各业建设的重点，成为世界各国的发展战略。档案信息化则是国家信息化、地区信息化、行业信息化、机构信息化的重要组成。

（一）档案信息化的概念

档案信息化是指应用信息技术生成、管理、开发利用档案的过程。具有以下特点。

1. 它是动态的概念

信息化是一个渐进的过程，档案信息化会随着信息化的推进而不断发展。因此，无法回答某一国家、某一地区、某一行业、某一单位是否实现了档案信息化，只能分析档案信息化建设的状态和水平。

2. 它的前提是信息技术的应用

信息技术应用是档案信息化的起点，也是其最基本的特征。信息技术在档案管理中的应用是全方位的，涵盖档案从生成到永久保存或销毁的整个过程，如电子文件的生成、纸质馆藏数字化、档案自动索引、档案信息网络检索等。

3. 它是一个多要素综合作用的过程

在应用信息技术生成、管理、开发利用档案的过程中，除信息技术外，还有许多非技术因素在起作用，包括符合档案信息化要求的档案管理业务、人才、标准规范、政策法规、管理体制和机制等。档案信息化的成果，基本上取决于非技术因素的支持程度，取决于技术和非技术因素之间的匹配程度，而与技术本身的先进程度关系较小。

（二）档案信息化建设的内容

档案信息化的涵盖面很广，所有与应用信息技术有关的档案生成、管理、开发利用活动都属于其范畴。档案信息化的内容主要包括基础设施建设、档案信息资源建设、应用系统建设、标准规范建设、人才队伍建设等。

1. 基础设施建设

基础设施主要指档案信息网络系统和档案数字化设备。它们是档案信息传输、交换和资源共享的基础条件，只有建设先进的档案信息网络，才能充分发挥档案信息化的整体效益。

2. 档案信息资源建设

档案信息资源建设是档案信息化建设的基础和核心，是一项长期的工作。档案信息是国民经济和社会发展的战略资源之一，它的开发和利用是档案信息化建设取得成功的关键，也是衡量档案信息化水平的一个重要标志。档案信息资源建设的主要内容包括馆藏档案的数字化和电子文件的采集和接收。档案信息资源建设主要形式包括馆藏档案目录中心数据库建设、各种数字化档案全文及专门数据库建设。

3. 应用系统建设

应用系统建设的主要内容包括档案信息的收集、档案信息的管理、档案信息的利用、档案信息的安全等方面。它关系到档案信息化建设的速度与质量，集中体现了档案信息化建设的效益和档案信息服务的效果。

4. 标准规范建设

标准规范建设是对电子文件的形成、归档和电子档案信息资源标识、描述、存储、查询、交换、网上传输和管理等方面，制定标准规范，并指导实施的过程。档案信息化的标准规范相当于信息高速公路上的"交通规则"，对于确保计算机管理的档案信息和网络运行的安全、畅通，具有十分重大的意义。

5. 人才队伍建设

档案信息化建设，人才是关键。人才是最宝贵的资源，档案信息化建设不仅需要档案专业人才、计算机专业人才，更需要既懂档案业务，又熟悉信息技术的复合型人才。

二、档案信息化的意义与发展原则

档案信息化是档案管理发展的必然选择，是档案管理部门面对信息技术革命的积极回应。其意义主要有以下几点。

（一）档案信息化的意义

1. 催生新的理论

档案信息化的开展，尤其是电子文件的探索，孕育出了新来源观、后保管模式、文件连续体等一批新的基础理论，这些理论已经对档案管理实践产生了全面而深刻的影响。

（1）新来源观

新来源观，即来源不仅指文件的形成机关，还包括它的形成目的、形成过程等。应用领域也不只限于实体整理与分类，在检索、鉴定、著录、凭证性确认等活动中也具有重要作用。它的典型应用就是《国际档案通用著录标准》中强调的"多级著录"，美国、加拿大、澳大利亚等国家档案馆的机读目录系统就是严格按照全宗、类、案卷、文件这样的层级来展现的，以此体现文件之间的有机联系。

（2）后保管模式。

后保管模式也是档案记录革命的产物。它将重点从档案的实体保管转移到信息利用上，从档案的内容转移到其形成过程、文件反映的职能、文件之间的联系上。档案管理者也由被动的保管员转变成有关业务职能、文件联系的知识的主动提供者。

（3）文件连续体

文件连续体构建了一个由文件形成者、业务活动、价值表现和文件保管组成的坐标轴，生成、捕获、组织、利用四个要素组成的立体化的理论模型，用以描述文件生成、管理、保存中的各种要素及其相互影响。它提醒文件、档案工作者要以整体、联系的观念管理文件和档案，要在文件生成的同时或之前就参与或介入文件管理。

2. 促进管理效率的提高

（1）档案管理的自动化和档案实体管理的简化

档案管理系统可以实现许多管理过程的自动化，如归档、存储、鉴定、统计分析等，还可以简化档案实体管理，如立卷、实体分类等，从而减少工作人员的劳动，缩短时间，提高效率。

（2）历史档案原件得到保护

历史档案原件得到保护主要体现在两个方面：第一，代替原件提供利用。利用者可以直接查看数字化的版本，从而减少对原件的损害。第二，以电子的方式传承历史。无论保护措施多么完善，实体载体的寿命都是有限的。但是将档案数字化，并且格式选择得当，就会使档案信息永久存在。

3. 促进服务水平的提高

（1）能够满足多元化利用需求。

档案管理系统具有很强的数据处理能力，可以实现目录数据的一次输入、多次输出，可以从多个角度查检档案，有助于满足用户多元化的检索需求。

（2）能够提高查询效率

档案信息化不仅缩短了查询时间，查全率和查准率也有所提高。越是跨时空、大规模、综合性的查找，这种优越性就表现得越明显。

（3）服务内容和手段的丰富

档案工作者可以将多种媒体形式的开放档案全部发布，将这些档案信息与其他数字信息有机整合，并以超链接、超媒体的方式提供便捷的访问途径，还可通过电子邮件、微信等手段提供服务。

4. 促进交流与合作

档案信息化从技术应用、系统设计到利用需求，都在变化着，新问题也在不断涌现，这就要求档案界加强与外部的交流与合作，学习经验，交流心得，寻求各方面的支持。因此，档案信息化对于档案工作和档案工作者来说既是机遇又是挑战。

5. 促进人员素质的提高

档案信息化从电子文件管理到数字档案馆建设，从对业务流程和业务系统的支撑到公共服务，对档案工作人员在专业素质、综合素养等方面都提出了更高的要求。

6. 有助于提升公众信息生活的品质

档案是文化艺术宝库，通过信息技术搭建的平台，这座文化艺术宝库的用户数量呈直线上升。它不仅可以满足历史工作者的需求，还能够满足广大人民追根溯源的需求，提高其民族文化的认同感，提高其信息生活的品质。

7. 推动信息产业的发展

档案信息化是推动信息产业发展的重要力量。同时，档案也是数字内容产业的原始素材，部分历史档案可以做增值开发。

（二）档案信息化的发展原则

档案信息化的意义深远，任务繁重，要实现它的稳定和快速发展，必须遵循一定的原则。其原则主要有以下几项。

1. 注重效益

档案信息化的效益主要体现在两个方面：一是合理的投入产出比；二是工作成果的可持续性。目前，国家和地方都非常重视档案信息化的发展，投入了大量的资金进行信息化建设，但是出现了许多问题。例如：因格式选择不当导致电子文件无法阅读成为"死档"；对数字化对象的范围鉴别不当，导致数字化资源束之高阁；等等。因此，档案部门要特别重视信息化效益，保证投入的有效产出比及档案信息化的可持续发展。

2. 统筹规划

国家和地方及行业都有必要开展相应的档案信息化规划工作。档案信息化是一个长期发展的系统工程，要素众多，投资不菲，为充分发挥各方面的积极性，避免重复建设和盲目建设，促进信息交换与共享，提高档案信息化的整体水平，需要对各阶段的目标、任务、措施进行总体规划和部署，分步实施，有序推进。

3. 需求导向

从规划到实施，从法规建设到标准制定，从系统开发到资源构建，都应切实以需求为导向，认真调研，广泛论证，集思广益。只有面向档案管理和开发利用的主要需求，解决工作中存在的实际问题，才能提高信息化项目的实际效果，实现合理的成本效益比，并有助于档案信息化的持续推进。

4. 保障安全

在电子环境中，档案安全保护的任务主要有保密，以及防止数字信息的丢失、失真和不可用。在信息时代，档案安全保护的难度加大，因此要求在健全法规、统一标准的基础上，加强档案信息的安全保障工作，正确处理信息开放与安全保密的关系，搭建信息安全保障体系，从各方面全面维护数字档案信息资源的安全。

三、高校档案信息化的含义和意义

档案工作作为高校快速发展的重要组成部分，也必将向数字化管理方向转变。因此，要加快高校档案信息化建设步伐，充分发挥高校档案信息资源的重要价值和作用。

（一）高校档案信息化的含义

高校档案信息化，就是档案部门在高校档案管理过程中全面应用现代信息技术，把从高校各部门收集起来的信息资源充分开发出来，通过计算机网络和终端实现档案信息资源的有效利用和共享，提供更为便捷、生动、丰富的档案信息服务。

高校档案信息化主要有三方面的内容：一是实现档案信息的数字化和网络化；二是实现档案信息在接收、传递、存储、浏览、著录、查询等方面的一体化管理；三是实现档案信息数据库资源共享。

（二）高校档案信息化的意义

高校档案信息化的意义与其他档案信息化的意义基本相同，但是它有自己独特的意义，主要有以下两点。

第一，高校档案信息化是高校档案事业适应社会发展的必然选择，是档案事业发展的客观要求。随着高校发展速度的加快，规模的加大，高校档案的数量和门类也随之增加，出现了各种形式的档案载体。另外，档案的利用率和服务对象也逐步增加，传统的档案管理模式不能满足需要，这就要求采用新技术来改变现有的管理模式和方法。这是落实国家档案局《全国档案信息化建设实施纲要》和《全国档案事业发展"十三五"规划纲要》的迫切需要。

高校档案的信息化建设是教育事业发展，以及加强高校的内涵建设和深化高校教学改革的要求。现在，高校档案信息的价值已经逐渐被人们所认识。高校在建设与发展、人才培养等重要工作中都需要借助档案获取有力的信息和数据支撑材料。查阅这些资料有助于高校领导了解具体情况、进行科学决策，有助于专家组和校内、校外人士对高校做出一个全面、公正、客观、准确地评判，有助于深化教学改革、调整专业设置、明确专业发展规划和培养社会急需、专业对口、就业率高的人才。

四、档案信息化发展战略

（一）世界各国制订信息化发展战略

世界各国都十分重视信息技术，已经认识到它对政治、经济、社会等领域全面而深刻的影响。信息技术这种广泛的渗透性，正演变成影响国家综合实力、国际竞争力的关键因素。所以，世界各国，如美国、俄罗斯、日本、韩国、印度等，都针对信息技术革命延续制订了发展战略。

（二）我国档案信息化的发展战略

2002 年发布的《全国档案信息化建设实施纲要》从六个方面制订了我国档案信息化发展战略：档案信息化基础设施建设、档案信息资源建设、档案管理应用系统建设、档案信息化标准规范建设、档案信息化人才队伍建设、档案信息安全保障体系建设。

国家档案事业发展"十五""十一五""十二五""十三五"规划都强调了档案信息化建设的重要性：在加快档案信息化入法的基础上完善档案信息化标准规范体系，使档案信息化成为技术标准清楚、质量要求准确、可操作性强的建设项目；加快档案信息资源体系、服务体系、安全保障体系的建设；加强档案信息化的理论体系研究；推进档案信息化成果共享与交流，搭建交流平台；探索档案信息化建设评估体系，把评估作为一种控制手段，建设一个科学、合理、可行的评估体系。

五、高校档案管理中信息化技术的应用

（一）构建档案信息数字化

数字化是高校档案管理工作的一种趋势，要实现文档信息完整完善的存储，就必须结合光盘存储技术、计算机网络技术、宽带数据通信传输技术，让各种形式的信息资源数字化。数字化高校档案信息管理系统，使用多种软件开发工具，将档案目录建库、纸质、图片、播音信息数字化，使得来馆查档者可在阅览室直接上机，检索浏览馆藏档案信息。档案管理工作的数字化，可以大大提高档案的检索利用效率，增加档案开发利用的手段，加快档案信息化管理和规范化管理的步伐，同时一批珍贵档案原件得到了有效的保护。

（二）信息技术在档案工作中发挥的重要作用

第一，利用各种信息技术，可以使档案工作部门快、精、准地完成各项任务，实现档案工作技术走向现代化道路的目标。

第二，信息技术的应用，可以使档案管理工作规范化、标准化、高效化。

第三，信息技术的应用，可以提高工作人员专业素质。在信息化管理的过程中，要及时对档案工作人员进行专业知识和技能的培训，让他们学习先进技术和操作方法。要培养一批具有良好思想政治素质和职业道德、热爱档案事业、掌握系统的档案专业知识和最新科学管理技术的档案专业人才。

第二节 高校电子文件制作与管理

一、电子文件的概念和特点

（一）电子文件的概念

电子文件是指在数字设备及环境中生成，以数码形式存储于磁带、磁盘、光盘等载体，依赖计算机等设备阅读、处理并可以在通信网络上传递的文件。电子文件的种类主要有文本文件、图像文件、图形文件、影像文件、声音文件、超媒体链接文件、程序文件、数据文件等，主要有以下两个特征。

第一，电子文件是由电子计算机生成和处理的，其信息以二进制数字代码记录和表示，因此亦可称为"数字文件"。这是电子文件与以往所有其他形式文件的基本区别，也是电子文件信息与其他数字信息的共同点。数字信息使用 0 和 1 两种数码的组合来记录信息，其中 0 或 1 叫作比特，需要记录的信息用一串比特存储于计算机存储器（包括内存储器和各种外存储器）中，并可通过通信网络进行传输。

第二，电子文件是文件的一种类型，应该具有文件的各种属性，特别是要有特定的用途和效力。这是电子文件与其他数字信息的基本区别，也是电子文件与其他形式文件的共同点。

（二）电子文件的特点

1. 形式的多样性

电子文件可以以文本文件、图形文件、表格文件、影像文件、多媒体文件等形式存在和传输。此外，数量众多的数据和某些重要的电子邮件也属于电子文件的范畴。

2. 内容的易更改性

电子文件为我们编辑、修改文件提供了十分便利的条件，但是它难以保证文件的原始性、真实性和凭据性。

3. 对外围设备和操作环境的依赖性

电子文件数据存储于光盘、磁盘等介质中，是一种以数字代码形式存在的观念型非直读型信息. 它必须完全依靠存储介质和相关的计算机软硬件系统才具有生命力。

4. 技术寿命的不稳定性

电子文件的保存条件和环境要求与纸质档案不同，它对保存场地的面积要求不高，而对环境的温湿度、防磁性等条件的要求很高，如果达不到特定的存储要求，容易造成载体损伤致使信息丢失。另外，技术过时也可能导致电子文件无法读出。技术过时的表现有两个方面：一是技术革新使旧的存储技术消失；二是由于商业性原因，某些由单个厂家生产或销售的电子文件设备会由于厂家的破产或改变产品生产而很难找到配套产品。对电子文件中信息的长期存取而言，技术过时比载体损伤危害更严重。

5. 多种信息媒体的集成性

以往的文件是平面的，文字和图形在平面的纸张或其他载体上呈现出来。而电子文件是多媒体的，是立体的。运用多媒体技术可以把各种形式的信息，包括图文信息、音频信号、视频和动画图像等加以有机的立体组合，使电子文件声像并茂，真实地再现当时的活动情况，从而强化了文件对社会生活的记忆和再现功能。可以说，电子文件是一种全方位的记忆和再现，实现了文件功能的革命性变化。

6. 信息与载体的不可分离性

电子文件的被处理与远程传输，都是电子文件容易复制的一种表象产生的错觉，事实上，任何时候都没有出现过信息与载体分离的情况。而且，电子文件的信息形式不可能独立于载体被实体集成。

7. 信息的可识读性

在计算机系统中，信息以数字代码表示，和人的肉眼所看到的完全不同。不同类型的信息有各自的编码方案，只有通过特定的程序对这些代码解释还原，人方可识读和理解。因此，想要使用电子文件，必须保证它可以识读。

8. 载体的可转换性

电子文件可以根据需要在不同的载体上同时存在或相互转换，不同载体上的信息，包括字体、签名、印章在内，可以完全一致，载体的转换不会影响电子文件信息的原始性。此外，由于磁性载体和光学载体的寿命比较短，电子文件转换载体是必须的。没有一份电子文件拥有恒久不变的载体，电子文件不可能有固定不变的实体形态和物理位置。

9. 信息的易变性

电子文件的信息容易改变，主要原因一是人为有意改动，二是系统的无意改动。计算机技术发展速度快，在转换过程中由于操作和其他方面的原因，信息可能改变、损失，甚至是丢失。人为改动是可以避免的，但是系统改动是不可避免的。

10. 信息存储的分散性

电子文件信息存储的分散性主要表现在两个方面：一是电子文件的内容、结构、背景信息分散保存；二是一份电子文件的信息可能来自其他多个文件。文件信息的分散存储，在归档保存时容易出现部分信息缺失的情况，会影响文件质量及其功能的发挥。

11. 信息的可共享性

共享性是指多人同时、异地利用一份文件。电子文件的出现，打破了必须在固定场所、固定的时间内、查阅固定份数的文件的利用限制。同一文件可同时在多台处于不同地点的计算机屏幕上显现，使用者不必亲临文件的保存地。

二、电子文件管理的目标和原则

（一）电子文件管理的目标

1. 保证电子文件的真实性

电子文件的真实性是指文件内容、逻辑结构和背景信息经过传输、迁移等处理后依然保持不变，与形成时的原始状态一致。真实性是保证电子文件业务有效性和法律证据性的基础，是实现无纸化业务活动顺利开展，实现信息化的先决条件，是电子文件反映和证实机构历史真实面貌，构成社会价值，得以作为社会记忆长久保存的前提。

2. 保证电子文件的完整性

完整性是电子文件证据价值、情报价值和实现长期可读的重要保障，不完整的电子文件往往不能证实自身的真实性，也不能如实反映机构活动的真实面貌。

3. 保证电子文件的长期可读性

电子文件的可读性是指文件经过存储、传输、压缩、解压缩、加密、解密、载体转换、系统迁移等处理后能够以人可以识读、可以理解的方式输出，并保持其内容的真实性。电子文件的可读性是其存在和价值的基础，如果文件不能顺利读出，文件中的信息便成了"死信息"，再有价值的东西也失去了存在的意义。保证电子文件可读性的措施应该贯穿全部管理工作的始终。

4. 促进工作效率的提高

电子文件是为了执行业务和管理活动而产生的，其基本职能是支持机构职能活动的开展。电子文件的管理应该和电子文件的产生、应用一样，服务于机构提高业务效率的目标。科学的电子文件的管理应该具有发挥电子文件现行作用和保持其历史价值的双重功能，而这不可偏废，管理活动务必在二者间寻找平衡点。

5. 方便查询和利用

电子文件管理系统和管理者是文件和文件利用者之间的中介，理应为利用者提供高质量的文件信息。查询和利用的过程正是实现电子文件信息价值的过程，因此方便查询和利用是电子文件管理的重要目标。

（二）电子文件的管理原则方法

1. 全程管理原则

电子文件的管理要遵循全程管理的原则。一是追求整体效益最佳化的要求，打破现行文件与管理分段、脱节的管理模式，注重各个阶段管理活动和管理要素的统筹兼顾。二是保证电子文件质量的要求。电子文件管理过程中任何一项具体操作的失误都有可能对电子文件造成不良后果。因此，要对电子文件各个生命阶段都进行统一的质量要求和管理要求，并对文件的全过程进行监控、跟踪和记录，及时发现和纠正错误。

2. 前端控制原则

电子文件的管理，要遵循前端控制原则。电子文件的前端是形成时期，中端是处理、鉴定、整理、编目等具体管理活动，终端是永久保存和销毁。对电子文件的形成时期就开始进行管理，一是保证电子文件长期真实、完整、可读、可用的有效策略；二是能够化被动的收集、保管为主动监管、控制，有助于提高管理效率，提升管理质量。

3. 流程优化原则

文件管理流程是指文件生命周期中，对文件的一系列相关的管理活动的有序组合。各高校的档案管理部门应该综合考察业务、技术、制度、标准、人员、文化多个要素，通过合并、消减、前置、并行、自动化等手段，优化设计电子文件管理流程，并将电子文件的管理流程的优化纳入机构业务流程的整体优化中。

4. 以电子文件管理软件为中心的管理原则

电子文件管理系统处于整个管理体系的中心位置。合理的电子文件管理系统是相关制度、标准、方法的执行者，是电子文件管理活动重要的承担者。电子文件管理功能系统主要由形成电子文件的业务系统和独立的电子文件管理系统组成，这两个系统之间有数据接口，能够保障数据顺畅、无损传递。

5. 以元数据为基本工具的原则

元数据是描述文件的背景、内容、结构及整个管理过程的数据，被广泛地应用于数据库、图书馆、情报、文档管理等信息资源管理领域。它是电子文件管理的基本工具，可以保证电子文件的真实性、可读性、完整性、可用性，能为电子文件管理流程的集成和优化提供基础和保障。

三、电子文件的形成与分类

（一）电子文件的形成

电子文件的形成是对电子文件从无到有的统称，一般包括创建、流转、传输三个部分。

1. 创建

电子文件的创建是指计算机系统拟制文件或接收外来部门或机构来文的过程。经过创建的电子文件应该在软件系统中进行登记。创建主要包括以下内容。

①命名。这是新增的管理内容，是操作系统识别电子文件的主要标志。要制订电子文件命名规则，防止重名或无法体现内容等问题的出现。

②存储格式。在电子文件创建的时候就要确定好存储格式，或是通用格式，或是开放格式，以免在格式转换中造成信息丢失。

③分类。国际上通用的方法是根据电子文件的职能判断电子文件在整个分类体系中的位置。

④价值鉴定。应根据电子文件的价值鉴定结果，赋予其保管期限。

⑤保存位置。电子文件档案应该集中存储，不能随意地放在个人的计算机中。

⑥形成元数据。以上的管理活动中会产生很多有价值的元数据，如作者、标题、时间、存储格式、编号、类别、存储位置等，对这些要进行集中管理。

2. 流转

流转是电子文件由部门内部多个人员处理生效的过程，也是可以借助信息系统规范业务流程、大幅提高效率的阶段。电子文件在流转的过程中容易生成很多个版本，要保证归档的是最终版本，并保存必要的修改痕迹。流转也是生成元数据的重要环节，如审批人、审批过程、审批意见等，要保存好这些元数据，不要丢失。

3. 传输

传输是指电子文件在不同部门之间的传递过程。电子文件的传输主要有两种形式：一是通过公共网络，如电子邮件、即时通信等，但是这种传输并不安全；二是通过专门网络传递，如虚拟专用网或企业网、专门的传输软件等，这种传输安全性较高。

（二）电子文件的分类

1. 按照电子文件的信息存在形式分类

（1）文本文件

文本文件是指使用文字处理软件生成的，由字、词、数字或符号表达的文件。文本文件是通过特定的编辑软件形成的，用不同文字处理软件编辑的文本文件一般不能交换使用。纯文本文件不包含格式代码，在使用时不受计算机硬件和软件类型的限制，通常以".txt"的形式予以标识。

（2）数据文件

数据文件是以数据库形式存在的具有文件属性的记录。它在事务处理系统中单独承担着文件职责，一般是以数据库的形式存在的。读取数据库中的数据时，可以根据查询要求一次读出一个记录，也可以读出一批相关的记录，如文件数据库、各类人员情况数据库、各种资料数据库等。数据库因管理程序不同而具有不同的格式，不同的数据库之间需要通过转换程序才能进行信息交换。数据库的形成一般有两种方式。一是人工输入数据，利用相应的数据库应用程序形成数据库；二是使用条形码扫描器、模数转换器等传感设备自动采集数据。此外，使用已有的数据借助某些软件包也可形成新的数据库。

（3）图形文件

图形文件是指运用计算机辅助设计或绘图软件产生的文件和根据一定算

法绘制的图表、曲线图等，如设计模型、图纸等。图形文件由代表绘图坐标的矢量和一些参数组成，可以使用特殊的代码格式存储，也可以使用纯文本文件的代码存储，以便在不同的软件包之间进行信息交换。

（4）图像文件

图像文件是指通过扫描仪扫描的各种原件画面、使用数字设备采集或制作的画面、用数码相机拍摄的照片等。纸质文件、缩微胶片均可经过扫描转换成数字图像文件。图像文件的分辨率与存储空间成正比，不同格式的图像文件不能任意进行交换使用。彩色图像文件的内容一般是用表示图像像素的代码形式存储的，能否正确复现色彩与显示器的性能有关。

（5）影像文件

影像文件是指使用视频捕获设备录入的数字影像或动画软件形成的二维、三维动画等动态画面的文件，如数字影视片、动画片等。视频捕获设备可将模拟影像转换成数字影像。影像文件需要较大的存储空间，其分辨率与存储空间成正比。影像文件有不同的格式或标准，播放时需要使用相关的设备和程序。

（6）声音文件

声音文件是指采用音频设备录入并转换为数字形式的文件或用编曲软件生成的文件。用音频设备录入或用编曲软件生成的文件，采样频率是单位时间内的采样次数，主要有 11 kHz、22 kHz、44 kHz 三种。采样速率是指每个采样的大小，采样者可自行设定速率值，现大多使用 128 kbps。采样频率和速率越高，音质越好，文件所占存储空间就越大。用编曲软件生成的文件一般被称为 midi 文件。还有一些音乐文件是上述文件压缩或转换而成的。声音文件播放时需要使用相关的设备和程序。

（7）命令文件

命令文件是一种计算机软件，是指为处理各种事务而采用计算机语言编写的程序。形成过程一般是由程序员编写"源程序"输入计算机，再使用相应的编译程序编译。"源程序"是纯文本文件，由特定的计算机指令序列构成，具有可移植性，一般不受计算机类型的限制。编译后的软件在不同类型的计算机上一般不能兼容。"源程序"能表明版权的归属，对于计算机软件的开发者来说具有重要的保存价值。

（8）多媒体文件

多媒体文件是指借助计算机多媒体技术制作的具有文本、图像、影像、声音等两种及两种以上信息形式的文件。这种文件使用多媒体技术制作，具有较复杂的结构，必须使用多媒体计算机复现。

（9）超文本文件

超文本文件是指包含对其他文件链接功能的文件，这种文件是一种全局性的信息结构，它将文档中的不同部分通过关键字建立链接，使信息得以交互式搜索。用户可以通过超文本文件的链接直接获取或发送相关信息，例如网页就是使用超文本技术制作的。

2. 按照文件的功能分类

按照文件的功能分类，可以分为主文件和支持性、辅助性、工具性文件。

（1）主文件

主文件是指表达作者意图、行使职能的文件。对于纸质文件而言，任何一份文件都是主文件，可以独立地发挥作用。而电子文件生成、运行和存在于一定的软硬环境中，需要以相应的支持性、辅助性、工具性文件作为读取和处理条件。

（2）支持性、辅助性、工具性文件

支持性文件主要是指生成和运行主文件的软件，如文字处理软件、表格处理软件、图形软件、多媒体软件等。辅助性、工具性文件主要是指在制作、查找主文件过程中起辅助、工具作用的文件，如计算机程序类文件往往附带若干辅助设计文件、图形文件，数据库往往附带若干辅助数据库和相应的索引文件、备注文件等。主文件和支持性、辅助性、工具性文件是相互作用、相辅相成的。没有主文件，支持性、辅助性、工具性文件不能独立地行使文件的职能，甚至失去存在或保存的必要；同样，没有支持性、辅助性、工具性文件，主文件可能无法正常运行和查找，甚至根本不能生成和打开。

193

3. 按照文件的生成方式分类

按照文件的生成方式分类，可将电子文件分为直接生成的原始文件和将纸质或其他载体（如胶片）文件重新录入生成的转换文件。

四、电子文件的鉴定与归档

（一）电子文件的鉴定

电子文件因其形成和管理的特殊性，鉴定工作更为困难和复杂。为保证归档电子文件准确、完整、系统，电子文件的鉴定主要应在归档前完成。

1. 电子文件鉴定工作的类型

（1）全面集中鉴定

全面集中鉴定，是指由各方工作人员组成鉴定小组，对需要归档的文件或保管期限已满的档案进行全面鉴定。其特点是多维性、间隔性、相对模糊性。

（2）单项随时鉴定

单项随时鉴定，是指相关管理人员出于某种特定原因，对文件的某种状态进行专项检查分析，以确定是否采取相应措施。其特点是连续性、分散性、相对清晰性。

2. 电子文件鉴定工作的程序

电子文件的鉴定在程序上与传统文件大不相同，除了保留三级鉴定环节，还增加了电子信息系统设计和电子文件形成时的鉴定环节，即把鉴定提前到文件生命周期的最初阶段。根据国际档案理事会电子文件委员会制定的《电子文件管理指南》，电子文件的生命周期可以划分为三个阶段：概念阶段、形成阶段、维护阶段。相应地，电子文件的鉴定贯穿其各个阶段并各具特点。

概念阶段是电子文件的设计阶段，即电子文件管理信息系统的研制、设计、安装阶段。电子文件的第二次鉴定主要在形成阶段进行。电子文件的第三、四次鉴定主要在维护阶段进行，档案部门肩负起了对电子文件进行维护的职责。

3. 电子文件鉴定的方法

（1）内容鉴定法

这种鉴定方法以美国国家档案馆为代表，是指通过审阅文件的内容判断其价值，要求全面审阅和分析文件的正文及文件题名、名称等形式特征，从文件反映的内容信息判断其价值。

（2）职能鉴定法

职能鉴定法是按照立档单位在机关体系中的地位和各项职能的重要性来确定档案的价值。它是由波兰的档案学者卡林斯基于20世纪30年代提出的，后来经德国、加拿大、美国等档案学者的完善，加入了新的思考角度，视野更为宏观。它更适用于电子文件价值的鉴定，是电子文件鉴定的基本方法。内容鉴定法和职能鉴定法的区别在于在按照职能对文件进行鉴定时应侧重于文件本身还是文件内容。

4. 电子文件鉴定工作的范围

第一阶段是归档前的鉴定，这是电子文件鉴定工作的重要环节。首先，文件形成单位按照规定的项目，对电子文件的真实性、完整性和有效性进行检验，由负责人签署审核意见，将检验和审核结果填入《归档电子文件移交、接收检验登记表》。其次，参照国家关于纸质文件材料归档的有关规定，确定电子文件的归档范围，并包括相应的背景信息和元数据。最后，根据电子文件的内容，划分保管期限和密级。

第二阶段为归档后的鉴定，即在电子档案管理过程中的鉴定，主要任务是对已到保管期限的电子档案重新审查鉴定，对失去保存价值的电子档案予以处理。

5. 电子文件鉴定工作的内容

（1）电子文件的鉴别

电子文件的鉴别主要是解决"哪些信息需要鉴定""哪些信息构成一份文件"的问题，这是电子文件最先要处理的工作。其实质是明确机构形成电子文件的需要，就是将信息系统中的文件信息和非文件信息区别开，用抽象概括的方法说明机构需要形成哪些电子文件，然后用演绎的方法判断哪些是我们需要鉴定的文件，具体过程如下。

第一，调查分析机构的职能结构和业务活动，明确各项活动中要求形成的电子文件，从而确定电子文件的生成节点。

第二，根据调查分析的结果，设计文件登记模块，赋予每一份电子文件唯一的文件号。

计算机系统程序是人为设计的，人的思维局限也会造成计算机系统程序的局限，因此被计算机系统剔除的信息最好需要人工再次鉴别，防止遗漏，同时可以借机调整和改进计算机系统的设计。

（2）电子文件的内容鉴定

电子文件的内容鉴定是以内容分析为核心，科学地判断电子文件信息的有用程度，即"哪些文件可以保存下来""这些文件应当保存多长时间"。这是电子文件鉴定的主体部分，其最终的鉴定成果是根据文件的不同价值，划分文件的保管期限。

电子文件的内容鉴定，应该以自动鉴定方式为基础，结合人工鉴定共同进行。主要步骤如下。

第一，制订电子文件保管期限表。电子文件保管期限表的制订工作应在电子文件管理系统设计的调查阶段进行。电子文件保管期限表的具体内容包括：第一，根据机构职能图中显示的职能、工作和环节，明确机构的主要职能活动，重要工作内容和关键的工作步骤；第二，根据机构业务流程图中展示的电子文件生成节点，明确电子文件的种类，结合机构的主要职能活动，重要工作内容和关键的工作步骤，将这些环节中生成的电子文件中确定有价值的部分进行保存；第三，对于某些特殊的电子文件，如微观文件和程序文件，应该具体地分析确定其保管期限。

制订电子文件保管期限表的要求：第一，将保管期限表的制订工作纳入电子文件系统的设计工作，与电子文件鉴别工作同步进行。在电子文件管理系统设计的调查阶段，应着手制订电子文件保管期限表。第二，研究和鉴定各种类型的纸质文件保管期限表，重点分析纸质文件中与电子文件相对应类型的电子文件的保存价值。第三，电子文件保管期限表是集体合作的工作，除相关档案工作人员外，还应指定电子文件形成部门的专业人员或邀请档案行政管理部门和档案部门的有关人员对电子文件保管期限表的制订进行具体指导。第四，电子文件保管期限表应该详细，具有可扩展性、操作性强的特点，档次区分的跨度可以小一些，以便随时更改和补充。

第二，将电子文件保管期限表纳入其管理系统并予以保护。

第三，电子文件形成时的即时鉴定。在电子文件鉴定自动化系统中，文件一旦形成，系统即将文件与保管期限表的条款对照鉴定，划分其保管期限，然后文件才能进入正常的处理流程。

第四，保管期限已满的鉴定。这项工作由档案工作人员承担。

第五，进档案部门鉴定。按照国家集中保管档案的规定，凡是具有长久保存价值的档案在机关档案室保存一定时期后就需要向相应的档案馆移交。

6. 电子文件的技术鉴定

技术鉴定所承担的工作就是从技术的角度对电子文件的各方面技术状况进行全面检查，包括对电子文件信息的真实性、完整性和有效性的认定及对电子文件载体性能的检测。为保证电子文件的产生、处理过程符合规范，应建立规范的制度和工作程序，并结合相应的技术措施。

（1）真实性鉴定

电子文件的真实性是指对电子文件的内容、结构和背景信息进行鉴定，确认其与形成时的原始状况一致。具体的鉴定内容如下。

第一，依据电子文件管理系统所记载的文件生成、修改和批准时间，分析文件是否为最终版。

第二，检查文件是否按照预先确定的标准格式和模块编辑、保存。

第三，检查电子文件管理系统中对文件生成、管理和利用过程的追踪记录，分析是否有非法操作。

第四，检查文件的数字签名，以验证文件的来源及文件在传输过程中是否发生变化。

（2）完整性鉴定

电子文件的完整性是指电子文件的内容结构、背景信息和元数据等无缺损。为确保文件完整，除建立电子文件完整性管理制度外，还应采取相应的技术措施采集背景信息和元数据。电子文件的完整性鉴定可以从两方面进行：一是检查文件各个要素是否完备，包括可视和不可视的部分；二是分析联系某份文件各个要素的手段是否有效，包括超链接、标签等。

（3）有效性鉴定

电子文件的有效性是指电子文件应具备的可理解性和可利用性，包括信息的可识别性、存储系统的可靠性、载体的完好性和兼容性等。

第一，检查与电子文件配套的软件、相关电子文件、文字材料是否齐全完整。

第二，检查电子文件的信息存储格式是否符合归档要求。

第三，核实归档或迁移时所填写的文件运行的软硬件环境，版本号是否正确。

第四，对于加密文件，如果特殊需要未予解密，还应检查其密码是否可靠保存。

第五，检测在指定的环境平台上能否准确读出电子文件，对于较小的错误，可清洗后再读，以确认其可读性。

（4）介质状况检测

对电子文件介质状况的检测，主要是对介质物理性能的检测和对介质规格的检查。

7. 电子文件的处置

电子文件的处置是对鉴定的结果进行科学合理的处理。该项工作应该按照文件的规定，有所依据地进行。其主要依据有两个方面：一是电子文件保管期限表；二是鉴定报告。电子文件的最终结果就是对文件保存或销毁及对保存文件保管期限的确定。

（1）销毁

电子文件的销毁一般在计算机中进行，主要包括信息删除和介质销毁两种。电子文件的销毁必须在形成、利用文件的业务活动结束后进行，必须经过授权，销毁过程必须有记录，事后还应检查审计。销毁属于保密范围的电子文件，应该与文件的密级相适应，不能破坏其信息的密码性。凡是决定要销毁的电子文件. 除非特殊规定，其所有备份都必须销毁。

（2）保存

电子文件保存方法主要包括文件管理系统中保存、脱机保存、迁移、缩微、转换成纸质文件等。

（3）移交

移交是指部门将其电子档案交给其他部门保存。移交方式可采用文件实体移交，文件信息的管理职责移交或二者共同移交。具体方式有向档案部门移交、向有关部门移交。

8. 电子文件鉴定的全程监控

对电子文件鉴定进行全程监控，可以保证鉴定过程的合理、有序及鉴定结果的公正。监控措施有对电子文件鉴定过程的记录和对记录材料的审查。

（1）记录鉴定过程的材料

记录鉴定过程的材料有文件管理系统中的跟踪记录、鉴定报告、销毁记录、迁移记录、缩微记录等。

（2）审查工作

审查工作包括：检查鉴定报告、分析是否现实、可行，符合效益要求；检查文件系统中审计跟踪记录，确定有无错误操作；检查在销毁、脱机、缩微本等处理工作中形成的文件，确认操作是否规范。纠正或调整主要是对文件保管期限的调整、漏删文件的删除等工作。

（二）电子文件的归档

归档是文件形成部门向档案部门移交具有保存价值文件的业务工作，它标志着文件管理责任由文件生成部门向档案部门的全面移交。

电子文件的归档是将应该归档的经过整理的电子文件，确定档案属性后，从计算机或网络的存储器上拷贝或刻录到可移动的载体上，以便长期保存的工作过程。不同环境条件下产生的电子文件其归档的方法也不相同。

1. 电子文件的确认和采集

电子文件的收集积累的一个重要前提就是对电子文件的确认，这也是文档一体化管理的基本要求。鉴于电子文件的数字数据是可以流动的，应将它采集到一定载体上，通过一定软件以人可识别的方式显示出来。

（1）电子文件确认与采集的要求

第一，文件必须具有一定的信息内容，能准确反映在特定时间内，行使职责，参与活动和处理事务。

第二，当需要时，文件能以电子数字方式再现，以便文件的每一部分汇集起来，以易于被人理解的方式存在。

第三，文件能被放入背景之中。背景确定了文件由谁产生，这不仅是业务处理工作的组成部分，还便于帮助用户理解文件内容。

第四，结构作为文件的格式，必须予以采集，以备该文件今后拷贝到所需要的最新硬件和软件中。

第五，文件能被一体化地进入部门或个人的文件保存系统中。

（2）电子文件的背景信息和元数据

①背景信息

电子文件形成部门采集的主要背景信息包括：文件形成机构，与文件有关或曾经有关的机构，文件履行机构职责与目的，文件的年代，与文件有关的时期，与机构职能有关的文件价值和重要性，曾与文件有过关系的文件价值保存系统，该文件与其他文件和资料之间的关系，对该文件有影响的法律、协议、实践、程序、计划、条件和默契等。

②元数据

元数据可分为三种类型：实体限定、属性限定、关系限定。实体限定包括数据库内实体名与描述或每个单个电子表格的名与描述；属性限定包括每一个电子表格的每列、每个实体的每个属性的数据模型及名与描述；关系限定包括有关实体名及对关系有影响力的每一个实体内属性的名，与关系的目的的描述在一起的属性名。

电子文件元数据的作用：构建信息发现机制，即检索机制；维护信息可识读书性；保障数字信息的真实性、凭证性。

2. 电子文件的收集与整理

（1）电子文件及其元数据的收集

①应在业务系统电子文件拟制、办理过程中完成电子文件的收集，声像类电子文件、在单台计算机中经办公、绘图等应用软件形成的电子文件的收集由电子文件形成部门基于电子档案管理系统或手工完成。

②应齐全、完整地收集电子文件及其组件，电子文件内容信息与其形成时保持一致，包括但不限于以下 6 个方面的要求；

a. 同一业务活动形成的电子文件应齐全、完整。

b. 电子公文的正本、正文与附件、定稿或修改稿、公文处理单等应齐全、完整，电子公文格式要符合《党政机关公文格式》（GB/T 9704—2012）的有关要求。

c. 在计算机辅助设计和制造过程中形成的产品模型图、装配图、工程图物料清单、工艺卡片、设计与工艺变更通知等电子文件及其组件应齐全、完整。

d. 声像类电子文件应能客观完整地反映业务活动的主要内容、人物和场景等。

e. 邮件、网页、社交媒体类电子文件的文字信息、图像、动画、音视频文件等应齐全、完整，网页版面格式保持不变。需收集、归档完整的网站系统时，应同时收集网站设计文件、维护手册等。

f. 以专有格式存储的电子文件不能转换为通用格式时，应同时收集专用软件、技术资料、操作手册等。

③以公务电子邮件附件形式传输、交换的电子文件，应下载并收集、归入业务系统或存储文件夹中。

④应由业务系统按照给出的要求，在电子文件拟制、办理过程中采集文书及科技、专业等类电子文件元数据。

⑤可使用 WPS 表格或电子档案管理系统按照给出的要求著录、采集在单台计算机中经办公、绘图等应用软件形成的各门类电子文件元数据，以及声像类电子文件元数据。

（2）电子文件的整理

①应在电子文件拟制、办理或收集过程中完成保管期限鉴定、分类、排序命名、存储等整理活动，并同步完成会议记录、涉密文件等纸质文件的整理。

②应以件为管理单位整理电子文件，也可根据实际，以卷为管理单位进行整理。整理活动应保持电子文件内在的有机联系，建立电子文件与元数据的关联。

③应基于业务系统完成电子文件、纸质文件的整理，声像类电子文件的整理由电子文件形成部门基于电子档案管理系统或手工完成。

④应归档电子文件保管期限分为永久、定期30年和定期10年等。

⑤电子文件分类按照电子档案分类方案执行，可执行的标准或分类方案如下。

a. 文书类电子文件的分类整理按照《归档文件整理规则》执行。

b. 科技类电子文件应按照《科学技术档案案卷构成的一般要求》（GB/T 11822—2008）、《建设项目档案管理规范》（DA/T 28—2018）、《企业文件材料归档范围和档案保管期限规定》等进行分类。

c. 专业、邮件、网页、社交媒体等类电子文件可参照《归档文件整理规则》等要求进行分类。有其他专门规定的，从其规定。

d. 声像类电子文件应按照年度—保管期限—业务活动，或保管期限—年度—业务活动等分类方案进行分类。

⑥应在整理过程中基于业务系统电子文件元数据库建立纸质文件目录数据，涉密纸质文件目录数据的录入应符合国家保密管理要求。

⑦应在分类方案下按照业务活动、形成时间等关键字，对电子文件元数据、纸质文件目录数据进行同步排序，排序结果应能保持电子文件、纸质文件之间的有机联系。

⑧应按规则命名电子文件，命名规则应能保持电子文件及其组件的内在有机联系与排列顺序，能通过计算机文件名元数据建立电子文件与相应元数据的关联，具体要求如下。

a. 应由业务系统按内置命名规则自动、有序地为电子文件及其组件命名。

b. 在单台计算机中经办公、绘图等类应用软件形成的电子文件，应采用完整、准确的电子文件题名命名。

c. 声像类电子文件可采用数字摄录设备自动赋予的计算机文件名。

⑨可参照分类方案在计算机存储器中建立文件夹集中存储电子文件及其组件，完成整理活动。

3. 电子文件归档与电子档案编目

（1）电子文件归档程序与要求

①电子文件形成或办理部门、档案部门可在归档过程中基于业务系统、电子档案管理系统完成电子文件及其元数据的清点、鉴定、登记、填写电子文件归档登记表等主要归档程序。

②应清点、核实电子文件的门类、形成年度、保管期限、件数及其元数据数量等。

③应对电子文件的真实性、可靠性、完整性和可用性进行鉴定，鉴定合格率应达到100%。具体要求如下。

a. 电子文件及其元数据的形成、收集和归档符合制度要求。

b. 电子文件及其元数据能一一对应，数量准确且齐全、完整。

c. 电子文件与元数据格式符合给出的要求。

d. 以专有格式归档的，其专用软件、技术资料等齐全、完整。

e. 加密电子文件已解密。

f. 电子文件及其元数据经安全网络或专用离线存储介质传输、移交。

g. 电子文件无病毒，电子文件离线存储介质无病毒、无损伤可正常使用。

④档案部门应将清点、鉴定合格的电子文件及其元数据导入电子档案管理系统预归档库，自动采集电子文件结构元数据，通过计算机文件名建立电子文件与元数据的关联，在管理元数据过程中记录登记行为，登记归档电子文件。

⑤应依据清点、鉴定结果，按批次或归档年度填写电子文件归档登记表，完成电子文件的归档。

（2）电子文件归档时间与归档方式

①电子文件形成或办理部门应定期将已收集、积累并经过整理的电子文件及其元数据向档案部门提交归档，归档时间最迟不能超过电子文件形成后的第2年6月。

②应基于安全的网络环境或专用离线存储介质，采用在线归档或离线归档方式，通过电子档案管理系统客户端或归档接口完成电子文件及其元数据的归档。

③应结合业务系统、电子档案管理系统运行网络环境以及本单位实际，确定电子文件及其元数据归档接口并作出书面说明，归档接口通常包括但不限于以下三种：webservice归档接口；中间数据库归档接口；归档电子文件及其元数据的规范存储结构。

（3）电子文件归档格式

①电子文件归档格式应具备格式开放、不绑定软硬件、显示一致性、可转换、易于利用等性能，能够支持同级国家综合档案馆向长期保存格式转换。

②电子文件应以通用格式形成、收集并归档，或在归档前转换为通用格式。版式文件格式应按照《版式电子文件长期保存格式需求》（DA/T 47—2009）执行。

③以文本、位图文件形成的文书、科技、专业类电子文件应按以下要求归档。电子公文正本、定稿、公文处理单应以版式文件格式，其他电子文件、电子文件组件可以版式文件、RTF、WPS、DOCX、JPG、TIF、PNG等通用格式归档；或电子文件及其组件按顺序合并转换为一个版式文件。

④在计算机辅助设计与制造过程中形成的科技类电子文件应按以下要求归档。

a. 二维矢量文件以SVG、SWF、WMF、EMF、EPS、DXF等格式归档。

b. 三维矢量文件，需永久保存的应转换为STEP格式归档，其他可根据需要按要求转为二维矢量文件归档。

⑤以数据库文件形成的科技、专业类电子文件，应根据数据库表结构及电子档案管理要求转换为以下格式归档。

　　a. 以 ET、XLS、DBF、XML 等任一格式归档。

　　b. 参照纸质表单或电子表单版面格式，将应归档数据库数据转换为版式文件归档。

　　⑥照片类电子文件以 JPG、TIF 等格式归档；录音类电子文件以 WAV、MP3 等格式归档；录像类电子文件以 MPG、MP4FLV、AVI 等格式归档。珍贵且需永久保存的可收集、归档一套 MXF 格式文件。

　　⑦公务电子邮件以 EML 格式，网页、社交媒体类电子文件以 HTML 等格式归档。

　　⑧专用软件生成的电子文件原则上应转换成通用格式归档。

　　（4）电子文件元数据归档格式

　　①应根据电子文件归档接口以及元数据形成情况确定电子文件元数据归档格式。

　　②经业务系统形成的各门类电子文件元数据应根据归档接口确定归档格式。

　　a. 选择所述归档接口时，可以 ET、XLS、DBF、XML 等任一格式归档、

　　b. 选择所述归档接口时，可与电子文件一并由业务系统数据库推送至中间数据库，也可再由中间数据库导出数据库数据文件。

　　③声像类电子文件元数据，在单台计算机中经办公、绘图等应用软件形成的电子文件，可以 ET、XLS、DBF 等格式归档。

　　（5）电子档案的编目

　　①应对电子档案与纸质档案进行同步整理审核、编制档号等编目活动。

　　②应对整理阶段划定的电子档案保管期限与分类结果进行审核和确认，对不合理或不准确的应进行修正。

　　③应在整理审核基础上，对电子档案、纸质档案重新排序，并依据排序结果编制文件级档号。

　　④应采用文件级档号或唯一标识符作为要素为电子档案及其组件重命名，同时更新相应的计算机文件名元数据。

　　⑤应按照《档案著录规则》以及给出的要求对电子档案、纸质档案做进

一步著录，规范、客观、准确地描述主题内容与形式特征。

⑥完成整理编目后，应将电子档案及其元数据、纸质档案目录数据归入电子档案管理系统正式库，并参照给出的要求分类、有序地存储电子档案及其组件。

（6）档号编制要求

①应按照《档号编制规则》（DA/T 13—1994）等标准及电子档案全程管理要求确定档号编制规则。

②应采用同级国家综合档案馆档号编制规则为馆藏电子档案、纸质档案编制档号。

③档号应能唯一标识全宗内任一电子档案或纸质档案。

④以档号作为电子档案命名要素时，计算机文件名应能在计算机存储器中唯一标识、有序存储全宗内任意一件电子档案及其组件。

4. 电子文件归档管理制度的制定

在制定有关电子文件归档的法律法规时，应明确以下三个方面的问题。

①确立档案管理部门在电子文件管理中的地位，赋予档案部门接收、保管电子文件的职能。

②明确电子文件归档与管理的方式方法。

③明确电子文件的法律效力。

第三节　高校纸质档案的数字化建设

当今社会是大数据时代。"大数据"一词由英文"big data"翻译而来，过去常说的"信息爆炸""海量数据"等已经不足以描述这个新事物。

1998年，《科学》（Science）上刊登的一篇介绍计算机软件 HiQ 的文章《大数据的处理程序》（A Handler for Big Data）中第一次使用了大数据一词。现今意义的大数据起源于《自然》（Nature）在 2008 年 9 月首次推出的《大数据》（Big Data）专刊，其从多个领域、多方面介绍了海量数据带来的挑战。在《自然》之后，《科学》在 2011 年 2 月推出了《数据处理》（Dealing with Data）专刊，主要讨论了大数据给科学研究带来的挑战和重大意义。2012 年 4 月，欧洲信息学与数学研究协会会刊（ERCIM News）出版专刊《大数据》（Big Data），讨论了大数据时代带来的技术创新和欧洲对大数据研究的进展。在这样的大背景下，高校的档案工作如何应对，如何运用大数据思维加强数字化档案管理，确实值得探索。

从人类认识史中可以发现，对信息的认识史就是人类的认识进步史与实践发展史。人类历史上经历过四次信息革命。第一次是创造语言，语言是即时变换和传递信息的工具，人类通过语言建立相互关系认识世界。语言表明人类要求表达、认识世界并开始作用于世界。人们通过语言产生思维，将事物的信息抽象表达为声音这个即时载体，但语言的限制和缺点是无法突破个体的时空。第二次是创造文字，以及随之而来的造纸与印刷的技术，实现了人类远距离和跨时空的思想传递，人类因此扩大联合。文字虽然突破了时间空间上的限制，但需要耗费极高的交流成本和传播成本。第三次是发明电信通信，电报、广播、电视实现了文字、声音和图像信息的远距离即时传递，为电子计算机与互联网创造奠定了基础。第四次是电子计算机与互联网的创造，是一次空前的伟大综合，其特点是所有信息全部归结为数据，表达形式为数字形式，只要有了 0 和 1 加上逻辑关系就可以构成全部世界。

现代通信技术和电子计算机的有效结合，使信息的传递速度和处理速度得到了巨大的提高，人类掌握信息、利用信息的能力达到了空前的高度，人类社会进入了信息社会。可以说，在一定意义上，人类文明史是一部信息技术的发展进化历史。

一、数字化档案的演进

随着社会的快速发展，人们对信息的要求越来越高，作为重要信息资源之一的档案正面临着全球信息化浪潮的巨大冲击。原有的手工管理档案的方式已经不能满足人们对档案高效管理和利用的需求，如何借助先进的信息技术，将档案管理从手工方式向数字化方式转变，已经成为人们关心和研究的热点问题。信息技术的发展使得世界的信息传播的方式和速度都发生了改变，当前人们生活在大数据时代下，要充分意识到数据对人们生活的作用，将数字化融入我国的档案管理，提高我国的档案管理水平。

档案信息化就是利用现代信息技术，对档案信息资源进行数字化管理和提供利用。这使档案管理模式发生转变，从档案实体的保管和利用，转向档案信息的数字化存储和提供服务。因此，档案管理数字化对优化管理者知识结构、队伍结构，提高管理者素质，促进现代管理技术应用，保护原纸质档案和改善其利用方式等方面有着特殊意义。首先，其优化了管理者知识结构和队伍结构；其次，其促进现代管理技术应用，提高了工作效率；再次，其有效保护了原纸质档案，改善了利用方式。

（一）古代的数字化档案

历经燧人氏钻木取火、伏羲氏结网捕鱼、神农氏种植五谷等，历经语言记录符号——文字的产生，历经国家、阶级、文明的产生，档案最终成为人类语言及活动的记录。负责档案材料与档案管理的职位首次出现于夏朝，而甲骨档案是我国公认的最早用文字记录的档案，是在殷商统治者占卜活动中和其他政务活动中形成的文字记录，其内容涉及政治、经济、军事、社会生活等各个领域。

到了周朝，专为记事铭文而铸就的青铜器出现。这种具有史书性质的青铜器铭文称为"金文档案"，是王和各级阶级贵族的重要记事档案，是西周王朝整个统治阶级活动的记载。历史发展到春秋战国时期，各国的档案往往由"大史""左史"等史官掌管，这时期已经出现正式负责管理档案的专职官员。为了巩固和加强中央集权，秦朝推行"书同文字"、统一政令，档案统一存放于中央，由御史大夫管理，这有利于档案的保管和利用。两汉时期对档案的政策主要是收集、保存和利用，同时对于史官的才能、出身和知识都有硬性规定。在两汉最杰出的就是史官会利用档案进行编辑活动，其代表作就是著名的《史记》和《汉书》。

魏晋南北朝时期，中国又进入动荡战乱时代。在中央，档案工作形成中书、门下、尚书三省分治的中枢系统，建立了中央文书档案的工作系统。随着国家的统一，政治、经济、文化繁荣昌盛，档案管理工作在隋唐时代有了新的发展，产生了专门保管人事档案的"甲历""甲库"，其管理人员称为"甲库令史"。《唐六典》就是玄宗时史官利用各种官府档案文件修成的。

宋元明清时期，我国档案管理工作发展更为迅速。宋代的文书工作制度日益完善，以法律的形式加以约束，文书和档案工作也有了初步分工，两方面的工作都有了较大发展。宋代的档案工作机构中，有"事中""中书舍人""翰林学士""司谏""录事""主事""令史""书令史"等档案官员。司马光以大量档案材料为依据，编写了著名的古代编年史——《资治通鉴》。这部从战国到五代1300多年的编年体通史具有很高的史料价值。元朝基本上继承了宋朝的档案管理制度，在中央一级政府机构设立"架阁库"。

明代的文书工作制度日趋健全，档案工作机构的设置也由分散趋于统一。明朝建立了在中国档案史上规模空前的专门档案库——后湖黄册库，用于保管全国赋役档案。清朝建立后，档案管理在仿照明朝旧制的基础上采取了恢复和发展措施，中央各部院衙门陆续建立"架阁库"来掌守档案，官员均由满人充任并严格规定员额。

鸦片战争以后，外国资本主义入侵，随之带来的外文外交档案，以及工业技术、交通技术、电邮电讯的引进，电报、照片、影片、底图档案与日俱增，形成了我国初步的科技档案。民国时期国民党政府为了提高行政效率和改革档案管理，推行了"文书档案连续法"，统一分类、统一编号、统一登记。

（二）现代的数字化档案

中华人民共和国成立以来，党和政府从各方面支持和重视档案工作的开展，把档案事业的建设列入各级领导机关的议事日程，积极发展档案事业，到20世纪80年代中后期，国家规模的档案事业在我国形成。尤其《中华人民共和国档案法》实施以来，广大档案工作者依据《中华人民共和国档案法》，依法治档，取得了可喜的成绩：档案工作管理体制逐步健全，形成了统一领导、分级负责的管理体制；档案法规和规章制度逐步建立并完善，做到有法可依、有章可循；档案设施不断完善、更新，为社会主义经济建设发挥了极其重要的作用。

以载体为特点的档案发展的历史主要从商代的甲骨档案开始，之后又出现了青铜铭文档案、简牍档案、金石档案、缣帛档案等，后来一直到今天使用最多的纸张档案。近现代以来，由于科技的发展，档案载体种类日渐增多，档案的形式也日渐增多，出现了大量以胶片、磁性材料及光盘为载体的档案。

近年来，计算机应用和网络技术发展迅猛，办公自动化这种新型的工作模式逐步取代了原来的纸质办公，新型的电子文件替代了堆积如山的纸质文件。目前，我国证券系统、银行系统及世界电子商务的迅猛发展使得电子档案的可靠性得到认可。现行合同法中规定"包括电报、电传、传真、电子数据交换和电子邮件"在内的数据、电文都属于合同的书面形式的条款。

2005 年 4 月 1 日，国家颁布并实施了《电子签名法》。在这个法规中，电子档案被赋予了同纸质档案相等的法律地位。纵观我国档案事业的发展演变史可见，档案是历代统治者行使政治统治权力的重要工具，对国家政权的巩固和文化、学术的发展繁荣起到了必要的推动作用。档案事业发展的历史也是人类文化发展繁荣的历史。与此同时，我国的档案管理工作也正在面临着严峻的挑战和激烈的竞争，档案管理体制必将逐步改革，各种档案管理也会涌现出新情况和新问题，也存有较大的发展机遇和空间。

近些年来，随着经济市场的不断发展，查询档案的人越来越多，对于档案馆来说，单凭计算机类的存储和查找的原始管理模式，已不适应现代化管理的步伐，更不能满足档案利用者的需求。据了解，交通运输部门的一些直属机构已经将各种配套的设备仪器投入使用，将各种资料广泛地进行扫描录入，大大地提高了工作的效率，减少了档案馆工作的负担，也更好地为利用者提供了方便。数字化档案管理体系可以使资源得到充分的共享。因此，各单位建立办公自动化系统，建立信息一体化的数字化档案信息管理体系是当务之急。

总之，由于起步较晚，数字化档案管理体系仍然处于初级阶段。数字化档案信息资源管理是一种新式的档案管理手段，尚处于摸索阶段，没有成熟的经验可以借鉴，在管理过程中不可避免地会出现一些问题。所以，要想提高数字化档案信息资源的管理效益，就要深入分析日前数字化档案信息资源管理存在的问题，并制订相应的解决措施，通过细化管理制度和创新管理手段实现提高数字化档案信息资源管理效益的目的。

2000年，国家档案局在《全国档案事业发展"十五"计划》中明确规定"加快现有档案的数字化进程，在北京、天津、辽宁、陕西、青岛等地开展档案工作应用数字化和网络化技术的试点"。在这一方针的指导下，我国很多地方已经开始了档案数字化的理论与实践研究。

二、数字化档案的含义

关于数字化，有很多种解释。比如，数字化是将用模拟方式记录的信息转换成以0和1序列表示的数字化信息。又如，扫描仪用来数字化图片，而声音是通过抽样处理完成数字化的。

数字化是将物理变量的模拟量以数字形式表示或表现，以方便数据的处理和传输的过程。它是通过将模拟量的信号采样、量化成离散的数字完成的。通信系统中的数字化通常是将语音或图像信号转变为二进制码。实际上，任何形式的信息在计算机能接受它们之前都要被数字化。

把模拟信号离散成数字信号的变换叫作数字化。例如，采用电荷耦合器件摄像机获取视觉信号。它们的输出是模拟量的全电视信号。要把这种信号送到计算机的帧存储器，进行数字化。

关于数字化档案，国内最早提及"数字化档案"的文献是1986年洛克里奇、张春艳在《国际地震动态》上发表的《美国全国地球物理资料中心的自然灾害活动》一文。

国内最早对"数字化档案"下定义的是邹悦。2005年，他在《数字档案资源建设中的著作权问题研究》一文中认为："数字化档案指的是传统档案数字化后形成的数字化形式的档案。"此外，郑重认为："数字化档案是指由办公自动化形成的电子文件归档后形成的电子档案。"并指出："它从形成开始，就是数字形式。"李殿环则认为："数字化档案来源包括两个部分，一部分是随着政府信息化的进程，网络化办公与无纸化办公的出现，各机构生成大量的电子文件，电子文件归档后作为电子档案存储在档案馆。另一部分就是馆藏的纸质档案、照片、胶片等传统档案利用数据库技术、数据压缩技术、高速扫描技术等技术手段转化为数字化的信息。"

数字化档案包含两部分：一是信息化的进程，办公自动化的出现使档案管里大量的档案生成电子文件，然后对生成的电子文件进行归档存储；二是档案文件利用网络数据库技术，将纸质的档案文件进行扫描、压缩形成数字化的档案。所以，笔者认为数字化档案是纸质档案进行电子文件归档后的一种表现形式，并不是真正的档案。

对于数字化档案的定义差别比较大，有认为是"电子文件归档"后的产物，有认为是"传统档案数字化后形成的数字化形式的档案"，还有认为前两者都是的。数字化档案就是档案数字化过程中的产物，档案数字化过程是由档案管理部门主动对所藏档案进行的数字化加工，而在这个由档案管理部门主动做的档案数字化过程中并不产生新的档案（数字档案），数字化档案的产生完全由档案管理部门掌控，数字化档案仅是档案数字形式的复制品。而且，档案数字化不是简单地把档案扫描成图片，数字化档案也并非电子图片。总之，档案数字化和档案信息化等问题还需要进一步探讨。

三、数字化档案的管理

为了适应社会发展的需要与不同行业的需求，数字化档案管理系统通过运用计算机及网络技术，结合大型数据库系统实现对文书档案、科技档案、照片档案、声像档案、实物档案、人事档案和财务档案等的数字化管理，并且对数字化档案数据进行全面管理，实现与用户办公自动化系统的无缝连接。

（一）数字化档案管理的定义

江佩琼在《档案数字化管理面临的难题及应对策略研究》一文中，将数字化档案管理定义为，对于任何组织、团体、国家来说，档案都是非常重要的，因为档案记录了这些团体、组织、国家在不同时间里所进行的各种活动，包括文化活动、宗教活动、政治活动等，这些活动在进行的同时也会以图片、文字等形式保留下来，而这些历史的信息记录对其未来的发展作用也是非常大的。档案对于文化的传承、历史的记录意义重大，所以必须对档案进行合理的分类及科学的管理，只有这样才能让档案发挥最大的作用，发挥其应有的功能。

数字化档案管理是指将各种原始档案资料，通过扫描、压缩、转化等手段转换成图片、声音和影像文件，再运用存储技术将图片和索引字段存储于光盘库、磁带库等大容量的存储介质上，并通过各种查询手段迅速地检索出所需资料，发布到局域网、广域网、企业内部网、国际互联网，最终实现"数字化档案"管理网络的档案管理技术。

（二）数字化档案管理的内容

数字化档案管理的内容包括数字化档案的收集、保管、利用等档案工作的基本环节，以及各项新规章制度的制定。数字化档案的收集工作体系，要求采用文档一体化管理方式。数字化文件和档案的一体化管理是数字化档案归档管理的根本方式。数字化档案的收集主要通过计算机网络管理来完成。只需各单位文书处理人员在完成本单位形成的电子文件后，通过网络再转发一份到档案馆即可。由于数字化档案载体的特殊性，档案存放方式由档案柜架变为用数字存储器及光、磁盘存储，极小空间可存放大量的数字文件。档案信息安全主要包括数字档案设备安全和信息安全两方面。档案资源数据格式的统一是资源网络化的保障条件。统一的数据格式和标准是档案信息网上归档和用户调阅的基础，也是实现网上档案资源高度共享的基础。档案信息利用必须规范化、标准化，搞好标准化，才有现代化，这是经过实践取得的重要经验。提高档案信息安全的措施有：建立有纸化和无纸化结合的信息库；访问控制，保证计算机网络系统运行安全；做好数据库备份工作，保证信息安全；预防病毒，防止网络系统遭受侵害；制订计算机系统安全保护制度，确保网络系统安全运行。

数字化档案管理系统是一个电子信息的仓库，能够存储大量各种形式的信息，用户可以通过网络方便地访问它。具体地说，它主要是实现三个方面的应用，即数字化档案管理信息系统数据库、档案万维网站点群静态页面存储和提供多媒体教学资源的储存和点播。

数字化档案管理体系由档案信息综合管理系统和网络信息共享系统两大部分组成。其中，档案信息综合管理系统由数字化处理子系统、档案信息管理子系统、信息服务子系统及数据库管理子系统组成；网络信息共享系统则由信息发布子系统和万维网管理子系统组成。整体来说，数字化档案管理体系是以现代信息技术为基础，以档案信息为核心内容，依靠先进、高效、便捷的开发模式，面向多层次、多用户的标准、安全、有序的分布式档案信息资源管理系统。

从数字化的对象来看，档案数字化的内容主要包括以下两个方面：一是对原有馆藏纸质档案进行数字化，即将原有传统载体的档案通过扫描、加工和处理，进行数字化转换；二是对正在形成的电子文件进行及时归档与保存，做到电子文档的齐全完整、真实有效。

从数字化的程度来看，档案数字化的内容分为以下两个层次：一是档案目录信息的数字化，即建立档案目录数据库，严格规范档案信息的著录标引，科学选定档案目录的数据库结构；二是档案全文信息的数字化，即采用扫描录入的方式将档案全文按照原貌逐页存储为图像文件并为其编制目录索引，或是经光学字符识别（OCR）技术识别后采用文本格式存储档案内容，辅之以全文检索数据库。

从数字化的过程来看，档案数字化建设应包括数字化档案的收集整理、存储保管和查阅利用等方面。我们可以通过文件和档案一体化的方式，借助计算机技术及相关信息技术完成数字化档案的收集整理；采用磁盘、光盘等数字存储设备实现数字化档案的存储保管；由计算机及其网络技术实现数字化档案的查阅利用。

数字档案管理构建起来的档案信息存储和查阅结构是由计算机和网络设备构成的，数字档案馆将馆藏有价值的纸质资料，通过动态的计算机技术加以识别、录入、分析、整合成电子信息，用网络形式将信息高度共享，可以集管理、查询、发布、挖掘信息于一体，能够将数字档案馆变成一个名副其实的电子化信息平台和海量资源库。

（三）数字化档案管理的发展趋势

1. 现代化发展趋势

随着技术的不断发展，档案管理也将朝着现代化的方向发展。将大数据技术应用到档案管理的过程中，档案信息资源可以得到更加充分的开发利用，档案管理可以从简单的实体管理（文件节约利用）上升到知识管理（构建新型资源知识服务引擎）。

2. 管理人员专业化发展趋势

我国档案管理将对管理人员提出更高的要求。管理人员逐渐专业化、深入化的发展离不开相关部门的科学引导和有效监控。例如：建立适应专业化形势下的科学激励、考核机制评估体系；建立符合现代化档案特点的竞争机制；推行档案工作人员职务聘任制，实行按需设岗，双向选择，严格考核，加强对档案从业人员的继续教育考核等。

3. 纸质档案管理模式向数字化档案管理形式发展

数字化档案会随着信息化时代的发展越来越普遍，这就要求档案管理从纸质管理向数字化方向发展。档案管理数字化能够提高档案查询、利用效率，更好地保存保护历史珍贵档案资料，实现档案异地备份等。与此同时，应该加强档案数字化管理的措施，如建立档案数字化管理机制，加强电子档案的维护、档案保密工作，以及建设规划标准、加强数据库建设和管理等。

自古以来，人们都是从书本等物理介质中获取知识和信息的。近些年来，随着计算机网络技术、数据库技术、多媒体技术的迅速发展，信息存取方式正面临着深刻的变化。电子存储设备比存储同样信息的纸张和胶片的价格更低，而且更安全、保存时间更长，大量文档的电子存储成为现实。同时，宽带网络、浏览器的出现将在线服务的质量提高到一个全新的水平。各国档案馆都在寻求相适应的现代档案运作模式，以增强自己在网络社会中的竞争力，更好地为社会和读者服务，以期成为社会的公共信息中心和枢纽。在我国，档案馆大部分都已完成档案业务管理自动化建设，未来的重点应该是档案的数字化和网络化建设。

传统的纸质档案载体容量非常有限，而且成本偏高；而数字档案的载体容量很大，可以节约大量成本和档案保存空间。纸质档案一旦遭到破坏，很难恢复；而数字档案具有容易备份的特点，可以通过保留多份备份文件来避免档案受损。在利用纸质档案时，我们通常要翻阅几十卷、甚至几百卷的档案，工作十分繁重；而数字档案在利用过程中，只需利用计算机，就可以在几分钟内检索到所需内容，十分方便。纸质档案只能描述二维的历史记录，无法满足人们在建筑设计、科研等方面的需求；而数字档案却可以利用计算机等先进的工具达到多维的记录要求。

从以上对数字化档案应用与发展形势的解析来看，未来数字化档案必定朝着信息化、网络化、市场化、综合服务性的方向发展。只有不断地加强数字化档案的市场化，才能促进数字化档案技术的开发和革新，提高数字化档案的使用率。从网络信息化技术的发展趋势来看，未来数字化档案必定朝着网络服务与发展共享的方式进行。只有不断地应用新技术，才能不断地拓展数字档案的服务范围和运用领域，才能促进数字化档案真正地发挥其作用和价值。

第五章　信息时代下高校档案管理的创新

第一节　高校档案信息管理现状

近年来，互联网已经渗透到人们的日常生活中，对于档案管理部门而言，档案的存储及收发工作在互联网的帮助下能够更加高效、快捷地进行。目前，档案电子化已经成为一种发展趋势，档案管理部门通过将档案存放在云端来拓展档案的传播空间，可以让需求者在第一时间快速地检索到自己所需要的档案。然而，正是这种快捷性，为一些不法分子提供了犯罪的机会。网络本身具有开放性和虚拟性的特点，一些恶意软件或是黑客很容易利用这种漏洞来对档案进行攻击或恶意读取、修改。因此，档案网络化管理中的信息安全已成为档案管理工作的重点内容。

一、网络环境下高校档案管理面临的安全问题

随着互联网技术的发展，计算机网络已经成为重要的信息交换手段，并渗透到社会生活的各个领域，表现在档案工作上也是如此。实现档案管理和档案信息服务的网络化是档案事业发展的必然趋势，同时给档案事业的发展带来新的机遇，也带来新的挑战，档案信息安全问题是网络环境下档案事业发展面临的新挑战之一。目前，档案部门建立馆内部的档案局域网和接入互联网的档案站点，在网络环境下开展工作，促进了工作效率和服务水平的提高，但是由于计算机网络具有共享性、开放性、复杂性等特征，网络面临各种安全威胁，档案信息随时可能受到破坏和攻击。所以，保证档案信息网络安全运行至关重要。

（一）安全保密问题是档案信息网络管理的最大障碍

计算机网络技术是一个开放的系统，尽管在信息安全保密方面人们已经

采用诸如网络防火墙技术、防毒查毒、公共网络、内部网络与外部网络的物理隔离等成熟方法与技术，但这些在蓄意窃密的"黑客"面前仍会显得苍白无力。从理论上讲，公共网络上的任何一台计算机终端都存在被非法访问的可能。因此，人们应清楚地认识到安全保密问题是档案信息网络管理的最大障碍。

（二）影响网络安全的因素

人们认识到的网络安全，一般是指网络系统的硬件、软件及其系统中的数据受到保护，防止因为偶然因素或者恶意的攻击而使网络安全遭到破坏、数据遭到更改、信息遭到泄露，保证信息系统能够连续、可靠、正常地运行。然而，实际网络环境中有时会出现硬件的损毁、系统软件或应用软件的缺陷、电脑病毒、黑客攻击等诸多问题，这些都会直接威胁网络的安全，主要表现在以下几个方面。

1. 容易被忽视的物理安全因素

保证档案信息网络中各种设备的物理安全是整个计算机网络系统安全的前提，主要涉及对档案信息网络所在环境的安全保护，如区域保护和灾难保护、设备安全（主要包括设备的防盗、防毁、防电磁信息辐射泄露、防止线路截获、抗电磁干扰及电源保护等）、媒体安全（包括媒体数据的安全及媒体本身的安全）。

2. 来自内部或外部的非法访问

来自内部或外部的非法访问可能致使网络遭受非法修改和恶意攻击，威胁网络环境下的档案信息安全。比如，网络管理员对用户权限分配不合理，用户密码选择不严密，来自外部的黑客入侵，等等。

3. 防不胜防的计算机病毒侵害

通过网络传播的病毒在传播速度、破坏性和传播范围等方面都是单机病毒所不能比拟的，网络中所有的终端、通道都可以是病毒的有效攻击点。

4. 普遍缺乏基本的备份系统

档案信息网络环境下，尤其是基层的档案信息化网络在建设过程中，为了节约资金，很少有意识地考虑同步建立备份系统，一旦发生网络安全问题，档案将失去信息恢复的可能。

5. 网络安全意识薄弱

长期以来，档案工作人员已经牢固建立了档案原件保管的安全意识，并将馆库安全工作视为安全问题的重中之重，但却易于忽视档案信息化管理过程中档案信息网络的安全问题。

（三）走出网络安全认识上的习惯误区

误区1：局域网中运行的计算机是安全的

一般人认为局域网有两种形式，一种是通过一个路由器和多个交换机互联的小区域网络，另一种是通过代理服务器上网的计算机。以上两种网络组织形式存在一个出口（俗称网关），第一种网关是路由器，第二种网关是代理服务器。而作为一般性的设置，网关都有配套的防火墙和端口管理。在网关上设定的防火墙或者端口管理如果长时间没有调整，那么对最新的病毒是无法防范的。此外，如果人们在网上浏览时不慎点击了别人设置的"病毒文件"，网关也很难阻止病毒的侵袭。因此，简单地认为局域网中的计算机就是安全的这一想法是错误的，一定要像其他计算机一样设定自己的安全级别，安装杀毒软件、杀木马软件、反间谍软件，并时刻谨慎浏览网上信息。

误区2：如果不连接互联网，局域网中的计算机是安全的

局域网中的计算机在不连接互联网的情况下，虽然少了很多风险，但是并不能保证每一台网内计算机都是安全的。计算机一般会有对外信息交互的机会，如访问FTP、网上邻居、使用移动存储设备，如果网内的计算机通过这些机会感染了网络病毒，整个局域网内的计算机必然受到病毒的攻击。

误区3：多装几个杀毒软件就不会出现问题

一般来讲，杀毒软件的编程是滞后于病毒的出现的，因此人们应该清楚地认识到任何一款杀毒软件对于计算机病毒来说都不是万能的，很多杀毒软件并不能完全查杀木马，一般的杀毒软件很少能查杀到间谍软件。

杀毒软件的目的在于预防和发现病毒，但是如果安装过多就有可能带来

很多不便。因为杀毒软件都有监控程序，并且有反监控的功能，所以当一个杀毒软件想监控所有进出计算机的进程的时候，如果遇到其他杀毒软件就会互相干扰，有时会出现多个杀毒软件把对方判断为病毒的错误。

误区4：系统平台经常更新就不会感染病毒

一个系统漏洞从被发现到漏洞补丁的出现会经过一到两周的时间，这期间一旦被计算机黑客利用，后果是很严重的。另外，许多人认为那些紧急和重要级别的补丁需要即刻操作，而忽略对一般性补丁的操作，这同样会成为黑客入侵的入口。

误区5：在线杀毒或者在线扫描没问题说明系统是安全的

在线杀毒或者在线扫描，就如同所有的杀毒软件一样，不可能实现对所有病毒的防范。杀毒软件提供的在线杀毒等服务更多是出于对它自身产品的宣传和营销的一种策略，最终的目标还是吸引大家去购买软件。

二、高校档案信息安全领域现有的安全措施

电子档案是高科技的产物，信息安全技术对于维护高校电子档案的原始性、真实性而言至关重要。

（一）电子档案信息认证与恢复技术

1. 签署技术

电子档案的签署技术一般包括证书式数字签名和手写式数字签名。证书式数字签名是对发出的文件，发方利用自己的密钥进行加密处理，生成一个字母数字串的"数字签名"，再与文件一起发出。手写式数字签名是在文字处理软件中嵌入专门的软件模块，作者使用光笔在屏幕上签名，或使用压敏笔在手写输入板上签名，与在纸质文件上的亲笔签名一样。

2. 加密技术

加密技术的一个重要功能是可以确保电子档案内容的非公开性。其加密方法有很多种，一般在传输过程中采用"双密钥"法。在网络中，一个加密通信者通常拥有一对密钥：加密密钥和解密密钥。加密和解密是不一样的密

钥，因此外人很难从截获的密文中解密，这对于传输中的电子档案具有很好的保护效果。加密密钥是公开的，解密密钥是严格保密的，发方使用收方的公开密钥发文，收方用只有自己知道的密钥解密。

3. 身份验证

身份验证最常用的方法是给每个合法用户一个"通行字"（由数字、字母或特定符号组成），代表该用户身份。用户进入系统访问前，首先要输入自己的"通行字"，对于这个通行字，计算机会与存储在机器中有关该用户的其他资料进行比较验证。若验明为合法用户，可进入系统对相关的业务进行访问；否则就会被拒之门外。如银行相关系统使用用户密码验证，文件管理系统使用管理员代码验证，都是为了防止无关人员进入系统对文件或数据进行访问或破坏。

4. 防写措施

计算机外存储器有一种叫只读光盘（CD/DVD-ROM），使用者只能读出信息而不能追加或擦除。使用者可对一次写入式光盘（WORM disc）一次写入多次读出，可追加记录但不可擦除之前的原有信息。一次写入式光盘这种不可逆式记录介质可以提高电子档案内容的有效性和安全性，防止用户更改。目前在许多软件中的设置项中，有一种"只读"状态，在这种状态下，使用者只能从软件或文件中读出信息，而不能做任何修改。

5. 硬盘还原卡技术

使用硬盘还原卡后，用户可以随意对硬盘中的电子档案和数据进行增、删、改，一旦关机重新启动，硬盘又恢复到原来的状态，用户的操作不会留下任何痕迹，从而保护了硬盘中电子档案和数据的原始性。

（二）电子档案防病毒技术

1. 计算机病毒的产生

计算机病毒是一种特殊的具有破坏性的计算机程序，它具有自我复制能力，可通过非授权入侵可执行程序或数据文件。计算机病毒最早出现在20世纪80年代中期，三十多年的时间过去，病毒的数量高速增加。近年来，网络病毒开始大肆流行，携带病毒的数据包和电子邮件越来越多，对计算机病毒的防治查杀成为对电子档案保护的重要方面。

2. 计算机病毒的防治

对病毒的防治管理要树立"预防为主，防治结合"的观念，要防止病毒向计算机内部各软件传染，还要抑制已存在的病毒向其他计算机传染。由于病毒是主动的，必须从其寄生对象、内存驻留方式、传染途径等一些有危害性的病毒行为入手进行防范。

3. 尝试运用多种软硬件技术

一旦发现病毒的相关踪迹后，就应用清病毒盘，启动计算机，查杀病毒，如果仍有问题，应及时向专业人员咨询。要重视对重要数据的保护，利用相关软件将数据保存于安全的地方。要制定严格的防毒规章制度，如定期或不定期检查软硬盘和系统，经常对重要的系统盘、数据盘进行备份，装备并定期升级最新的查毒杀毒软件，等等。

（三）电子档案信息备份

信息备份是一种可以为信息系统的受损或崩溃提供良好的、有效的恢复的手段，是重要的保障信息安全的辅助措施。

1. 备份技术

备份技术发展较快，从最原始的复制到磁盘镜像和双工，发展为后来的镜像站点、服务器集群技术和灾难恢复方案等。在网络中，人们通常使用的一种备份手段是磁盘镜像和磁盘双工技术。磁盘镜像能够不间断地更新及存储同一种文件，其有两个成对的磁盘驱动器及盘体在同一通道上。在两个硬盘中的一个发生错误的情况下，另一个依然能够不受影响地单独运行。磁盘双工的两个磁盘分别在两个通道上做成镜像，即使在磁盘及通道都损坏时，也可以对文件起到保护作用。

2. 备份管理制度

电子档案管理者应注意以下几方面：首先，明确不同的备份方式。静态数据通常采用定期备份的方式，而实时系统最好采用实时备份，以避免死机延误的损失。其次，选择备份形式。按照备份的内容有增量备份（对增加的数据进行备份）、全备份（对所有的数据进行备份）、集成备份（对整个系统包括数据和程序进行备份）等方式；按照备份的状态有脱机备份和联机备份两种方式；按照备份的日期选择有日备份、周备份、月备份。再次，确定备份设备。结合单位实际情况和设备特点选择组合磁带机、磁盘阵列、光盘、硬盘、软盘等存储设备。最后，形成备份制度，如是否需要多套备份、是否需要异地存储、如何保证备份的智能恢复和灾难恢复功能。此外，有条件的单位还可考虑镜像站点和集群服务器技术等较先进的技术。总之，要从保证系统安全完整运营的高度来考虑备份工作应当注意的要素，形成一个比较完善的备份制度。

（四）电子档案网络传输信息安全技术

1. 防火墙

防火墙在一个系统的网络和外部网络连接点设置障碍，从而阻止对本系统信息资源的非法访问，也可以阻止非法输出机网络上的机要信息和专利信息。

2. 虚拟专用网

虚拟专用网是用于电子档案传输的一种专用网络，它可以在两个系统之间建立安全信道，非常适合电子数据的交换。在虚拟专用网中，文件传递双方比较熟悉，相互间的数据通信量很大。只要双方取得一致，在虚拟专用网中就可以使用比较复杂的专用加密和认证技术，能极大地提高电子档案在传递过程中的安全性。

3. 网络隔离计算机技术

有一种网络隔离安全计算机，可在一台计算机上实现内网和外网两种功能，内网是内部保密网，外网是国际互联网。这种计算机可确保在外网遭到攻击毁坏时，内网安全无恙。

三、高校档案管理系统的选择与运用

目前，在国内高校中使用范围较广的高校档案管理软件应属南京大学档案馆开发的"南大之星"，其用户有中国人民大学、南开大学、南京大学、同济大学、四川大学、西安交通大学、华东师范大学、厦门大学、中国人民公安大学、西南大学等。有部分院校自主研发了符合自身实际需要的档案管理软件，这部分院校有浙江大学、电子科技大学等。此外，还有一些单位或个人也研发了面向市场的档案管理软件，如成都某高校部分教师研发的"档案管理网络信息系统"。下面对"南大之星"和某高校部分教师研发的"档案管理网络信息系统"进行比较研究。

（一）系统主要功能比较

1. 相同点

（1）档案信息录入与检索。两者均通过远程分部门的录入方法，实现分布录入，然后通过审核进入系统，支持用户远程上传各种格式的纸质文件扫描图像、电子文件全文等。系统还采用了比较高效的检索算法，实现了高速检索。

（2）档案信息统计。两者均可以对各类档案数据进行统计，并且根据需要绘制出与之相对应的统计图表。

（3）档案借阅利用统计。两者均可利用计算机网络实现档案的借阅利用，用户只需要通过台计算机远程登录到系统就可以查阅所有非涉密馆藏档案，并确定所要借阅的档案或者文件。系统还可记录完整的借阅利用信息，进行借出档案的到期催还、借阅利用信息的各种统计等操作。

（4）自定义打印目录。两者均允许用户除可以使用国家标准的各种打印目录格式外，还可以根据具体的打印需求，自主设计各种目录格式。

（5）自定义管理界面。两者在实际工作中均允许用户根据自身实际及不同类别档案管理的具体需要，自主定制管理界面的内容。

（6）授权功能。两者均可以实现部门授权和单用户授权，并通过授权

灵活控制各用户对高校档案管理系统的操作权限。

（7）电子文件管理。两者均具有比较完善的电子文件管理功能，主要体现在三个方面：①保障电子文件的安全性：两者均通过 128 位数字证书保障数据在网络上的传输安全及信息不会被非法截取，同时通过完善的系统用户权限控制、电子文件访问日志及电子文件背景信息记录等保证电子文件不被非法访问。②电子文件的远程、高速、批量上传。各种格式的扫描图像文件、扫描照片、全文电子文件、数字化视频音频文件，各种数码设备所生成的电子文件，都可以在两者中远程、批量、高速地上传。③电子文件与 PDF标准格式的自动转换。在使用过程中，两者均可将各类电子文件自动转换成PDF 标准格式。

（8）安全套接字层（SSL）保证系统数据网络传输的安全。由于档案信息的特殊性，档案信息系统相对于其他信息系统来说，在安全性上的要求会更高。两者都采用用户账号加密、数据加密传输、数据访问权限控制等手段确保系统的安全。

（9）与其他办公自动化系统的无缝整合。两者都为各种办公自动化系统软件预留了标准的交换接口，可以实现和各种办公自动化系统的无缝整合。

2. 不同点

（1）自由建库。"南大之星"软件允许用户根据实际需要自由创建档案信息数据库，并且建库的权限可以控制；"档案管理网络信息系统"这方面的功能尚不完善。

（2）自定义数据库结构。"南大之星"软件允许用户根据实际情况自定义数据库结构，以满足各种类别档案管理的需要；而"档案管理网络信息系统"这方面功能也还需改进。

（二）系统特点比较

1. 兼容性层面

两者既兼容传统的以卷为单位的管理规则，也支持新的以件为单位的管理规则。

2. 技术层面

两者都采用模版定制技术，能实现对各种不同门类档案的管理，如党政、人事、基建、财会、科研、声像等。

3. 结构层面

两者均采用纯浏览器 - 服务器（B/S）结构，摒弃了传统的客户 - 服务器结构（C/S）结构，不需要用户安装任何客户端软件，也不限制客户端的数量。

（三）售后服务比较

南京大学档案馆与南京中坦科技有限公司大力合作，成立南京中坦科技有限公司数字档案事业部，专门负责"南大之星"档案管理系列软件的市场推广和售后服务工作，解决用户软件应用中的问题，并且终身免费升级。而"档案管理网络信息系统"是由部分教师自主研发的，目前主要由这些教师为用户进行售后服务工作。随着时间的推移，由于这些教师的人员流动及其本身在售后服务工作上的兼职性，将不可避免地暴露出一些问题。

（四）小结

通过以上几个方面的比较可以看出，从系统软硬件配置要求到售后服务等方面，"南大之星"都在"档案管理网络信息系统"的基础上朝更方便用户使用的方向迈进了一步，但就真正满足用户需求的角度来说，"南大之星"仍然存在一些不足。比如，软件开发时间较长，使用应用服务商编写代码，模式比较固定，无法针对每家用户进行自定义开发，用户新的需求会比较长时间才能得到满足，等等。因此，在发展档案管理系统方面，我国还需要不断完善，进而真正满足用户需求。

（五）档案管理软件的选择

1. 高校自身状况和实际需求

选用档案管理软件时要考虑高校的规模、效益和对档案利用的需求情况。部分高校有专门的档案馆，档案数量多、信息量大，应考虑建立数字档案馆，实现文字、声像、视频等档案信息的一体化管理。有的高校档案数量较少，档案整理、编目工作量小，可以选择单机版软件，通过计算机实现档案存贮检索、目录打印等功能。经济效益较好的、已建立局域网的高校可以选择网络版软件，以实现档案信息资源的网络共享，并有利于档案工作的协同性。

2. 功能要求

档案管理软件应具有文书处理和档案管理的功能，集文件登记、公文处理、组卷、编目、检索、编研等于一体，可以打印目录、封面和其他统计报表；具有集中统一管理档案的功能，可任意增加档案的门类。此外，当前高校档案内容繁多，系统应有管理对象扩充的功能。

3. 系统维护方便，界面友好

档案管理软件要有严格的分级权限设置，根据用户知悉信息的范围设置不同的权限，确保数据的安全。系统界面可根据个人喜好、使用频率等进行调整。

4. 档案管理软件开发公司的情况

现在市场上档案管理软件名目繁多，选用时要了解软件开发公司的规模、效益，所开发软件的使用效果及售后服务、档案软件升级等，以便所选购的档案管理软件能跟上时代的步伐。

第二节 信息时代下高校档案馆的发展

一、现代高校档案馆的现状

现代高校档案馆是收集和管理学校的教学、科研财富，维护学校发展历史真实面貌的重要基地，担负着为教学、科研提供信息服务，为学校提供决策支持，为社会提供公共服务和传播档案信息的重任。现代高校档案馆的发展虽然还处在初级阶段，但时代化的印记却逐渐明晰。

（一）现代高校档案馆的性质

高校档案馆既是保存高校档案的基地，利用档案史料的中心，又是永久保存和提供利用本校档案的内部单位。但是，高校档案馆既不同于国家的综合性、专业性档案馆，也不同于部门档案馆，有其特殊的属性。

（二）现代高校档案馆与国家档案馆的区别

《中华人民共和国档案法》指出，各级各类档案馆是集中管理档案的文化事业机构。高校档案馆与其他各类档案馆不同，主要区别在于：其一，行政归属不同。高校档案馆是隶属于高等院校的一个内部机构，是单位的档案馆。其二，收集范围不同。高校档案馆只收集保管本学校形成的档案，一般情况下，高校档案馆收藏、保存、管理能反映本校主要职能活动的材料。其三，服务对象不同。高校档案馆收藏、管理的档案主要是本校教学、科研和党政管理等各项活动的历史记录。由于所保存的档案内容有着很强的现实参考作用，高校档案馆主要面向校内服务，即服务学校的各项活动，特别是教学和科研工作。面向社会的服务对象主要是学校历届的毕业生，服务范围主要是教学档案。今后，随着高校档案馆的发展和档案的开放，高校档案馆也将面向社会，更多地体现服务社会的功能，以满足社会各界利用学校档案的需求。

现代高校档案馆还有一项特殊属性，即教育功能。对开办有相关专业的学校来说，档案馆是校内的教学实训场所。平时，档案馆利用档案和人才资源提供对师生进行档案知识、档案管理工作的教育；在教学需要时，承担相关专业学生的实习实训环节的教学、实习任务。

（三）现代高校档案馆的职能

高校档案工作的特点决定了高校档案馆的性质、地位和职能。高校档案馆既是学校档案工作的职能管理部门，又是永久存放和提供利用本校档案的科学文化事业机构。高校档案馆要存储好学校的档案，发挥档案信息利用中心的作用，向本校和社会各方面提供服务；同时，要履行全国档案馆网络体系成员的义务，即根据有关规定，定期或不定期地向国家档案馆移交具有国家和地方重要意义的档案。高校档案馆作为学校的内部机构，它的职能主要包括以下几个方面。

1. 行政管理职能

高校档案馆作为高等院校档案工作的职能管理部门，要履行对学校档案工作的行政管理、业务监督指导等职责，统一决策，规划全校档案工作，建立健全规章制度，直接为教学、科研服务。

2. 业务管理职能

高校档案馆要统一管理全校各类档案材料，改善档案保管条件，提高现代化管理水平，检查、督促有关部门做好各种记录材料的形成和积累，指导有关人员做好归档材料的整理和保管工作。高校档案馆作为业务部门之一，要负责科学、永久地保存好学校的全部档案，并积极做好开放利用工作。

3. 服务教学职能

随着学校档案事业的发展和高校档案馆服务水平的不断提升，高校档案馆正朝着向利用者"提供多层次、全方位、网络化的服务"的方向发展。高校档案馆的服务目标应该是最大限度地满足教学、科学研究和教育管理等各项的需要，并以此作为档案馆前进发展的动力。

4. 信息传输职能

档案馆负责本校档案的收集、整理、鉴定、保管和统计工作，这使档案馆成为学校各种信息的汇集地，成为分布、传播信息的权威中心。高校档案馆应站在全局高度，对档案信息进行科学的管理和加工，努力提高档案检索体系的现代化水平，服务于教学管理和科研。

5. 宣传教育职能

一方面，通过举办档案展览，宣传学校建设和发展的成绩，扩大学校的知名度，增强教职员工、校友的自豪感；另一方面，档案馆可以利用自己的资源优势，传播档案专业知识，对师生进行档案相关知识宣传教育，参与教学，开设档案管理相关的公共选修课程，接纳教学实习、参观，发挥教学、实验、实践性教学的职能。同时，定期对学校档案专业技术人员进行继续教育培训，是档案馆的职责，也是提高高校档案工作人员素质的重要手段。

如前所述，高校档案馆既是学校档案工作的管理职能部门，又是永久保存和利用本校档案的一个科学文化事业机构，具有档案行政管理和档案保管利用双重职能。高校档案馆的特点使其有利于实现行政管理和业务管理的一体化。但是，就大多数高校档案馆的情况看，其行政管理的职能往往发挥得并不到位，主要是受到机构设置和人员编制等的限制。高校档案馆大多属于非独立性的机构。一种是隶属于合署办公的学校党政办公室，或挂靠在学校的行政办公室，均为科级建制，其行政管理的职能难以自主发挥；另一种是将档案馆与图书馆等放到教学服务部门，因而使其行政管理职权就大打折扣了。

另外，档案馆的两种职能又是相辅相成的。高校要将档案馆建成集收藏、出版、研究性质于一身的机构，只有发挥好行政管理职能，才能促进业务管理；而业务管理达到了理想的境界，也会给全校的档案工作的行政管理提供有力的支撑。

今后，在学校的机构改革中，不管机构如何变动调整，作为职能部门，学校档案馆在履行业务管理职责的同时，应该遵循《中华人民共和国档案法》赋予的独立行使档案行政管理的职权，更好地落实集中统一管理学校全部档案的职责。

（四）现代高校档案馆的自身功能由单一保管向社会公共服务拓展

学校档案是伴随着学校建立而产生，并随着学校发展而丰富起来的，是学校历史的缩影和"永恒记忆"，是知识与信息贮存和传播的一种形式，是传承文化的载体和工具。随着信息化和网络化时代的来临，现代高校档案馆与传统高校档案馆在功能上已经发生了显著的变化。

1. 传统高校档案馆的核心价值是单一保管，具有封闭性

首先，传统的档案信息服务模式是一种以收集—保存—借阅为主要形式的模式。它通过案卷目录、索引来反映档案信息，通过用户到馆查档来传递信息，服务形式单一、被动。档案工作人员基本上"为保管而保管，重保管轻利用""坐等上门""安于现状"。其次，档案工作的政治性、机要性决

定了档案工作范围的狭窄性，使档案工作逐步走向"神秘"状态。再次，人们的观念加剧了档案工作的"封闭性"。由于历史的原因，在"民可使由之，不可使知之"等观念的支配下，档案馆主要服务于机关部门和特定的少数人，形成了"法藏官府，威严莫测"的传统，社会公众档案意识淡漠。

2. 现代高校档案馆的核心价值是公共服务，具有开放性

2002 年 11 月，国家档案局制定下发的《全国档案信息化建设实施纲要》吹响了让信息化助力档案事业发展的号角。信息化拓宽了档案馆收集社会档案信息的渠道，网络化丰富了馆藏的线索和途径，促进了由完全的实体保管模式向信息管理模式的转变，由单一保管功能向社会公共服务功能的拓展。档案馆呈现出前所未有的开放性特点。第一，服务模式逐步开放。面对网络社会的挑战，档案馆开始突破围墙，跳出固定场所，主动接触社会，在档案的采集、加工、组织、服务方面面向网络环境，以新的方式组织、控制、选择、传播信息，以更加开放的姿态建立了辐射型的服务体系。第二，服务对象逐步开放。传统档案服务对象只限于本单位、本部门，来馆人员也大多为工作需要，服务对象有限，现代高校档案馆已经打破时间和空间的界限，无论何时、何地都可以上网查询，任何上网的用户都可以利用档案馆的公共信息。现在，有些学校的档案馆开通了学籍信息查询系统，只要输入姓名、身份证号就可以查到该学生在学校期间的基本情况，不仅为用人单位核实学位、学历提供了方便，也为出国留学学历认证提供了依据。

二、数字档案馆的发展与普及

自 1999 年王宇辉等人提出数字档案馆是一种档案馆的未来形式以来，相关研究发展迅猛，知网的检索结果表明，截至 2017 年 7 月底，篇名或关键词中精确包含"数字档案馆"的研究文章已达 71 672 篇，内容呈现分散化趋势，涉及系统功能、元数据、用户服务、技术外包、认证、发展趋势等多个主题。从实践进展来看，2000 年我国第一个数字档案馆项目"深圳市数字档案馆工程的研究与开发"立项，青岛、杭州、浙江、江苏、云南等地档案馆先后启动数字档案馆建设，企业数字档案馆、高校数字档案馆也不断出现。

国家档案局档案馆（室）业务指导司也将数字档案馆室建设作为当前的主要工作之一。

（一）数字档案馆的主要特征

数字档案馆是以数字网络方式有序处理和管理档案，包括收集、创建、确认、转换、存档、管理、发布利用等涵盖文件生命周期管理实践的全过程，并在特定范围内用多种载体形式存储档案信息，共享网络资源，提供多种形式的、先进的、自动化的档案电子信息服务。数字档案馆的主要特征表现在以下几方面。

1. 档案信息资源的数字化

数字档案馆中的档案信息是经过计算机处理的能被计算机识别的数字化的信息，需要时可以用多种便捷的方式提供给利用者。

2. 网络为传输载体

数字档案馆依附于网络而存在，网络为数字档案馆提供了良好的传输环境。

3. 以利用者为中心的服务方式

通过计算机网络系统，利用者不必亲自到档案馆查阅档案，只要在办公室或家里的终端前，在权限范围内对远程的数据库进行联机浏览、检索和利用。当利用者在联检中遇到问题时，档案工作者可以及时帮其解决问题，并提供多种形式的服务。

4. 应用各种高新技术

数字档案馆是一个内容管理系统、集成系统和数字信息长期保存系统的集合。作为以电子文件、档案及其他信息资源等非结构化数据为主要管理对象的数字档案馆，它不仅起到一个数据中心和发布利用的作用，而是具有有序处理和集成管理的功能。

5. 馆藏容量无限

数字档案馆结合现代网络技术和数字化的存储技术，可以使馆藏容量变大，可以把几十年、甚至全部馆藏信息储存在几张光盘里，或将不同的档案信息链接到同一体系之下，实现资源共享。

（二）现代科学技术是数字档案馆建立的基础

数字档案馆是计算机与信息网络技术发展的产物，是在传统档案馆的基础上实现的质变和飞跃，是时代发展的必然产物。

数字档案馆是计算机多媒体技术的进步，向人们展示了未来档案馆收集和利用的美好前景，更拓展了档案馆数字信息收集、管理和利用的新领域，使利用者可以获得图文并茂的档案信息。

数字档案馆利用计算机、扫描、数字影像、多媒体、数据库、存储技术等把各种各样载体的档案资料转变为数字的档案信息，以数字化的形式存储、网络化的形式互相连接，并利用计算机系统进行管理，形成一个有序结构的档案信息库，及时提供利用，从而实现资源共享。

（三）建立数字档案馆带来的改变

1. 档案载体的变化

随着办公自动化的实现，大量电子文件产生，电子文件取代纸质文件成为档案信息的主体是时代发展的必然趋势。在未来，档案馆主要管理电子档案，档案馆收藏、保管和利用的档案信息主要是数字化的信息，是以计算机可读写介质为载体，供计算机处理，并通过网络传输的数字化信息。因此，档案载体将由纸质转变为计算机可读写介质。

2. 收集方式的变化

数字档案馆是伴随计算机、通信、网络技术等高新技术发展而出现的产物，将越来越依赖于网络系统。由于办公自动化的发展改变了档案计算机管理的单机管理模式，档案管理系统成为办公自动化系统中的子系统，并将随着办公自动化系统的发展而发展。

3. 数字档案馆将实现文档一体化管理

我们可以通过网络系统完成电子文件的接收和归档，也可以通过网络系统对利用者提供利用服务。文档一体化管理可以一次性解决用户单位档案录入、整理归档、打印和在线检索利用等诸多问题，大大降低了档案整理中的劳动强度，有效提高了工作效率。

4. 服务方式的改变

数字档案馆改变了传统档案馆的借阅方式，方便了利用者，人们坐在办公室或家中就可以利用档案馆中丰富的信息资源。同时，网上利用的开展，可以减少档案工作者直接为利用者查阅目录、调卷的查阅工作，使档案工作者有更多的时间致力于档案数据的整合，开发出更多可利用的档案信息，进而使档案利用工作进入良性循环。

5. 保管方式的改变

数字档案载体的特殊性决定了其保存的复杂性，档案工作人员应定期对电子档案进行维护与保存，以确保电子档案的安全可靠，使其能够长期处于可读和可用状态。首先，需保证电子档案的载体安全，防止自然灾害和突发事件对档案信息的破坏，并定期对其进行检测和转存，还要注意保管磁盘、光盘等数字文件的物理环境，以免磁盘、光盘突然损坏；其次，应加强对电子文件形成过程中所需的背景信息、相关信息及阅读电子文件所需的软硬件设备的保存，保证电子档案的可用性和可读性；再次，还应防止信息丢失、被非法更改等情况的发生；最后，在网络环境中，要处理好信息资源共享和保密工作的矛盾。

（四）数字档案馆的普及策略

1. 加强数字化信息资源建设

信息资源建设是档案馆建设的核心，信息资源是一个有组织、系统化的数字大集合。馆藏数字化资源上网供用户查阅是数字化建设最具实质性的一步。另外，用户对信息的需求更具针对性，更为个性化，因此档案馆应根据用户的特定需要，有针对性、有计划地开发网上信息，有效地为用户服务。档案馆还要充分利用网络，为档案科研提供内容广泛的信息服务，使网上的内容更充实，达到资源共享的效果。

2. 深入开展优质服务工作

用户工作的核心是服务，随着用户工作的服务环境、服务手段的变化，其服务内容也发生了变化。工作方式由面向档案为主，转变为以面向用户为主，实现以人为本；工作内容由档案服务向信息服务转变。未来档案馆不再以馆舍大小论好坏，而是以档案馆服务优劣论成败。档案工作人员在档案馆服务过程中起关键作用，是档案馆服务的主体，只有将传统的方式与现代信息技术相结合，才能为用户提供更加优质的服务。

3. 抢占网络阵地，对用户进行素质教育

未来的档案馆存在于网络环境中，如何使广大用户快捷、安全、可靠地获得信息资源，是服务管理工作中的重要问题。网络环境下服务对象的复杂化，服务方式的自由化，电子数字信息资源变化频繁，以及电脑病毒、不良信息侵扰等因素，都有可能干扰和破坏信息资源的安全。如何防止信息化社会对档案馆造成负面影响，如何建立有效的能利用所有信息技术的新型档案馆体系，将是各档案馆必须认真对待的问题。

4. 提高馆员队伍素质是适应数字化建设的根本需要

加强档案馆专业队伍建设，尽快提高队伍素质，是网络环境下搞好用户服务工作的关键，因为再先进的计算机、电子网络都要由人来操作和管理，信息化社会不会使档案馆消亡，计算机也不能取代工作人员。有关专家统计，在美国的档案馆服务中，档案馆的建筑发挥的作用占 5％，信息资源发挥的作用占 20％，而档案馆员发挥的作用占 75％，可见人员建设是何等重要。

三、智慧档案馆的建设研究

（一）智慧档案馆的概念

作为档案信息化建设的核心内容，在智慧城市、智慧校园等智慧生态快速发展的环境下，档案馆正在从当前重视馆藏档案资源数字化管理的思维，向档案馆全面信息化管理的智慧模式转变，智慧档案馆已逐渐代替传统的数字档案馆，成为档案界最前端的理念。数字档案馆是将传统纸质档案数字化处理并保存，通过电脑、网络提供查询和利用，是一次档案信息脱离载体的解放。智慧档案馆作为档案馆发展的新形态，通过云计算、大数据、物联网等新技术实现对档案信息及其载体的智慧管理，为档案利用者的智慧服务，从而构建档案馆管理与运行的新形态、新模式。这种转变不仅出自档案管理理论和实践本身的发展需求，更有来自社会变革、服务演进的深层次需求。

（二）智慧档案馆建设的具体内容

1. 库存档案的数字化

（1）库存综合档案数字化的必要性

纸质档案数字化的意义就在于在充分考虑档案馆人力、物力、财力情况下，确定扫描工作计划，科学界定纸质档案扫描的范围，优先保证那些保存价值较大、利用面较广、利用频率较高，急需得到抢救性保护的纸质档案能够得到科学保存与利用，从而提高馆藏档案数字化建设的效益，实现真正有价值的信息资源共享，为学校教学、科研等各项工作提供适时、强有力的信息保障。其想法是科学合理的，但在具体的实际工作中，数字化档案的鉴定、目录数据库构建、确定数字化加工文件存储格式等却不是那么容易的。在馆藏档案数字化扫描之前我们应该科学策划和周全组织，使数字化扫描工作能够按照预定的目标进行并取得成效。

（2）库存综合档案数字化的实施

①对库存档案进行鉴选，科学界定馆藏档案数字加工的范围

第一，价值从优和保护从优原则。优先选择具有特殊珍藏价值或年代久远的、破损的、字迹退变的珍贵档案或孤本进行数字化。比如，南京师范大学档案馆在对馆藏纸质档案进行鉴定优选的情况下，首先确定了金陵女子大学珍贵档案应优先全文数字化。这批档案由于形成时间久远，有些已经出现字迹模糊、破损等情况。对此进行扫描，并输入到档案管理系统上，解决了档案反复借阅利用和档案保管的矛盾，从而可以最大限度地对纸质档案进行保管和保护。

第二，利用优先原则。根据借阅登记和利用分析，将那些利用率高的档案纳入优先数字化范畴。比如，高校的录取新生名册档案包含了考生基本面貌、毕业中学、考生类别、录取院校及专业、录取志愿及高考成绩等内容。

随着社会科学技术的发展及对人才需求的多元化，高校录取新生名册档案信息资源已成为教学评估、学生求职及学历论证等频繁查询利用的信息，是教学档案中利用率较高的一部分。

第三，适宜性原则。有些档案因技术制约而暂时无法达到满意的转换效果，或者即使可以转换，但由于容量要求太大、传递速度太慢、利用十分不便等原因，不适合数字化的，就有必要暂缓对这类档案的数字化，等技术发展到可以较便捷地解决这些问题时，再将它们进行数字化。另外，对于年代久远的档案，其纸张会变脆或已虫蛀、霉变，在扫描过程中，可能使其损坏，还有不少档案已装订成册，拆开来扫描既费事又容易造成档案损坏，不拆开又难以保证扫描质量。针对这些情况，用数码相机拍摄不失为一种好方法，不仅可使扫描仪难以胜任的图像采集变得非常容易，还提高了工作效率。

②制定馆藏档案数字化扫描工作的详细计划

馆藏档案数字化扫描工作的计划必须明确分工，加强部门间的协调配合，确保工作稳步推进。比如，某些高校档案馆综合档案数字化扫描加工采取外包方式，与数字化扫描加工公司签署质量协议时提出了相关质量要求，并附有详细的工作计划。由于馆藏纸质档案的重要性和不公开性，在进行数字化扫描加工前，要指定馆内专人负责，做好出入库档案登记，要指定专门扫描加工场所，防止扫描加工过程中发生纸质档案的损毁、丢失、泄密等现象。也就是说，要把扫描工作过程中可能出现的各种不利因素均考虑好，并且在计划表中罗列出来，同时对这些问题的解决也要提出相应的办法，使各项工作都有章可循。

③建设馆藏档案目录数据库，严把质量关

在数字化档案管理系统建设中，馆藏档案目录数据库建设尤为重要。所谓档案目录数据库，就是以档案的类别、主题、代码等构建起来的，能够链接或指向所要查找的档案内容的资料库。馆藏档案目录数据库是馆藏数字化档案全文得到有效利用的基础和前提，它可以较全面地反映馆藏档案信息，有助于实现档案全方位的、动态的、完整的信息服务。所以，应依据档案著录规则，将扫描后的图像与文件目录进行个别挂接，并确保数字化图像与档案目录的对应，保证网上调卷、阅卷的准确率。

④认真确定数字化加工文件的存储格式

现代技术发展太快，为电子文件和电子档案的管理带来了很多难以解决的问题，所以应尽可能以一种超脱于各种设备的方式存储数字档案，以统一而简单的格式存储，使数字档案不再依赖于原来的数据库，降低设备和软件频繁更新带来的不利影响，这样才有利于档案的长久保管。比如，存储的档案以 PDF 的格式展示，这种存档格式是通用的，能在检索利用时保证拥有原版式显示效果，不易篡改，且网络传输快，使用效果好。

2. 增量档案的电子化

按照《电子文件管理暂行办法》，高校可以建立电子文件管理联席会议制度，制定高校电子文件管理的统一规则，加强对电子文件的管理，做好原生电子文件（档案）的归档，通过三级协同办公系统，形成对电子文件管理和长期保存全程一体化的工作思路，初步把电子文件的形成办理、数字档案馆、数字档案馆有效地衔接起来，逐步在全国高校推广电子文件的收集、归档和移交工作。同时，在档案数字化加工和电子文件归档、移交过程中，要确保数字化成品的质量、保障档案数字资源的安全，避免数字化加工过程中对档案原件的伤害。

3. 档案管理系统与学校办公自动化（OA）系统的对接与应用

当前高校的档案管理系统与 OA 系统大多数是相互独立的，OA 系统形成的文件数据不能直接写入档案管理系统，需要重新录入。所以整合档案管理系统与 OA 系统，进行一体化建设，减少重复劳动，是高校档案信息化建设中的一个重要问题。

（1）高校档案管理系统与 OA 系统一体化建设的目标

①数据交换与存储。OA 系统产生的有关公文数据及全文按一定的数据格式，实时或定时归档到档案管理系统数据库中，实现电子公文的标题、文号、发文时期、发文单位等目录信息自动录入到档案管理系统数据库相对应的字段，电子公文的全文（包括图像）以一定的格式存放在服务器指定文件夹下的目的。实时归档的含义是：发文，在文件发布时归档；收文，在文件

办结时归档。定时归档的含义是：每天新产生的公文数据在事先设置的时间自动归档。

②数据充分利用。OA 中已有的数据，通过抽取和重新组合的方式，利用原有数据，按照规则，生成新的有用数据，减少重复劳动，提高档案管理的水平、质量和效率，同时发挥出学校信息化建设的整体效益，达到投入的最优化，实现科学发展的目的。

③系统稳定和数据安全。数据传输过程，保证档案管理系统和 OA 系统性能的稳定和数据的安全。数据安全有两层意思，一是确保两套系统原有数据的安全，数据的传输不影响数据库数据的保存和利用；二是确保传输数据的安全，确保电子公文的完整性和真实性，不影响档案的凭证属性。

（2）高校档案管理系统与 OA 系统一体化建设的方案

目前，高校 OA 系统与档案管理系统一体化建设有两种途径。

一是联机传输归档。联机传输归档是将现有的办公自动化和档案管理两套独立的系统直接进行整合，实现两套系统的无缝连接，电子公文数据通过网络直接写入档案管理系统。这种归档模式，需要开发一个通用数据接口，实现两套系统间跨平台的数据传送。

接口程序整合在办公自动化系统上体现给用户使用的是"归档"按钮。点击"归档"按钮后，通过接口程序连接到档案管理系统的数据库，往数据库中写入公文数据。归档按钮只出现在显示"已办结文件"的界面，且只有拥有"导出数据"角色的人员才能看到这个按钮，操作简便。公文可以分单条导出和批量导出。批量导出方式一次能导出几百条公文，节省时间。此模式的接口程序也可定时或实时自动运行，定时一般在夜间自动传输当天新产生的公文数据。实时是办公自动化系统在产生新的公文数据时就自动触发接口程序，新的公文数据实时传输到档案管理系统。无论是定时或实时，传输的整个过程是完全自动的。

二是数据库中心传输归档。由于时间和空间上的差异，高校的很多部门使用的信息系统、数据源各不相同，数据类型、数据访问方式等也都千差万别，这使得高校各数据源、系统之间不能高效地进行数据交换与共享，成为

"信息孤岛"。消除信息孤岛的方法有两种:一种是废除已有的信息系统,按照数字化校园建设标准重建系统,建立面向全校的、形成高度共享的数据库中心,办公自动化管理、教务管理、人事管理、档案管理等系统成为数字化校园系统中的功能模块或子系统,只要赋予一定的权限,各部门可以共享数据库中心的数据;另一种是通过系统集成的方法,整合各部门的信息系统,保证各个系统之间的无缝链接,这种通过整合实现数据集成的系统称为集成系统。目前,高校根据不同的情况采取不同的方案:对于原有的、运行良好的系统,采用整合方案,把原有的信息系统整合到数字化校园系统中;对于新系统或落后系统,按照统一标准新建或重建。无论是整合还是重建,建设高度共享的数据库中心是核心。

通过集成系统或数字化校园系统,各系统的共享数据被抽取到数据库中心,同时各个系统又能从数据库中心得到自己需要的数据。用这种方式,档案管理系统需要共享办公自动化系统的电子公文数据时,就可以直接从共享数据库中获得,不再需要通过联机或脱机方式从办公自动化系统获得,以实现电子公文的归档。

从以上两种归档模式可以看出,第一种归档模式在良好的校园网络环境下,较科学地解决了电子公文的归档问题,操作简单,技术成熟,成本低,比较容易实现。第二种归档模式是在统一规划好的数字化校园环境下的解决方案,办公自动化系统、档案管理系统及其他校园管理系统构成了一个有机的整体,不但解决了电子公文的归档问题,也解决了其他电子数据的归档问题,是一种比较理想的模式。但现实情况中,这种实例比较少见,主要原因是集成各管理系统或建设数字化校园系统的成本、技术及协调性等要求较高,建设的工程大、周期长、困难多。通过比较,相信数据库中心传输模式是今后的发展趋势,但联机传输模式会成为高校解决目前电子归档问题的主流方向。

4. 档案管理网站的建设

(1)高校档案馆网站建设的必要性

建好高校档案馆网站,目标定位很重要,要根据高校馆藏档案资源的实际，了解和掌握哪些信息是学校内部需要并可以提供的，哪些信息是社会公众期望获得并可以公开的，哪些信息是富有学校建设发展特色的，并对整个社会具有一定的影响力。以此为依据，通过分类盘点和逐项梳理，将其发布到高校档案馆网站上去，为学校和全社会提供信息服务支撑。

①大学内部管理需要档案馆建立网站。高校档案馆的职能主要是管理与服务。前者涉及如何做好档案工作法规制度宣传、档案工作业务规范指导，以及归档材料源头信息采集、整理和存储等；后者涉及如何面向档案馆以外的内部机构和社会公众，提供能够直接进行信息资源的访问和查获的渠道，以满足用户的各种需求。在高校档案工作中，有很多业务规范、操作要求，都可以借助档案馆网站来向机构内的相关人员做传达和布置，以此提高工作效率。另外，根据信息公开的有关规定，档案馆掌握大量的机构内部的工作管理规范等信息，也需要在一定范围内发布出来，方便学校各部门的查找和使用，并增加高校办学的透明度和公正性。

②海内外校友需要高校档案馆建立网站。一方面，大学为社会培养和输送了大批人才，使国家的建设和发展得到了有力保障；另一方面，绝大部分校友与母校特别有感情，始终会关注母校的建设和发展。如何主动做好校友的服务工作，校友办（联络处）固然重要，但从近年来的发展形势看，档案馆也与校友的需求有着千丝万缕的联系，如他们需要档案馆长期为其出具学籍证明材料，提供校友间的相互联系信息。档案馆一旦建立了网站，这些工作做起来就变得非常便捷。校友得到母校的帮助后，不但会感激母校和为社会多做贡献，更会以自己的力量为母校出谋划策或提供各种支持和帮助。

③公众权益保护需要档案馆建立网站。随着我国高等教育大众化进程的加快，高校中的各种信息资源也普遍受到社会公众的关注。高校档案馆网站也不例外，它早已不再局限于高校内部的工作管理需要，还承担着向社会发布信息的义务，以满足信息化社会发展的需要。现代大学管理体制机制需要档案馆建好网站，信息化社会、互联网时代更需要高校建立档案馆网站。

④大学文化传播需要档案馆建立网站。高校档案资源中包含着丰富的史料，需要档案工作人员来发掘、整理和研究，然后通过档案馆网站将其发布

出去，供师生和社会公众了解大学的发展历史，传承大学的优秀文化，推进社会文明进步。特别是学校培养出来的名人、大师和著名校友，他们是整个社会的共同财富，他们的奋斗历程和为社会做出的贡献，可以大力宣传，以鼓舞公众热爱学习，崇尚知识，追求积极向上、健康和谐的生活方式。

（2）高校档案馆网站的建设思路

高校档案馆网站可以通过以下几个层面的规划与设计，实现信息量覆盖面广、查询利用率高、社会公众满意度好的目标。

①重视首页资源具有的信息目录导航功能

首页是一个网站的门面，必须有条理清晰的导航目录，使网站访问者能迅速抓住网站的特色和重点，找到需要的信息。档案馆网站首页应体现档案厚重的历史元素，运用合理的仿古色调，彰显档案特色，同时应具有档案管理及档案工作实际方面的栏目元素，增加反映高校风貌及特征的标志性信息，如校门、重点代表性建筑、特色标志物等。

②建立后台信息发布管理平台

档案馆网站上的信息分类栏目很多：静态的有机构设置、法规制度、业务指导、利用指南、各类资料下载等；动态的有工作快讯、活动交流、会议通知等；专业的有科研项目进展、优秀论文发布、史料研究成果、学科建设讲堂、最新科研动态等学术与技术交流栏目等。后台信息发布管理平台可以采用动态网页技术实现前台信息的展示，后台数据库管理信息的工作模式可以灵活管理这些目录信息，并快捷地将信息呈现在受众面前。建立信息所属的后台目录数据库后，可完成信息的编辑、上传工作，前台以相对固定的栏目和版面动态显示数据库中需要发布的各类信息。前台版面结构固定，内容随着数据库的更新自动轮换，提高了信息发布的效率和规范性，降低了信息维护的工作量。

③增加照片、视频等多种媒体展示方式

高校档案馆网站增加图片和视频等多媒体展示，可以极大地丰富网站特色。"有声有色"的信息能使人们获得更大容量、生动直观的所需资讯，也能增加网站的吸引力。

以图片为主的内容，可以通过网上展览或虚拟展厅等形式，揭示馆藏图片资源，在展现高校历史、人物活动、校园风景等方面能起到文字无法比拟的效果，能够使人们感悟历史，增长知识。视频具有完整地还原历史原貌的特性，能增加网站的信息量，也能为档案编研、史料考证提供第一手资料。

④建立馆藏目录等信息的配套发布

数字资源正逐渐成为档案信息传播的主要载体形式，这有利于打破传统档案信息传播环境下档案用户被动利用档案信息的状况。档案目录信息及编研信息发布功能的建立，既有利于信息被广泛利用，也提高了档案服务的主动性，但要符合安全保密的原则。

高校馆藏档案种类繁多，著录信息到数据库的工作量非常庞大，所以引用档案数据库或嵌入档案系统的查询端口，实现档案信息的网站实时发布，可以避免信息的重复录入，也能为用户利用提供便捷的一站式服务。档案史料编目信息可以使松散的档案信息形成专题，使内容更有条理、更为集中。档案馆网站增加档案编目信息的发布和查询功能，可以满足用户对特定领域信息的整体需求，也能将档案文化在不受时空限制的领域广泛传播。

⑤建立"人机"互动交流平台

建立"人机"互动交流平台能使档案馆网站提供个性化服务，实现与用户实时互动和征集档案史料的目的。档案馆的服务职能及史料征集，需要与服务对象及被征集者进行交流，档案馆网站建立相应的交流平台，可以使这些工作突破地域限制，向更大范围的网络化方向拓展。

"人机"互动交流平台对技术要求较高，是网站的又一个独立子系统。该系统应设置用户的统一认证、资料的上传或下载确认功能，并要有良好的用户界面，如公众问答、档案征集、业务论坛等，还应具备充分的安全保障，能屏蔽恶意、低俗、敏感的词语。

（3）高校档案馆网站的功能拓展和维护模式

根据高校档案馆目前的工作实际与运作现状，研究选择、采用合适的研发和维护模式，能对档案馆网站建设起到相当关键的作用。

①网站设计与建设需要多方协同配合。网站的建设离不开整体框架设计、

各类模块的信息采集与管理、网站系统软件的编制、计算机服务器和终端等硬件系统的配置及日常维护和安全运行保障等工作。比如：网站前台需要平面布局设计、多媒体动画与视频制作处理；网站后台需要程序开发、数据库应用，以及文字信息的撰写、编辑，流量检测、检索推广等工作。此外，随着互联网界 web2.0 等新技术的高速发展，网站还需要不断改进和更新功能。高校档案网站的建设涉及档案学、管理学、现代计算机信息科学等综合领域，需要各方面技术人才的协同配合。

②高校档案馆网站建设需要经费保障。高校档案馆网站建设需要软件与硬件的更新保障，以财力和物力来说，其也依赖高校机构组织的大力扶持和经费资助。网站是面向社会的信息服务平台，多人同时在线的概率较大，而网站浏览速度和网页稳定性是考量网站建设的关键因素。因此，需要不断地增加软、硬件方面的必要经费投入来改善软件运行环境，提高硬件设备性能，使系统运行更稳定，功能发挥更充分。

③拓展建设和运营维护模式选择。根据以上分析，高校档案馆网站建设拟采用这样一种模式：网站在初始建站或全面升级时期，档案部门制定建站目标规划和功能需求，加大软、硬件方面的投入，同时利用高校人才资源或引进专业机构外包来协助完成，这样网站在专业性、安全性、观赏性等方面都可以达到较高的水准，建站周期也可以大大缩短。而网站建成后的运营维护、信息发布，可以由高校档案馆的相关人员来承担，使网站的维护和完善变得灵活而便捷。这种常态性工作，需要一定的经费支持、强大的技术力量、完备的管理制度等，以确保档案馆网站内容更新及时，运行安全可靠。

5. 档案馆的数字化信息利用

（1）信息利用服务特点

智慧档案馆的根本特征是数字化和网络化，这决定了其信息服务方式必将发生巨大变化，在数字化环境下，档案信息服务方式将呈现以下特点。

①以档案馆为中心转变为以利用者为中心。智慧档案馆的实现将构建一种档案信息资源环境，这个环境的构建是以利用者为中心，以利用者的需求和方便作为创建档案信息资源环境的根本出发点，其宗旨是为利用者快速、

准确、全面地提供所需信息。利用者不再是被动等待，可以在很大程度上了解资源环境的构成，并可通过自助行为实现与档案信息资源的互动。

②信息及载体类型更加多样化。传统档案馆中的档案信息基本是以单一的纸质形式提供利用的。在数字环境下，磁盘、光盘、缩微品、远程网络提供等多种载体形式将大量运用。这样，利用者在使用档案信息时将更加方便和快捷，只需对档案信息进行简单处理即可直接使用，从而加快了档案信息的传播速度。

③信息服务智能化。在数字环境下，我们可以借助计算机对信息资源进行智能检索、分析、处理，根据文件的内容特征在文件之间建立多种连接，在各信息节点间形成多维网状结构，可以用任意一种角度来显示档案信息的有序化。利用者查阅档案，一个检索要求可以将所有相关文件一次检索出来，大大提高了查全率。另外，还能够提供强有力的新技术支持，使用户能够细化需求，分析结果，变换信息形态，从而更好地利用档案信息资源。

④信息服务超时空化。在纸质时代，用户为查一份档案往往要跑好几个档案馆，而且经常遇到因档案馆下班而不得不中断查阅的无奈，而到外地查档更是一件苦差事，经常是空手而归。在数字环境下，这种情况将不复存在，档案利用者可以超越时间、空间的限制在任何时间、任何地点利用计算机，甚至随身携带的上网工具通过网络方便地得到各种档案信息。

⑤馆藏资源的无限扩大化。智慧档案馆是一种开放的档案馆，资源共享是智慧档案馆的重要特征。因而在保持自身馆藏实体档案的同时，智慧档案馆可以通过网络互联和资源互借来构建虚拟档案信息资源。每个智慧档案馆都是档案信息资源网络的一个节点，从一定意义上说，智慧档案馆的馆藏可以无限扩大。在网络时代，两个档案馆之间的互联必然产生"1+1>2"的效果，而众多档案馆的互联将构成一个信息量巨大、服务功能强大的档案信息资源网络。

（2）智慧档案馆的信息利用服务方式

①网上主页服务。这是指智慧档案馆利用网络环境作为技术条件，将自己的信息产品通过在网上建立自己的主页，把自己的服务快速地传递给广大

利用者。主页界面要友好、简洁、大方，除了介绍档案馆概况、服务项目、馆藏书刊目录、光盘资源、网上资源等基本信息，还要提供各种资源的使用方法及网络导航等服务，将国内外网上档案馆和热门站点与网页链接起来，并针对档案馆的重点专业系统地建立学科导航，帮助利用者方便地利用网上丰富的信息资源。

②智慧档案馆信息检索服务。为了便于用户从众多的网络信息资源中搜索所需要的信息，可以建立一个科学的、系统的、结构合理的和相互配套的数字档案信息检索网络，实现业务工作的自动化，全面揭示和介绍所保存的数字档案内容，方便、快捷地为档案使用者提供全方位、高质量的信息检索查询服务。

6. 档案馆的智能化管理

①自动扫描取卷。传送带传输案卷，档案管理人员无须进入库房。

②自动调节温湿度。安装恒温恒湿系统，管理人员无须开关空调和抽湿。

③自动杀菌消毒。

④自动感应灭火装置、防盗装置等。

第三节　高校档案信息化管理的创新路径

一、制定完善的档案信息管理制度

（一）建立健全库房安全管理制度

建立健全库房安全管理制度，加强防治结合，消除库房安全隐患，确保档案安全，是维护档案安全和完整的一项重要措施，具体应建立以下制度。

一是日常安全检查制度。日常安全检查制度指对库房内的档案及相关设备、设施进行日常安全检查，以便及时发现问题，将危及档案安全与秩序的因素消灭在萌芽状态之中的制度。主要检查档案有无霉变、虫蛀，有无被泄密、毁灭、遗失、盗窃，库房有无火灾、水灾等隐患，用电设备是否完好，消防器材是否齐全，门窗是否牢固等。

二是进出库制度。进出库制度指为确保档案的完整与安全，对进出库房的档案、人员所做的专门性规定。主要包括：在库房外悬挂非工作人员不得入内的警示标牌；库房管理人员在库房内不允许从事与库房管理无关的其他活动，非工作时间一般不允许进入库房；档案入库前要进行必要的消毒处理；档案进出库要登记；对典藏的档案要进行定期检查清点。

三是库房指南。库房指南指库房档案及库房相关设备、设施的存放位置的索引，便于平日库房管理人员切实掌握库房档案的存放情况及取放档案，更有利于在突发情况下迅速抢救并转移档案。

四是库房安全责任制。要将库房安全责任落实到人，量化到岗，落实到具体个人岗位责任制中，层层负责，确保库房安全。

五是保证计算机系统良好的工作环境。档案管理制度需要确保计算机系统有一个良好的电磁兼容工作环境，主要指存储档案信息的库房、计算机机房的周围环境要符合管理要求和具备抵抗自然灾害的能力，应当按照国家标准《计算机场地安全要求》（GB/T 9361—2011）、《电子信息系统机房设计规范》（GB 50174—2008）的规定进行建造。在确保恒温、恒湿的条件下，既能防水、防火，又能防雷、防磁、防静电，使得各种硬件设施远离强震动源、强噪声源，保证档案管理系统有个安全的运行环境。

（二）建立档案管理系统的安全管理制度

1. 制定档案信息系统安全设计与建设规范

制定有关档案信息系统的安全建设规范，可以按照信息安全等级保护3级、2级的要求，设计配置必要的安全软硬件设备，通过安全软硬件系统建设，保障信息系统稳定、可靠、安全地运行。信息系统安全设计与建设的总体策略包括分域防护、访问控制、权限管理、多层防御、集中监控、管理规范、明确责任等内容。根据档案信息系统的专业特点与档案信息安全要求，明确规定档案信息系统按照区域划分原则应划分为核心域、管理域、应用域、终端接入域四个不同安全区域，并规定了各区域的访问控制与权限管理，分区域梳理了物理层、网络层到数据层按照不同等级保护的技术要求及安全控制措施和产品，有针对性地提出了档案网络安全建设与应用系统安全建设的要求，为新建项目单位从系统规划、设计与实施、运行管理及数据备份等全过程安全技术保障建设提供规范指导。

2. 制定档案信息系统安全保障工作操作指南

制定档案信息系统安全保障工作操作指南，要规定档案信息系统安全保障工作中的人员安全管理，机房和设备安全管理，网络安全管理，应用系统安全管理，在线监测监控网络和数据安全管理，访问控制安全管理，文档、数据与密码应用安全管理，安全事故、故障和应急管理技术操作规范。

3. 制定档案信息系统安全监督检查工作规范

在档案信息系统安全体系建设与运行管理全过程中，要引入档案信息系统风险评估、风险管理的概念，明确信息安全自我检查、监督检查环节工作流程，以及安全检查工作的内容、程序、方式与要求，提出档案信息系统安全工作监督检查工作量化的指标体系。

二、强化档案信息管理队伍建设

（一）创新管理队伍的思想观念

观念虽然无形，但是对提高档案信息化人才的决策能力和执行能力具有决定性的作用。为此，需要培育档案工作人员以下七种新思维。

1. 开拓思维

要树立追求理想、崇尚科技、奋力改革、不断开放、不畏艰险、不甘落后、奋勇拼搏、图存图强的开拓意识，以及破除守旧、畏难、不作为的落后意识。

2. 战略思维

战略是对事业发展全局性、长远性的谋划，战略眼光是大视野，战略目标是大手笔。为此，要将档案信息化和社会发展的大趋势，如改革开放、经济繁荣、知识管理、文化传播等紧密联系起来，将社会需求作为档案信息化的目标，形成科学的"顶层设计"，自上而下、积极稳步地组织和推进档案信息化工作，改变过去各自为政、分头重复建设的粗放型发展格局。

3. 策略思维

策略是又快又好地实现战略目标的最佳路径。针对档案信息化的薄弱环节，应当实行"内合外联"的策略，即对内实行档案技术和信息资源的整合，以整合的实力提升外联的能力，对外实行与外部信息系统的外联，将优质档案信息资源接收进来、辐射出去，使档案信息系统成为社会信息的集散枢纽。

4. 人本思维

档案信息系统要真正做到"以用户为中心"，即以档案利用者和档案工作者应用度、满意度为信息系统建设的出发点和归属点。为此，信息系统要尽可能满足用户，特别是社会大众的需求，且做到操作简便，界面友好，富有人性。

5. 开放思维

网络是一个开放的平台，只有开放，才能充分发挥网络的优势。因此，档案信息系统要积极致力于与各种社会信息系统互连互通、无缝对接，在互连中获取更多的数字档案资源，在网络化服务中提升档案工作的社会影响力和认可度。

6. 忧患思维

电子档案的存储密集性、传播快捷性、技术依赖性和表现虚拟性，使其失真、失金、失效、失密的风险日益增大，而且数字化带来的灾难往往具有一瞬间、毁灭性的特点。因此，开展档案信息化建设要居安思危、未雨绸缪、警钟长鸣，一手抓技防，一手抓人防，两手都要过硬。

7. 辩证思维

档案信息化会遇到许多矛盾的对立面和统一体，如资金的投入与产出、数据的存入与取出、配置的集中与分散、信息的共享与保密、文件的有纸与无纸、资源的增量与存量等，需要人们用联系的方式和发展的眼光去认识、处理好对立统一的关系，避免非此即彼或顾此失彼的僵化思维方式。

（二）重构管理人员的知识结构

按照档案信息化的需要，现代档案工作者的知识结构需要进行以下补充。

1. 信息鉴定知识

信息时代的档案信息在规模上是海量的，在门类上是多维的，在价值上是多元的。档案工作者只有具备电子档案信息内容价值和技术状况的鉴定知识，才能及时、准确地捕捉和收集具有档案价值的信息，并根据其重要程度划定保管期限。

2. 科学决策知识

档案信息化迫切需要科学规划，档案工作者只有具备开展调查研究、制定科学战略规划和规划实施方案的能力，才能把握大局，把握方向，登高望远，运筹帷幄，才能避免信息化走弯路、受损失。

3. 宏观管理知识

档案行政是档案信息化的直接动力，档案工作者应当具备组织、指挥档案信息化工作的业务能力，掌握有关档案信息化的法规、制度、标准、规范的专业知识，具备从档案业务和信息技术结合出发的依法行政的执行力。

4. 需求分析知识

档案信息系统建设须以用户为中心，需求为导向。为此，档案工作者应能对档案信息的显在用户和潜在用户、当前需求和未来需求、本校内部需求和社会大众需求等，进行全面的、前瞻的分析，并对档案信息系统的信息需求、功能需求和性能需求进行准确的描述和规范的表达。

5. 系统开发知识

为了实现档案业务和信息技术的完美结合，档案工作者必须全程、深度参与档案管理信息系统开发。为此，档案工作者需要学一点软件工程的理论和软件开发的技术，学会用信息技术的专业语言与信息技术人员进行沟通，准确表达自己对信息系统建设的需求。

6. 系统评价知识

档案工作者要具备评价档案信息系统质量的能力，能从档案管理和计算机技术的专业角度，评价档案信息系统的间接效益和直接效益，评价系统管理指标、经济指标和性能指标，并能对系统存在的问题提出改进的意见和建议。

（三）提升管理人员的操作技术

1. 信息输入技术

档案工作者要掌握传统的键盘输入技术，先进的语音、文字、图像识别输入技术，数据导入、导出转储技术，数码摄影、摄像技术，以便快速、准确地输入文字、图像、声音、视频等信息。

2. 信息加工技术

档案工作者要能够采用信息检索工具，从指定的网页、服务器、脱机载体中采集档案信息；按照档案的形式和内容特征进行分类；按照档案的内在联系进行组件、组卷或组盘；采用自动或手工方式对档案进行著录和标引，对档案元数据进行采集、封装和管理。

3. 信息、保护技术

档案工作者要熟悉或掌握数据库管理、数据组织、数据迁移、数据加密、数字签名、脱机存储、网络访问控制、数据容灾，以及维护电子档案真实性、完整性、有效性和安全性等技术。

4. 信息处理技术

档案工作者要熟悉或掌握文本编辑、图像处理、视频编辑、文件格式转换、数据下载或上传等技术。了解或掌握档案多媒体编研技术，能围绕特定主题，将编研素材编辑制作出档案编研成果。

5. 信息查询技术

档案工作者要能够按照用户查档要求正确选择检索项、关键词、主题词、分类号，并正确组织检索表达式，对在线或离线保存的文本、超文本全文信息进行检索，并对检索结果进行打印、下载、排序、转发等处理。

6. 信息传输技术

档案工作者要能够采用电子邮件、短信、微博、微信等手段接收和传播文本型、图像型、声音型、视频型等各类档案信息。

（四）优化队伍结构

档案信息化建设的人才队伍至少需要以下四种类型的专业人才，特别需要兼备两种以上特质的复合型人才。

1. 研究型人才

档案信息化需要科学的理论指导，没有理论指导的实践是盲目的，脱离实践的理论是空洞的。研究型人才是理论的探索者和实践的导向者，其主要责任是研究档案信息系统建设的理论，探索电子文件归档管理和电子档案科学保管、远程利用的方法，研究新技术、新方法在档案领域的应用，研究、开发先进、适用的档案信息管理软件，提出电子文件和数字档案管理的标准规范，主持或参与档案信息化科研工作，从理论和实践的结合上指导档案信息化工作的开展，培养档案信息化建设人才。目前，档案信息化研究者主要由档案信息化工作者和高校师生构成，他们有各自的优势，又各自存在理论与实践方面的不足，最好是两方面研究者强强联合、优势互补，以促进理论和实践的紧密结合和良性互动。

2. 管理型人才

档案信息化是复杂的系统工程，需要实行严格的目标管理和精细的过程控制。管理型人才的主要责任是掌握国内外档案信息化建设的现状、经验教训、发展趋势，制定切实可行的档案信息化战略规划和实施方案，制定相关的管理办法和标准，组织、指挥、督促、指导本校的档案信息化工作，协调档案信息化建设和其他外部信息系统建设之间的关系，培养和使用档案信息化人才资源，有效筹集和合理使用信息化建设资金。目前，各机构的档案信息化管理职能大多由档案管理人员担任，他们具有传统档案管理的理论知识和实践经验，但是往往缺乏信息化知识和技能，又由于公务繁忙，缺乏接受信息技术继续教育的机会，可能带来档案信息化管理上的缺位或错位。因此，急需通过各种途径提高现有档案行政干部的信息化素养。

3. 操作型人才

档案信息化涉及的环节多、操作性强，需要一大批既懂档案管理业务，又熟悉计算机操作技能的操作型人才。这类人才的主要责任是应用计算机网络技术，从事档案数据积累、归档、组卷（组件）、分类、编目、扫描、保管、鉴定、检索、数据备份等操作，他们的工作责任心和操作能力，直接关系档案信息资源的安全、质量和价值。因此，要求他们具备强烈的信息安全意识、高度的工作责任心和熟练的操作技能。

4. 其他型人才

一是法律人才。档案信息化建设，特别是网站建设，可能涉及保密、隐私保护、知识产权、合同管理、网络安全等法律问题，需要具有相关法律知识的人才提供法律支持。

二是数据库管理人才。数据库定义、运行维护、资源配置、权限设置、数据迁移等都需要数据库管理的专业知识。此项工作往往由本校信息技术人员担任，如果数据库服务器设在档案部门，档案部门也需要配备这样的专业人才。

三是多媒体编研人才。高校档案馆需要配备必要的多媒体档案编研人才，以便从事多媒体档案的收集、整理和编辑工作。

值得指出的是，以上人才结构的落实，关键在于档案部门的岗位设置。由于各高校受人力资源编制的限制，以上人才岗位的设置，既可以是专职，也可以是兼职，但不宜兼职过多，以免影响其专业能力的发挥。

三、优化档案信息管理法律环境

目前，我国高校档案信息安全的保障主要依靠技术上的不断升级，实践过程中大多是强调用户的自我保护，要求设立复杂密码和防火墙。但是，网络安全作为一个综合性课题，涉及面广，包含内容多，无论采用何种加密技术或其他方面的预防措施，都只能给实施网络犯罪增加一些困难，不能彻底解决问题。而且，防范技术的增强可能会激发某些具有猎奇心态的人在网络犯罪方面的兴趣。因此，从根本上对网络犯罪进行防范与干预，还是要依靠法律的威严与震慑力。

由于时代和技术的局限，目前我国还没有一部网络环境下关于高校档案馆信息安全的法律法规，笔者认为有必要制定这样一部法律，而且要注意信息安全法应具备的一般特点。

一是体系性。进入网络时代，人们获取知识的方式等发生了重大改变，也见识了网络病毒、黑客、网络犯罪等新事物。传统的法律体系变得越来越难以适应网络技术发展的需要，在保障信息网络安全方面也显得力不从心。因此，构建一个有效、相对自成一体、结构严谨、内在和谐统一的新的关于高校档案馆信息安全的法律法规十分必要。

二是开放性。网络技术在不断发展，信息安全问题层出不穷，高校档案馆信息安全的法律法规应当全面体现和把握信息网络的基本特点及相关法律问题，适应不断发展的信息网络技术问题和不断涌现的网络安全问题。

三是兼容性。网络环境虽然是一个虚拟的数字世界，但发生在网络环境中的事情只不过是现实社会和生活中的诸多问题在虚拟世界中的重新展开。因此，关于高校档案信息安全的法律法规不能脱离传统的法律原则和法律规范，大多数传统的基本法律原则和规范对信息网络安全仍然适用。同时，从维护法律体系的统一性、完整性和相对稳定性来看，安全法律也应当与传统的法律体系保持良好的兼容性。

四是可操作性。网络是一个数字化的社会，许多概念规则难以被常人准确把握。因此，安全法律应当对一些专业术语、难以确定的问题、容易引起争议的问题等做出解释，使其更具可操作性。

（一）制定原则

法律原则是立法活动的准绳，是立法精神的内在体现。高校档案信息安全立法活动必须在立法原则的指导下进行，才能把握信息安全发展的客观规律，更好地发挥法律调控功能。高校档案信息安全立法应当遵循以下原则：保障安全、促进发展原则；鼓励、促进与引导原则；开放、中立原则；协调性原则；重点保护原则；谁主管、谁负责与协同原则。

1. 保障安全、促进发展原则

所谓保障安全、促进发展原则，是指高校档案信息安全立法应充分考虑信息网络安全的问题。安全是信息网络健康发展的生命所在，没有安全，就没有信息网络的存在与健康发展。安全原则要求信息在网络传输、存储、交换等过程中不被丢失、泄露、窃听、拦截、改变，要求网络和信息应保持可靠性、可用性、保密性、完整性、可控性和不可抵赖性。与传统安全一样，信息安全风险具有"不可逆"的特点，网络的开放性、虚拟性和技术性使得网络中的信息和信息系统极易受到攻击，信息安全是社会公众决定选择利用网络的重要因素。因此，信息网络立法应坚持安全原则。从国外立法的有关规定来看，无论是国际立法，还是各国国内立法，莫不以安全为信息网络立法的基本原则，从发现威胁、降低风险、控制风险的一切环节构建信息安全法律保障能力，通过规定电子签名、电子认证、电子支付等具体制度来保证网络信息的安全。因此，保证信息网络安全是各国信息网络立法的重要使命和应当遵循的基本原则。

2. 鼓励、促进与引导原则

所谓鼓励、促进与引导原则，是指高校档案信息安全立法应鼓励和引导社会公众利用信息网络进行信息交流和电子商务活动，从而促进电子商务的发展。21世纪是网络与电子商务时代，信息网络将在经济发展中具有举足轻重的作用。但目前信息网络的发展还不很成熟，需要通过法律加以鼓励、引导和促进。因此，通过立法鼓励、促进和引导信息网络的发展是各国信息网络立法的基本原则。由于目前各国信息网络的发展水平和社会公众对信息网络的认同程度较低，政府应担负起引导职责，从政策、法律上为信息网络创造良好的发展环境，努力引导企业和社会公众积极利用信息网络。

3. 开放、中立原则

所谓开放、中立原则，是指高校档案信息安全立法对所涉及的有关范畴应保持开放、中立的立场，而不应将其局限于某一特定的技术形态，以适应技术快速发展、变化的实际需要。信息网络的技术性特征和信息网络的快速发展的特点要求信息网络立法应当保持开放、中立的立场，并具备一定的灵活性，以适应信息技术和信息网络快速发展的客观需要。信息网络的发展离不开有关技术的支持，如保障信息网络安全的电子认证、电子签名、电子支付制度等都是以密码技术、信息通信技术和其他相关技术的支持为基础的。

可以预见，在网络和信息技术飞速发展的时代，信息网络的发展也将日新月异。随着信息网络的快速发展，一些建立在某一特定技术基础之上的诸如电子签名、电子认证、数据电文、对称密钥加密、非对称密钥加密等也将很快过时。如果立法将有关范畴依附于某一特定的技术形态，而相关技术的不断发展将使得建立在先前某一特定技术基础之上的法律范畴不能适应新技术条件下网络的发展需要。因此，信息网络的技术性和快速发展的特点要求立法对信息网络所涉及的相关技术和范畴必须采取开放、中立的原则，保持适当的灵活性，以使信息网络立法能够适应信息网络技术和信息网络自身不断发展的客观需要，防止因立法对特定技术和范畴的偏爱而阻碍信息网络的发展。

4. 协调性原则

所谓协调性原则，是指高校档案信息安全立法既要与现行的国内立法相互协调，又要与国际立法相互协调，同时应协调好信息网络中出现的各种新的利益关系，如版权保护与合理使用、商标权与域名权之间的冲突、国家对信息网络的管辖权之间的利益冲突、电子商家和消费者之间的利益平衡关系等。

虽然网络在一定程度上改变了人们的行为方式，但并没有彻底改变现行法律所赖以存在的基础。因此，网络立法应与现行有关立法相互协调。网络的全球性和技术性特征说明信息网络立法具有客观统一性，这就要求各国在进行信息网络立法时应充分考虑到其国际普遍性，尽量与国际立法相协调，避免因过分强调立法的国家权力性和国情而阻碍信息网络的发展。另外，没有社会公众的广泛参与，就没有信息网络的健康发展，因此信息网络立法也应协调好电子商家与消费者之间的利益平衡关系，使网络消费者获得不低于其他交易形式的保护水平。

5. 重点保护原则

如前所述，信息及网络空间安全涉及范围比较广泛，确定高校信息和网络空间安全的关键环节，强化对关键环节的保护，是实现高校档案馆信息安全立法目的的根本保证。近年来，世界各国都在加强对关键基础设施的保护，并制定了较为详尽的法律。比如，美国《能源政策法》的规定适用于总统、核控制委员会与其他合适的联邦政府部门、州、当地代理机构、私人组织，以管理对核设施构成的威胁的研究，实施物理层、网络层、生物化学与其他恐怖威胁评估和关于可靠的电子标准的修正，规定了为大功率系统设备提供可靠的操作，包括网络安全的保护。欧盟对欧洲空间安全的重视程度也令人吃惊。欧盟提出了欧洲关键基础设施和其成员国关键基础设施的概念，认为同时影响到两个成员国以上安全的基础设施为欧洲关键基础设施，并基于这样的认识，于 2004 年 10 月发布了关于反恐中关键基础设施保护通报。2005 年 11 月，欧盟委员会采用了《欧洲关键基础设施保护计划》绿皮书，2007 年 2 月做出了关于建立恐怖主义和其他安全威胁预防、预警和后果管理的特别计划的决定。近年来，美国的网络安全治理也强调数字基础设施是重要战略资产，国家应当基于安全需要，优先保护数字基础设施。因此，应当明确规定，信息技术产品生产单位不得在未经用户同意的情况下，在产品中预留后门或远程控制功能，利用其产品收集用户系统中的信息，强制执行某些软件的特定功能。提供信息技术服务的机构在未经用户同意的情况下，不得收集、保留其用户信息，不得将用户信息移出境外，不得利用用户信息非法谋取利益，威胁或破坏他人信息系统安全，泄露用户身份等敏感信息。

6. 谁主管、谁负责与协同原则

"谁主管、谁负责"体现了高校档案馆信息网络空间需要合理分配网络信息安全风险的特点，要求互联网的建设、使用单位对由本系统造成的信息网络基础设施灾难，或者严重影响社会公共安全、秩序的事件承担责任。欧盟关于建立欧洲网络信息安全文化决议要求每一个参与者都是保证安全的重要角色，倡导参与者根据其职责，了解相关安全风险、预防性措施，并承担相应责任、采取措施提高信息系统与网络的安全。"协同原则"是应对网络信息安全复杂性和艰难性挑战的必然选择。网络安全问题的深度和广度不断拓展，传统现实社会的行政管理和执法部门需要做重大甚至颠覆性的革新。依靠一个职能部门的单一力量不能有效地防范和应对信息安全的挑战，必须坚持"既有分工又有协作，共同防范和应对网络信息安全"的原则。网络信息安全保障立法必须将"谁主管、谁负责"原则与"协同"原则有机结合起来，既有分工又有合作。应当明确相关部门的职责，也应当明确部门之间协同治理网络空间的法律机制，保障国家能够及时、有效地维护网络信息安全。

（二）制定依据

宪法和相关的信息安全法律法规和其他规范性文件都是高校档案信息安全立法的依据。我国目前尚无一部较为系统的网络安全立法，为管理和保护互联网出台的相关法律法规多是制定于 20 世纪末和 21 世纪初的行政法规或部委规章，最早可追溯至 1994 年出台的《中华人民共和国计算机信息系统安全保护条例》，其后又陆续出台了一些法律法规，如《全国人民代表大会常务委员会关于维护互联网安全的决定》《中华人民共和国计算机信息系统安全保护条例》《中华人民共和国计算机信息网络国际联网管理暂行规定》《计算机信息网络国际联网安全保护管理办法》《商用密码管理条例》《计算机信息系统国际联网保密管理规定》《计算机病毒防治管理办法》《计算机信息系统保密管理暂行规定》《电子出版物出版管理规定》《金融机构计算机信息系统安全保护工作暂行规定》等。

2000 年以来，我国相继制定了《互联网信息服务管理办法》《中华人民共和国电信条例》《全国人民代表大会常务委员会关于维护互联网安全的决定》《互联网新闻信息服务管理规定》等一系列针对互联网管理和维护的办法和规定。《中华人民共和国未成年人保护法》《中华人民共和国侵权责任法》等法律的相关条款也涉及或适用于互联网管理。此外，还有《最高人民法院、最高人民检察院关于办理利用互联网、移动通讯终端、声讯台制作、复制、出版、贩卖、传播淫秽电子信息刑事案件具体应用法律若干问题的解释》等司法解释。

总体来看，我国有关网络信息保护的法律规范还比较薄弱，与我国信息化发展和维护广大人民群众在网络活动中合法权益的要求不相适应。

2012 年 12 月 28 日，十一届全国人民代表大会常务委员会第三十次会议通过了《全国人民代表大会常务委员会关于加强网络信息保护的决定》，从立法的最高层面来加强对网络信息的保护，是国家加强对互联网管理的一个重要表现。该决定在把以前比较零散的规范做了一些必要整理的同时，也为以后制定或修订有关法规提供了上位法依据，跨出了补齐网络信息保护立法"短板"的第一步。

（三）制定内容

1. 档案信息安全的规划与建设

任何一个信息系统，只要它与外界交流，就不会只孤立于一个单位或部门，乃至一个地域或国家。因此，对这样的系统，如果不通过立法来规范其建设，任由各单位、各部门自行其是，势必导致信息网络杂乱无章、无法有效地互连互通，从而失去网络建设的意义。用法制来规范档案信息系统网络的规划与建设，在立法时应考虑的问题有：建立统一的组织领导机构，统筹规划、处理专用网与公用网之间的关系，全国各地方网络发展的协调等问题；克服重硬轻软的倾向，加强网络信息资源的开发与利用，开放公共信息资源，国家对网络软硬件设施建设给予财政支持；网络的标准化与开放性原则；网络建设与应用专业人才的培养和全民性普及教育。

2. 档案信息安全的管理与经营

档案信息系统管理问题就是如何在网络上最大限度地实现资源共享，同时最大限度地限制不良信息的传播和泛滥的问题。目前，档案信息系统的管理还很不成熟，实际上是非常松散，已经引发了一些社会问题。因此，有必要建立健全信息系统管理与经营的法律机制，明确信息系统网络的管理机构和经营机构的权利、义务与责任，做到有章可循、有法可依，同时引入竞争机制，提高信息系统的管理水平和服务质量。

3. 档案信息系统的安全

信息系统中存储和流通着大量的重要信息，有些还是关系国家安全的重要机密。因此，它提供的信息是极其宝贵和重要的无形资产，但也存在严重的安全隐患。信息系统网络中的重要信息若被非法篡改或窃用，将对国家、集体或个人造成严重损失。现代社会的运转越来越依赖信息系统，信息系统一旦发生故障或遭受破坏，将会给国家和单位造成无法弥补的重大损失。

因此，有必要通过行政立法强制性地贯彻实施档案馆信息系统安全技术与安全管理等措施，强化档案馆信息系统特别是档案馆信息系统网络的安全。

4. 档案个人数据保护

由于信息网络的普及，对个人数据的保护或所谓隐私权问题已越来越受到广泛的关注。许多国家陆续颁布了数据保护法，规定数据用户必须履行登记手续，明确数据来源、使用目的，并保证数据的安全可靠与正当使用；为保护个人隐私不被侵犯，数据主体依法享有知悉权、修改权，因不准确或不当使用数据主体的数据给其造成损失时，有要求赔偿的权利。在我国，这个问题如何处理，也是一个需要尽快解决的问题。

四、加强档案信息管理资源共享

（一）加强高校档案馆参与信息公开的力度

无论是对高校信息公开背景下档案馆进行参与的可行性分析，还是对其外部环境的剖析与建构，都是为了找出更加切实可行的具体参与措施。唯有如此，才能将前述部分的分析化作更加可为的实践行为，才能凸显笔者研究的实践价值与现实意义。

1. 确定高校档案馆参与信息公开的内容

高校信息公开的内容一般分为两大部分，一是高校应该主动公开的信息，二是公民、法人和社会组织申请公开的信息。《高等学校信息公开办法》规定的高校公开信息基本包括上述两类，在第七条对高校应该公开的十二类信息进行了详细的说明，在第九条中对需要依申请公开信息的情况进行了规范说明。对高校公开信息以条目式的方式进行罗列，是《高等学校信息公开办法》的一大进步，相对于笼统说明式的条文，条目式的方式指向性更强且更具操作性。

（1）开放档案

《高等学校信息公开办法》中规定的十二条公开信息侧重于从内容角度来规定应公开的信息内容，全面涉及学校基本情况、规章制度、财务、招生、采购等多个重要领域，可以说除涉及国家安全、商业秘密及个人隐私外的所有信息内容都是高校信息公开应该覆盖的范围。从时态的角度考察，信息公开的范围应该包含信息运行的全过程，既包括具有现实时效的信息内容，也应包括由其沉淀而成的档案信息，而不能偏废一方或者认为信息公开只是公开具有现实时效的信息。从信息公开的基本精神和信息需求的现实状况分析，高校信息公开的内容也需要包含现时信息和历史档案。而《高等学校信息公开办法》"已经移交档案工作机构的高等学校信息的公开，依照有关档案管理的法律、法规和规章执行"的规定也再次证明了这一观点。

各种档案信息资源是高校档案馆的立馆之本，也是展现高校人文底蕴的生动素材。高校档案馆参与信息公开，馆藏各种档案信息资源是其最大资本，也是高校历史信息公开的主要来源。伴随着高校漫长的发展轨迹，各种各样的信息记录出现并记录着这一历史过程，而经过时间的不断洗礼，只有高校档案馆保存的信息资源会相对完整、系统，这也从另一个方面体现出高校档案馆参与高校信息公开的意义。但是，并不是高校档案馆的所有馆藏资源都是可以公开的，需要依照《中华人民共和国档案法》和《高等学校档案管理办法》中的相应规定执行。具体而言，所有开放档案都应该包含在高校信息公开的范围内，而关于开放档案的认定就成为信息公开的关键。为了确保开放档案的准确和信息安全，高校档案馆可以成立档案密级鉴定小组，本着"公开为原则，不公开为例外"的基本精神，排除涉及国家秘密、商业机密和个人隐私的信息，严格划定归档信息的密级范围，对所有馆藏档案应该明确标注其密级状况，凡密级标明为"公开"的档案信息都应该允许对外公开。只有如此，档案部门才能不受"档案一般应当自形成之日起满三十年向社会开放"的思维惯性的约束，将档案信息密级划定的意义落到实际行动之中。特别需要明确的是，凡是在"文件"阶段就被"公之于众"的信息，在归档成为"档案"后应该沿袭其密级状态，直接成为开放档案中的一部分。

（2）现行文件

现行文件的提法来自文件生命周期理论对文件运行阶段的划分。根据文件运行阶段和价值作用的不同，可以将文件运行分为现行阶段、半现行阶段及历史保存阶段。高校档案馆的现行文件资源主要包括高校档案馆专门收集的各种现行文件信息，现实的情况，以校内各部门的发文为主。另一部分是虽然经过归档，但仍具有现时效用的档案信息。这一方面与某些档案信息的自身时效价值特点有关，另一方面与高校档案的归档及时性有关。从《高等学校信息公开办法》规定的各类公开信息可以发现，现行文件信息是其不可缺少的组成部分。

（3）委托公开的其他信息

《高等学校信息公开办法》规定："高等学校应当将学校基本的规章制度汇编成册，置于学校有关内部组织机构的办公地点、档案馆、图书馆等场所，提供免费查阅。"从中我们不仅可以明确高校档案馆作为高校信息公开场所的法定地位，也可以发现"学校基本的规章制度汇编成册"的成果也可以由高校档案馆来公开。因此，高校档案馆不仅要负责开放档案与现行文件的公开工作，也要完善自身条件，为高校信息公开打造一个良好的平台，接受学校委托公开的其他信息内容。

2. 运用多种方式加强高校档案馆信息公开

在明确了高校档案馆可以公开的信息范围的基础上，必须对高校档案馆参与信息公开的方式进行探索，以便更加全面地开展高校的信息公开工作。

（1）网络平台

随着网络技术的不断发展和广泛普及，网络成为社会各个行业都必须关注的重要传播途径之一，而且相较于传统的传输方式，网络传输的及时性和快捷性更加符合信息公开的精神实质，《高等学校信息公开办法》也明确要求高校要在自己的门户网站建立"信息公开专栏"，因此笔者认为网络平台是高校档案馆参与信息公开的首选方式。高校档案馆可以为高校信息公开建立自己的专门网站，或者将信息公开作为一个重要部分嵌入高校档案网站中。高校档案馆大都具有自己的档案管理系统和信息发布网站，因此可以在对馆藏档案进行密级鉴定的基础上发布开放档案的有关信息，也可以将高校现行文件及其他需要发布的信息一同在档案网站上发布，将高校档案馆网站由单一的部门网站发展为学校信息公开的统一平台。这不仅有利于高校信息公开工作的开展，也对校内外了解高校档案馆及各类档案信息大有裨益。

（2）官方出版物

通过网络平台发布公开信息，虽然具有快捷及时的优势，但是电子文件证据力的缺失和网络传播安全性的质疑都使网络平台传播的信息缺乏法律效力。所以，网络平台应该成为信息公开的主要途径而不是唯一方式。参考政府信息公开的做法，编辑官方出版物是解决这一问题的有效途径。所谓编辑官方出版物，是指由高等学校或者相应的信息公开主管部门以学校名义将对外发布的信息公开出版。官方信息出版物大都致力于公开学校发展中各种重要活动的制度性信息，旨在从宏观上公开学校发展的相关信息。作为高校信息公开的积极参与者，高校档案馆应该主动参与学校信息公开出版物的编撰工作，甚至可以选择合适的选题进行信息出版物的主动编写。

（3）固定查阅场所

现场查阅的方式虽然最为原始，效率也没有网络平台迅捷，但是设置固定的信息查阅场所却是不可忽视的信息公开方式之一。现场查阅对于那些信息需求不够明确、检索能力有限的查阅者来说十分必要。高校档案馆在开办信息查阅场所方面有天然的优势，完全可以借助开办档案阅览室的经验，甚至可以直接利用档案阅览室进行信息公开查阅场所的建设。

（4）高校档案馆参与信息公开的受众客体

高校档案馆参与信息公开的受众客体指的是高校信息公开的对象。从信息公开的立法精神和《高等学校信息公开办法》的具体条文规定中可以发现，信息公开的面向对象是整个社会中的公民、法人和其他社会组织，需要力争实现信息公开范围的最大化。当然，这是从宏观层面的一般性理解，具体的信息公开个案需要具体问题具体分析，尊重个体情况的差异性。从公开对象的性质而言，受众客体可以是法人与自然人，而在现实中很容易理解为单纯的自然人客体，实际上法人也是信息公开的重要客体之一。以高等学校自身为划分标准，高校信息公开的受众分为校内与校外，或者称为校内公开与全社会公开。如果说校务公开是"针对学校内部的一些管理"，是"为了实现教职员工对学校事务的参与和管理"，而"公开对象是学校内部的教职员工"

的话，那么高校信息公开的精神则是要实现可公开高校信息在最大范围内的传播，是社会民众知情权的最大程度的实现。

因此，高校信息公开的受众应是普通的社会民众，而不仅仅是校内教职员工。但是，我们也应该看到高等学校作为一个独立的法人实体，相对于整个社会而言，具有自身的个性特质和发展自主权，《高等学校信息公开办法》在尊重这一事实的基础上也将高校信息公开的受众范围确定权赋予了高校，也就是说高校信息公开范围有校内外之别是一种合法存在。但是高校也不能将这种权力无限扩大，将其演变成高校信息公开的一种阻碍因素，而应该在一份信息生成或者归档之时对其公开与否及其公开范围进行明确标注。

3. 加强内部基础建设

参与高校信息公开是高校档案馆功能拓展和形象重塑的一个重要契机。要做好高校信息公开工作，高校档案馆不仅需要完善外部环境，也需要加强自身基础设施建设。

（1）建立高校现行文件中心

虽然高校档案馆并不是高校现行文件产生的主要部门，但是高校档案馆在开展现行文件公开业务方面有着自身的优势。从理论角度来看，高校档案馆建立现行文件中心是对文件生命周期理论中文件运行整体性特征的关注，是对文件第一价值和第二价值的重新认识。从硬件角度来讲，高校档案馆可以积极借用现有的馆舍及开办档案阅览室的经验。在软环境方面，由于档案与文件的天然亲缘关系，档案工作者对文件是绝对不会陌生和不知所措的，档案工作者完全能够成为现行文件的管理和提供利用服务的市场专家。

在具体的操作上，在现行文件的采集方面可以采取部门主动报送和档案馆收集相结合的采集机制，并以部门主动报送为主，同时要注意采集信息的数字化和系统化。部门报送可以采取定时报送与随时报送相结合的方式，根据信息内容的不同，由各部门及时向高校档案馆报送相关信息。在采集信息的载体方式上，要注意对增量文件电子文件的收集利用，避免不必要的重复数字化劳动。在现行文件的整理组织方面，高校档案馆应该根据信息的产生部门和内容，编制相应的现行文件公开目录和指南，做到有序化、系统化地采集信息，实现采集信息的有效加工。在现行文件的发布方面，高校档案馆可以采用学校官方出版物、编制现行文件发布资料、建立专门网站等方式，特别是要注意网络平台的使用，以提高信息发布的及时性和利用的便捷性，但也要对现行文件信息进行充分的密级鉴定，以避免信息泄密和公开范围不当等问题的出现。

（2）加强档案密级鉴定

鉴定一词在档案领域中使用较为频繁，意为对档案真伪及价值大小的判断。档案鉴定是对一份档案材料能否成为档案及档案价值大小的判定过程，在档案工作中具有十分重要的意义，也引起了档案理论与实践各界的高度重视。但是，档案密级的鉴定工作却十分落后，甚至很少引起大家的注意，而在信息公开的背景下，档案密级鉴定却是无法回避的问题。档案密级鉴定主要是指按照特定的原则、标准和方法，对档案文件保密等级的鉴别、确定与标识，以便明确每份档案的具体使用范围，妥善处理好利用与保密的关系，促使档案提供利用工作顺利进行和健康发展。

从前面的分析中可以发现，文件与档案密级的鉴定直接决定了文件与档案信息资源能否公开及公开范围的大小。而现实情况是，在"保密安全、开放危险"的传统观念的束缚下，档案工作人员一般比较保守，甚至有"被异化的谨慎"，普遍存在着保密过度而开放不足的现象。

造成这种情况的原因主要有：第一，定密方面的法规不完善。我国目前并没有协调统一的定密法规，以致出现涉及定密工作的部门虽然较多但谁都不负具体责任的状况。第二，密级划分不统一，标识不规范。比如，高校信息中哪些信息应该向全社会公开，哪些信息应该限制在学校范围内公开，都缺乏统一明确且易于操作的规则。第三，缺乏动态的档案密级鉴定机制。随着时间的推移，档案信息密级应该发生变化，而实际情况是一份档案信息经过一次定密以后，就很少再对其密级进行调整，出现"有人定密，无人解密""一次定终身"的现象。绝大多数涉密文件"一定至终身"，缺乏动态化管理，这与信息公开的要求是截然相反的。因此，高校档案馆要参与信息公开工作就必须加强相应的档案密级鉴定工作。档案密级鉴定是高校档案馆参与信息公开工作的关键环节，只有搞好档案信息的密级鉴定工作，高校信息公开才能落到实处。首先，高校要制定专门的密级鉴定制度。在国家还缺乏统一密级鉴定法规的前提下，高校应根据本校的实际情况，在不违背现有相关法律法规的基础上制定易于操作的密级鉴定制度，明确规定各种密级等级的划分标准及其标识。虽然这是一项知易行难的工作，但是如果没有相关的制度规范，高校信息公开的密级鉴定工作很难深入开展。其次，高校档案馆要善于与相关部门组成联合鉴定机构以进行档案密级的鉴定。虽然高校档案馆对文档信息管理有较为丰富的经验，但是鉴于多数文档信息是由校内其他部门产生的，要想做好档案信息的密级鉴定工作，就必须善于协调相关部门，组成联合鉴定机构来进行密级的鉴定工作。最后，要真正实现动态的档案密级鉴定机制。在档案密级鉴定时就应该对有密级的档案做出明确的规定，可以在档案管理系统或档案实体上对档案信息密级、解密时间及再次密级鉴定的时间进行明确规定，从而杜绝"一次定终身"的情况。

（3）将信息公开纳入数字档案馆建设体系

数字档案馆建设不仅需要运用现代信息技术，更加需要更新管理理念。在高校信息公开背景下，高校档案馆参与信息公开成为必然，而作为传统档案馆的发展和升格，数字档案馆建设也需要将信息公开的理念运用其中。

要将高校信息公开纳入数字档案馆的建设体系，首先，需要将信息公开理念融入其中。数字档案馆不能只是对传统档案馆进行的技术革新，更重要的是先进管理理念的引入，而信息公开理念正是其中的重要内容之一。其次，要在高校数字档案馆建设中直接体现信息公开的内容。比如：在档案管理系统中嵌入信息密级鉴定的内容，为档案信息的公开打下基础；为学校文档管理系统建构数据接口，实现文档管理系统的无缝链接；档案管理系统在数字档案馆门户网站中糅合档案信息公开、现行文件公开等内容，为高校信息公开搭建发布平台。

（二）构建基于信息资源共享的高校档案管理模式

当前，高校档案信息资源的社会需求不断提高，构建基于信息资源共享的高校档案管理模式势在必行。

1. 强化意识，顶层设计

高校档案信息资源共享建设是一个系统工程，该工程建设中需要的技术在信息技术快速发展的今天已经完全成熟，技术问题已不再是建设信息资源共享的难题。由于涉及众多的高校，而各高校之间相对独立性很强，计划、协调、领导和管理就变得更为重要，这就需要上一级政府或者教育主管部门来主导档案信息资源共享的建设工作，统一协调。建设的方式为自上而下，顶层设计，逐步向下推行。自下而上的建设方式将导致各自为政和重复建设，只有自上而下的全局规划才有可能做到总体结构合理和全局网络优化。顶层设计和总体规划不仅要求强化高校领导者的档案管理意识，更需要政府和教育主管部门的领导层具有强烈的建设档案信息资源共享的意识。信息资源管理主要在国家级的宏观层面、网络级的中观层面和组织级的微观层面开展。目前我国高校的档案管理工作仅局限于组织级的微观层面。构建基于信息共享的高校档案管理模式需要突破微观层面，从微观、中观和宏观三个层面出发构建高校档案信息资源管理模式。因此，高校档案信息资源共享的顺利建设及建设的速度和效果，与领导层的意识和重视程度密切相关。

2. 加大档案管理的投入

《高等学校档案管理办法》规定：高等学校应当设立专项经费，为档案机构配置档案管理现代化、档案信息化所需的设备设施，加快数字档案馆建设，保障档案信息化建设与学校数字化校园建设同步进行。由于校园网的建设及各电信运营商加强了在大学校园内的竞争，数字化校园建设进展迅速，而档案信息化和数字档案馆的建设由于被重视程度不够和经费投入不足滞后很多。为加快档案信息化建设的步伐，必须加大资金投入，加强基础设施建设，购置现代化的设备，并及时进行设备的更新换代。充足的经费投入是档案信息化建设的必要保证。在经费投入总额上，一个可行的办法是将一定比例的办学经费纳入档案信息化建设的专项经费中，且该比例每年递增。在高校办学经费日益增加的情况下，可以保证该专项经费以更快的速度增加。

3. 构建高校档案信息服务中心和高校档案信息共享集成系统

高校档案信息服务中心不仅面向高校的教学、科研和管理，还向社会提供服务，也是一个具有全局观念的开放型服务机构。档案信息服务中心由档案保管、档案整理和档案查询及服务三个职能部门组成，是兼具档案保管、整理和提供档案查询服务等功能的管理机构。

档案资源由高校各职能部门产生，具有开发利用价值的部分进入档案整理服务环节，进行综合开发，实现档案信息资源的增值。经过增值的档案信息进入档案查询服务部门，提供信息咨询服务。最后环节为信息的反馈，反馈的内容包括用户的意见或建议及高校档案利用效果。反馈的信息作为进一步开发档案信息的依据，具有完善档案信息服务中心的功能。

如果仅是各高校建立自己的档案信息服务中心，而没有一个将各高校档案信息服务中心协调和联合起来的信息共享集成系统，那么各高校的档案信息服务中心将变成"信息孤岛"，信息资源共享的壁垒没有被打破。因此，为实现高校间档案信息资源的整合和共享，档案信息集成共享系统的建设必不可少。

档案信息共享集成系统在各高校档案信息服务中心的基础上，通过各种关联和链接的建立，打破原各高校之间分离的情况，构成优势互补的档案信息资源库。可见，高校档案信息服务中心和信息共享集成系统别于传统的高校档案馆，服务内容上更丰富，服务方式上更人性，服务层次上更高端，是一个高校档案信息资源共享的平台。

参考文献

[1] 朱春巧. 信息化时代下高校档案管理创新研究[M]. 长春：东北师范大学出版社，2018.

[2] 杨阳. 高校档案管理信息化建设[M]. 长春：吉林文史出版社，2019.

[3] 黄宝春. 高等学校档案管理论[M]. 上海：上海交通大学出版社，2018.

[4] 黄兆红. 信息时代下的高校档案管理[M]. 延吉：延边大学出版社，2019.

[5] 左婷婷. 高校档案公共服务与信息化管理[M]. 长春：吉林出版集团股份有限公司，2018.

[6] 杨雪雅. 高校档案信息化建设的意义及实践[J]. 办公室业务，2021（20）：108-109.

[7] 索晓欣. 高校档案管理的多元化发展探讨[J]. 赤峰学院学报（自然科学版），2021，37（10）：72-74.

[8] 赵东龙. 高校档案管理工作的现状与对策探讨[J]. 档案管理，2021（03）：121-122.

[9] 魏建云. 高校档案信息化建设与服务创新的思考思路构建[J]. 文化产业，2021（01）：91-92.

[10] 谢王艳. 数字化校园背景下高校档案管理模式研究[J]. 兰台内外，2020（33）：23-24.

[11] 周晓峰. 大数据时代高校档案管理创新研究[J]. 营销界，2020（07）：69-70.

[12] 周晗. 新媒体环境对高校档案管理的影响及对策创新[J]. 兰台世界，2020（02）：29-31.

[13] 金满银. 大数据时代高校人事档案管理创新探讨[J]. 机电兵船档案，2020（01）：63-65.

[14] 宋阳. 信息化时代高校档案管理工作创新策略[J]. 管理观察，2019（21）：135-136，139.

[15] 潘秀明. 信息化视域下高校教学档案管理创新思考[J]. 兰台内外，2019（16）：5-6.

[16] 常春玲. 现代信息技术下的高校档案管理建设创新与策略[J]. 兰台内外，2019（08）：3-4.

[17] 刘偲偲. 大数据视阈下高校档案馆档案文化建设路径[J]. 兰台世界，2019（01）：96-98.

[18] 李肖红. 数字化校园背景下档案管理模式研究[J]. 内蒙古科技与经济，2018（24）：34-35.

[19] 陈海林. 基于数字时代的高校档案管理现代化建设创新分析[J]. 智库时代，2018（50）：86，89.

[20] 沈小军. 信息化背景下创新民办高校档案管理工作的研究[J]. 办公室业务，2017（13）：77-78.

[21] 陈书琴. 新时期深圳市高校档案管理信息化建设研究[D]. 西安：陕西师范大学，2016.

[22] 牛小娜. 我国高校基建档案管理现状研究[D]. 合肥：安徽大学，2016.

[23] 王晴. 高校档案管理的信息化建设与创新[J]. 产业与科技论坛，2016，15（03）：224-225.

[24] 苏桃. 高校学生档案管理的创新思路[J]. 黑龙江档案，2015（03）：74-75.

[25] 刘宁. 数字时代高校档案管理现代化建设的创新研究[J]. 档案与建设，2014（12）：28-30.

[26] 易莲. 浅析高校档案管理的信息化建设策略[J]. 湖北成人教育学院学报，2014，20（06）：115-117.

[27] 张艳. 高校档案数字化管理的创新与发展[J]. 城建档案，2014（07）：62-63.

[28] 谭慧. 面向高校信息化的档案管理创新思考[J]. 办公室业务，2014（03）：70-71.

[29] 白秀琴. 新时期高校档案管理创新体系建设研究[J]. 中小企业管理与科技（中旬刊），2014（01）：58-59.

[30] 何强. 关于高校档案管理工作信息化建设的思考[J]. 办公室业务，2013（21）：80-82.

[31] 袁芙蓉. 高校教学档案的管理与创新[J]. 产业与科技论坛，2013，12（11）：249-250.

[32] 李小平. 关于高校档案管理创新体系建设的思考[J]. 湖北成人教育学院学报，2012，18（02）：37-38.

[33] 韦晓青. 基于信息化时代开展高校档案管理创新建设[J]. 青海师范大学学报（哲学社会科学版），2011，33（05）：154-156.

[34] 杨萍. 浅议高校档案管理创新建设[J]. 山东纺织经济，2011（05）：110-111.

[35] 胡京秋. 论高校档案管理创新体系建设[J]. 辽宁经济管理干部学院（辽宁经济职业技术学院学报），2010（03）：41-42.

[36] 郭泉. 浅谈高校档案信息网络化建设及服务创新[J]. 科技信息，2009（17）：756，649.

[37] 郝丽艳，马莹. 对高校档案管理工作的探讨[J]. 吉林广播电视大学学报，2009（03）：83-84.

[38] 张建华. 论高校档案管理创新体系建设[J]. 南通航运职业技术学院学报，2008，7（04）：8-9.

[39] 庞蕾. 信息化时代高校的档案管理创新[J]. 兰台世界，2007（18）：36-37.